W0329676

rowohlt
POLARIS

LORENZ MEYER

KREUZFAHRT DURCH DIE REPUBLIK

DEUTSCHLAND
IN 20 (FAST WAHREN)
GESCHICHTEN

ROWOHLT POLARIS

Originalausgabe
Veröffentlicht im Rowohlt Taschenbuch Verlag, Hamburg, Dezember 2022

Zitat Huckleberry Finn, Seite 171 f., aus: Mark Twain, «Meine geheime Autobiographie». Aus dem amerikan. Engl. von Hans-Christian Oeser. Mit einem Vorw. von Rolf Vollmann. Aufbau, Berlin 2012

Zitat Tom Sawyer, Seite 175 f., aus: Mark Twain, «Tom Sawyers Abenteuer und Streiche». Projekt Gutenberg: https://www.projekt-gutenberg.org/twain/tomsawye/chap002.html (Stand Juli 2022)
Covergestaltung zero-media.net, München,
nach einem Entwurf von Christoph Rauscher, Berlin
Illustrationen Christoph Rauscher, Berlin
Gesamtherstellung CPI books GmbH, Leck
ISBN 978-3-499-00998-3

Die Rowohlt Verlage haben sich zu einer nachhaltigen Buchproduktion verpflichtet. Gemeinsam mit unseren Partnern und Lieferanten setzen wir uns für eine klimaneutrale Buchproduktion ein, die den Erwerb von Klimazertifikaten zur Kompensation des CO_2-Ausstoßes einschließt. www.klimaneutralerverlag.de

FSC www.fsc.org
MIX
Papier | Fördert gute Waldnutzung
FSC® C083411

VORWORT

Ich prophezeie jetzt schon, dass es Menschen geben wird, die unterstellen werden, ich hätte mir die nachfolgenden Geschichten ausgedacht, hätte den Protagonisten nicht nur ihre eigenen, sondern auch meine Worte in den Mund gelegt, wäre ihnen womöglich gar nicht begegnet, hätte alles erdichtet, ersonnen und erfunden.

Manchmal frage ich mich selbst, ob das wirklich alles so passiert sein kann.

Aber nein, ich ziehe die Frage zurück. Urteilen Sie selbst, und verlassen Sie sich dabei auf Ihr Bauchgefühl und Ihren gesunden Menschenverstand. Und ganz gleich, zu welchem Urteil Sie kommen: Ich nehme es Ihnen nicht übel.

*

Ich bin bei einem großen Medienunternehmen beschäftigt und assistiere dort dem Leiter der Haustechnik. Wir arbeiten in einem 60 Meter hohen Büroturm, in dem rund tausend Menschen tagtäglich ein und aus gehen.

Die Tätigkeit ist anspruchsvoll und beschränkt sich nicht auf das Wechseln von Glühlampen, LED-Panels und Leuchtstoffröhren. Wir führen Wartungsarbeiten durch, kümmern uns um streikende Aufzüge und defekte Klimaanlagen, reparieren zickende Rauchmelde-, Brandschutz- und Alarmanlagen, programmieren neue Zugangskarten fürs Gebäude, und wenn wir mal nicht weiterwissen, dürfen wir Fremdfirmen beauftragen.

Ich mag den Job. Er ist abwechslungsreich, und man kommt mit vielen Menschen in Kontakt. Am liebsten halte ich mich in den Redaktionsräumen auf. Ich liebe die wuselige Atmosphäre bei den Onlinern, fühle mich aber auch bei den vergleichsweise stillen Leuten aus dem Print-Ressort wohl.

Momentan bin ich mit der jährlichen Überprüfung der Rauchwarnmelder beschäftigt.

Auf dem Flur laufe ich der Personalchefin über den Weg. Auch in ihrem Büro müssen die Batterien der Geräte gewechselt werden. Ich stelle mich mit meinem Namen vor und frage sie, wann der Wartungstermin am besten passen würde.

Irritiert wiederholt sie meinen Namen. Weil ich die Fragezeichen in ihrer Stimme wahrnehme, bestätige auch ich ihn noch mal.

Sie mustert mich und ist plötzlich ausgesprochen liebenswürdig.

«Kommen Sie am besten morgen um 14:00 Uhr vorbei. Dann sprechen wir im Anschluss darüber, wie es bei Ihnen im Haus weitergehen könnte. Ich hatte gerade Ihre Unterlagen auf dem Tisch. Sehr beeindruckend!»

Ich denke, dass sie von der schriftlichen Ankündigung der Rauchmelder-Überprüfung spricht, und wundere mich über ihren Enthusiasmus.

Ich entgegne: «Danke, aber das ist ja keine große Sache.»

Sie lacht.

«Keine große Sache? Das ist das Erste, was Sie sich bei uns abtrainieren müssen: Bescheidenheit!»

Ich nicke verwirrt.

Am nächsten Tag erscheine ich mit meinem kleinen Werkzeugkoffer in der Personalabteilung. Erwartungsgemäß ist der Check der Brandmelder in wenigen Sekunden erledigt.

Die Personalchefin bittet mich in ihr Büro.

Ich stelle meinen Koffer ab und nehme an einem runden Tisch Platz. Sie schenkt mir ein Glas Mineralwasser ein.

«Also, ich habe mir Ihre Unterlagen noch mal angeschaut und sage es in aller Offenheit: Wir lassen Sie keinen einzigen Tag mehr in der Haustechnik arbeiten.»

Gedanken rasen durch meinen Kopf. Was habe ich falsch gemacht? Ist dies das Aus? Wovon soll ich nächsten Monat die Miete zahlen?

Sie fährt fort. «Sie gehören natürlich zu uns in die Redaktion!»

«Aber, ich, ich kann doch nicht. Ich weiß doch gar nicht …»

«Nix aber», unterbricht sie mich und schaut mich tadelnd an. «Ich habe es Ihnen schon mal gesagt! Sie dürfen nicht so bescheiden sein!»

Einerseits bin ich erleichtert, andererseits verstehe ich nicht, was da gerade passiert.

«Ich habe mir Ihre Unterlagen gründlich angeschaut und mit der Redaktion Rücksprache gehalten. Sie passen perfekt auf die Stelle! Mir fällt niemand ein, der sich besser mit Personen der Zeitgeschichte unterhalten könnte als Sie.»

Mir fallen auch gerade keine Namen ein, und deshalb nicke ich.

«Na, sehen Sie! Und jetzt gebe ich Ihnen für den Rest des Tages frei. Geben Sie den Kittel und das Werkzeug in der Haustechnik ab, fahren Sie nach Hause, und dann kommen Sie morgen wie ein normaler Mensch in die Redaktion.»

Sie lacht.

«Aber vorher müssen wir uns noch den Formalien zuwenden, aber das Prozedere kennen Sie ja, und das läuft eh nach den Vorgaben des Haustarifs.»

Sie legt mir einen Haufen Zettel und einen Kugelschreiber hin.

Die Buchstaben tanzen vor meinen Augen. Wie ferngesteuert unterschreibe ich die Verträge. Nur bei der Anschrift stutze ich:

«Das ist nicht meine Adresse.»

«Ach, das ist ja seltsam. Die habe ich aus den Unterlagen übernommen. Wie lautet denn Ihre aktuelle Adresse?»

Sie nimmt ein Lineal, streicht die Adresszeilen und fügt handschriftlich meine Daten ein. Dabei redet sie leise mit sich selbst: «Oder soll ich das noch mal gegenchecken? Ach egal, ich hab ihn bereits angekündigt, und außerdem gibt es ja immer noch die Probezeit.»

Am nächsten Tag melde ich mich wie besprochen in der Redaktion. Dort werde ich freudig vom Redaktionsleiter begrüßt.

«Da kommt ja die sehnsüchtig herbeigewünschte Verstärkung! Und was für ein Glücksgriff! Wir waren alle ganz ergriffen, als wir Ihre Unterlagen gesehen haben. Wahnsinn!»

Ich bin verwirrt. Einerseits will ich den offenkundigen Irrtum aufklären, andererseits will ich mein Gegenüber nicht enttäuschen.

Der Redaktionsleiter strahlt mich an:

«Wollen wir uns duzen? Gut! Heute kannst du dich noch etwas ausruhen, aber morgen geht es richtig los. Dann reist du nach Hamburg zu Markus Lanz. Viel Spaß und auf gute Zusammenarbeit! Ich freue mich auf das Interview!»

MARKUS LANZ

Hamburg-Altona, mitten in einem unaufgeräumten Gewerbegebiet. Kaum vorstellbar, aber in diesem Durcheinander innerstädtischer Mischbebauung soll das ZDF ein Fernsehstudio haben. Das Studio, in dem Markus Lanz regelmäßig seine Sendung aufzeichnet. Mit ihm bin ich in wenigen Minuten zum Gespräch verabredet.

Es herrscht betriebsame Hektik. Autos konkurrieren um die wenigen Parkplätze, Lieferfahrzeuge stehen mit eingeschalteter Warnblinkanlage in zweiter Reihe, Anzugträger sausen auf ihren E-Rollern an mir vorbei.

Endlich erreiche ich das Areal, das aus alten Zeiten den Namen «Phönixhof» trägt. Hier sind Büros, Lofts, Ateliers untergebracht – und das Fernsehstudio von Markus Lanz. Die Produktionsfirma hat mir einen Besucherausweis zugeschickt, und so kann ich das Gelände ungehindert betreten.

Das weitläufige Gebäudeensemble umfasst ein ehemaliges Eisenwerk in dekorativer Ziegelsteinoptik und mehrere moderne Nebenbauten. Das Aufnahmestudio ist in einem schmucklosen Zweckbau mit Wellblechfassade untergebracht. An der Vorderseite hängen die Logos verschiedener Fernsehsendungen. Manche kommen mir bekannt vor, von anderen habe ich noch nie gehört.

Wie verabredet suche ich die Stahltür an der Gebäuderückseite und betätige die Klingel. Die Tür geht auf, und ich erschrecke. Ich hatte damit gerechnet, dass ein Mitarbeiter öffnen würde, doch es ist Lanz persönlich, der da vor mir steht und mich anstrahlt.

«Hab mich total auf diesen Moment gefreut. Warten Sie kurz, ich bin gleich so weit!»

«Stahltwiete» heißt die Adresse, und mir fallen sofort die stahlblauen Augen des Talkmasters auf. Doch ich habe keine Zeit, weiter nachzudenken. Lanz ist zurück. Er hat sich einen dünnen Mantel übergeworfen und schaut mich unternehmungslustig an.

«Haben Sie Ihr Diktiergerät dabei? Dann lassen Sie uns an die Elbe gehen. Das dauert vielleicht eine halbe Stunde, und wir können uns auf dem Weg dorthin schön unterhalten.»

Natürlich willige ich ein, und wir verlassen gemeinsam das Studiogelände. Verstohlen sehe ich zu Lanz hinüber. Er ist tatsächlich die Person, die ich aus dem Fernsehen kenne. Ein Meter achtzig groß, schlank und sportlich durchtrainiert. Leichte Bräune, die dunklen Haare mit etwas Gel nach hinten gekämmt, das schwarze Hemd weit geöffnet. Lanz könnte jederzeit als Fotomodell durchgehen. Die Jahrzehnte scheinen spurlos an ihm vorbeigegangen zu sein. Und überaus höflich und charmant ist er auch noch. Es stimmt, was man über ihn sagt: der perfekte Schwiegersohn.

Ehe ich das Gespräch eröffnen kann, beginnt Lanz: «Vielleicht muss man den Leuten erst mal erklären: Warum dieses Gespräch? Die Frage, die man einfach nur stellen muss, und so sollten wir dieses Gespräch beginnen: Was geht Ihnen gerade durch den Kopf?»

Ich blicke nach links und rechts. Welche Leute meint er? Schnell schalte ich mein Aufnahmegerät ein.

«Nun, das wollte ich Sie eigentlich fragen, Herr ...»

Lanz unterbricht mich:

«Nun, sehen Sie, das ist doch eine hoch spannende Frage! Ich habe mich vor einiger Zeit mit Barack Obama beschäftigt diesbezüglich, und der hat, wie wir alle wissen, zwei Töchter. Wollen wir in das Café dort vorne?»

Lanz zeigt auf ein Café auf der gegenüberliegenden Straßenseite.

«Gerne», antworte ich, obwohl mir nicht der Sinn nach Kaffee und Kuchen steht.

Wir betreten das Café und suchen uns einen Tisch in einer ruhigen Ecke. Ich lege meine Jacke auf einen freien Stuhl. Lanz hängt seinen Mantel ordentlich an einen Haken. Die Bedienung erscheint. Augenscheinlich hat sie den prominenten Besucher erkannt und begrüßt uns aufgeregt.

Lanz nimmt meine Jacke vom leeren Stuhl, reicht sie mir und bietet der Kellnerin den Stuhl an.

«Nehmen Sie Platz!»

Die Kellnerin zögert und blickt sich unsicher um:

«Ja, aber nur kurz. Ich habe noch andere ...»

«Natürlich, Frau ...»

«Restemeier, Karina Restemeier.»

«Natürlich, Frau Restemeier. Aber ich habe das Gefühl, das wird ein Gespräch, das ein ganz besonderes Gespräch zu werden verspricht. Lassen Sie uns gleich einsteigen: Was macht das mit einem, diesen Moment zu erleben, in dem ein bekannter Fernsehstar das Café betritt? Das ist doch – Klammer auf, Klammer zu – hoch spannend.»

«Nun ja, das kommt schon mal vor, und dann ...»

«Sehen Sie, und das will ich genauer wissen, Karina. Was genau geht in einem vor, wenn man das erste Mal realisiert, den kenne ich aus dem Fernsehen? Das ist ein Star, vielleicht sogar ein Star, der über die Grenzen des Landes bekannt ist.»

Für einen kurzen Moment schweigen alle, da unterbricht der Ruf eines Gastes die Stille: «Bitte zahlen!»

Unsere Bedienung zuckt zusammen, signalisiert dem Gast, dass sie seinen Ruf gehört hat, und nimmt hektisch unsere Bestellung auf.

Lanz ordert einen Kaffee und ein Stück Apfelkuchen, ich ein Mineralwasser.

«Sehr gut. Sehr gesund. Hätte ich sonst auch gemacht. Aber ich bin mitten in der Marathonvorbereitung. Da brauche ich die Kalorien.» Lanz lacht.

Wir überbrücken die Wartezeit mit einer Plauderei über Äpfel. Lanz ist Südtiroler und kennt sich mit Obstanbau aus: «Wussten Sie, dass Südtirol jährlich über eine Million Tonnen Äpfel produziert?»

Die Bedienung erscheint und stellt die Getränke und den Kuchen auf den Tisch.

Lanz legt seine Hand auf ihren Arm:

«Großartig und fantastisch, was Sie da vollbracht haben!»

«Aber ich habe doch nur …»

«Nein, nein. Keine falsche Bescheidenheit. Was Sie da getan haben, das hat uns alle hier sehr angefasst und, ich will ehrlich sein, auch mich zu Tränen gerührt.»

Lanz schaut ihr direkt ins Gesicht, seine Hand ruht immer noch auf ihrem Arm: «Eine Frage muss ich Ihnen noch stellen, bevor wir uns hier verabschieden. Stimmt es, dass Ihnen zunächst gar nicht klar war, dass ohne Sie kein einziger Mensch in diesem Raum etwas zu essen und zu trinken bekommen hätte?»

Die Kellnerin beginnt verlegen herumzudrucksen, und ich merke, wie ihre Nervosität auf mich überspringt.

Mit einer Souveränität, für die ich ihn nur bewundern kann,

entschärft Lanz die Situation: «Nun, das Thema wird uns mit Sicherheit noch viel beschäftigen. Vielen Dank, dass Sie bei uns zu Gast waren!»

Lanz nestelt in der Innentasche seines Sakkos und zaubert eine Autogrammkarte hervor.

«Soll ich *Für Karina* schreiben?»

Ehe die Frau antworten kann, hat Lanz die Karte mit einem schwarzen Filzstift signiert. Wie bei einem japanischen Visitenkartenritual überreicht er ihr die Karte mit beiden Händen. «Keine Ursache und gern geschehen, Karina!»

Ich habe das Diktiergerät in der Mitte des Tisches platziert und überlege, mit welcher Frage ich in das Gespräch einsteigen soll.

Als ich ansetzen will, sehe ich, dass Lanz das Treiben am Nachbartisch beobachtet. Dort brüten zwei ältere Damen über einem Kreuzworträtsel.

«Der längste Fluss Albaniens?» Lanz blickt in die Ferne und fasst sich nachdenklich ans Ohr. «Lassen Sie mich da kurz einhaken, meine Damen. Wie viele Buchstaben haben Sie denn zur Verfügung?» Und etwas lauter werdend: «FÜR DEN LÄNGSTEN FLUSS ALBANIENS?»

Die Frauen kichern aufgeregt: «Vier.»

Lanz blickt nachdenklich in die Ferne und erklärt: «Dann kann es sich nur um den Drin handeln. Es gibt den weißen und den schwarzen Drin. In Nordostalbanien auf Höhe der Stadt Kukes vereinigen sich die beiden Flüsse zum Drin. Tragen Sie einfach Drin ein!»

Lanz wendet sich wieder mir zu: «Da, wo wir jetzt sitzen, habe ich vor wenigen Wochen mit Greta Thunberg gesessen. Beeindruckende Person, unglaublich schlaue Frau!»

Seine Hoffnung seien die jungen Leute: «Die sind so unglaublich engagiert, informiert, talentiert, haben einen klaren Blick auf die Welt, sind unkorrumpierbar ...»

Ich ergreife die Chance und frage ihn nach seiner Ansicht zu der Klimaschutzbewegung und den regelmäßigen Demonstrationen von *Fridays for Future*.

Welchen Blick hat er auf die Klimakrise? Sollten wir uns einschränken, den Konsum herunterfahren, unser Verhalten ändern? Wie blickt Lanz auf die Erderwärmung?

«Sehen Sie, ich bin ja ein Berufsoptimist», lacht Lanz. «Wir Menschen sind ja anpassungsfähig. Das hab ich auf meinen vielen Reisen nach Grönland gelernt. Maximale Anpassungsfähigkeit – maximale zivilisatorische Leistung. Wenn wir schon keine Haare auf dem Körper haben, dann hole ich mir halt einen Eisbären, ziehe ihm das Fell über die Ohren und ziehe es mir selber über. Dann bin ich wieder ein felliges Wesen und kann überleben.»

Lanz erzählt begeistert von seiner Reportagereise nach Grönland. «Der Norden, der macht was mit einem», seufzt er.

In letzter Zeit gab es öfter Beschwerden, was die Gästeauswahl seiner Talkshow betrifft. Von Unausgewogenheit war die Rede. Lanz würde zu oft dieselben Experten einladen. Einige von ihnen würden wissenschaftliche Mindermeinungen vertreten. Das böse Wort von der «False Balance» machte die Runde.

Ich fasse mir ein Herz und spreche ihn auf die Vorwürfe an. Augenblicklich verfinstert sich seine Miene.

«Falsche Ausgewogenheit ist ein Vorwurf, auf den ich empfindlich reagiere! Lassen Sie uns das gleich aus der Welt schaffen! Ich habe da was vorbereitet.»

Lanz greift in sein Sakko und holt ein sperriges Bündel heraus, das sich als mehrere zusammengefaltete Flipchart-Bögen erweist.

«Fassen Sie mal kurz mit an!»

Wir räumen das Geschirr vom Tisch und stellen es auf den Fußboden. Blitzschnell schiebt Lanz den Nachbartisch dazu und breitet Papierbögen über beide Tische aus. Sie sind mit unzähligen Namen übersät.

«Das ist die Gästeliste aller meiner Sendungen seit der ersten Ausstrahlung im Jahr 2008. Das sind mehr als tausend Namen», erklärt Lanz stolz.

«Sehen Sie mal, an dem Datum hatten wir einen Leugner des menschengemachten Klimawandels und hier einen Polarforscher, der vom Abschmelzen der Polkappen berichtet hat. Das sind zwei unterschiedliche Positionen, die rechne ich jetzt mal gegeneinander auf. Ist wie beim Kürzen von Brüchen. Einverstanden?»

Lanz wartet meine Antwort nicht ab und streicht mit einem dicken Filzstift die beiden Namen durch.

«Und hier haben wir einen Vertreter der AfD und hier jemanden von den Linken. Zack, aufgerechnet!»

Lanz ist wie im Tunnel und streicht immer mehr Namen. Männer gegen Frauen. Alt gegen jung. Weiß gegen Schwarz. Machos gegen Emanzen. Sprachbewahrer gegen Sprachreformer. Es scheint überhaupt kein Ende zu nehmen.

Triumphierend und schweißnass blickt Lanz auf sein Werk: «Sehen Sie! Das nenne ich Ausgewogenheit! Jetzt stehen hier nur noch Karl Lauterbach und Robin Alexander.»

Lanz blickt auf seine Uhr. «Oh, so spät schon. Lassen Sie uns aufbrechen.»

Wir beseitigen das Chaos und lassen uns die Rechnung bringen. Ich zahle, denn Lanz hat sein Portemonnaie im Studio gelassen.

«Meine Brieftasche nehme ich nie mit. Verliere ich nur. Heben Sie den Zettel gut auf. Erstattet Ihnen nachher alles die Produktion. Aber nur, wenn Sie den Beleg haben. Also schön aufpassen drauf!»

Lanz lacht auf seine entwaffnende Weise.

Beim Verlassen des Cafés spricht Lanz noch mal die verdutzte Kellnerin an: «Karina, gab es da nicht irgendwo in Ihrem Leben den Moment, wo Sie gesagt haben, ich stehe am Abgrund, aber ich muss trotzdem weitergehen. Ich will es ja nur verstehen. Oder um jetzt mal den ganz großen Bogen zu spannen: Könnten Sie sich auch vorstellen, dem Papst ein Stück Apfelkuchen zu bringen, wenn er hier auftauchen würde?»

Verlegen stottert die Kellnerin einige zusammenhanglose Worte, und endlich sind wir wieder draußen.

Der Himmel über Altona ist tiefblau, die Sonne scheint, und Lanz blickt mich fröhlich an.

«Lassen Sie uns Richtung Ottenser Wochenmarkt bummeln!»

Lanz deutet in eine Richtung, und wir setzen uns in Bewegung.

Ich frage ihn nach seinem Umgang mit dem Alter.

«Das ist ein interessanter Punkt. Ich habe dieser Tage mit dem Dalai Lama gesprochen. Ein kluger Mann. Wir waren da gerade in Amerika wegen Dreharbeiten unterwegs, und ich habe ihm von dort zum Geburtstag gratuliert. Dalai – wir duzen uns – hat darauf einen Satz gesagt, der sich total bei mir eingebrannt hat. Dalai sagte: *Man ist so alt, wie man sich fühlt.* Das fand ich einen fantastischen Satz!»

Wir plaudern über das Altern im Allgemeinen und Besonderen. Gerade im Showgeschäft spiele das Alter eine große Rolle. «Und zum Showgeschäft gehört natürlich auch die Politik», schmunzelt er. «Ich hab mich mal mit einem sehr intimen Kenner von Politik unterhalten, ich will jetzt nicht sagen, mit wem. Jedenfalls hat mir ebenjener Robin Alexander von der *Welt* verraten, dass man in der Berliner Politikblase erst ab einem bestimmten Alter ernst genommen wird. Und zwar ab dem Moment, an dem einen andere als alten weißen Mann bezeichnen.»

Mittlerweile haben wir den Wochenmarkt von Ottensen erreicht. Wir bummeln an den Marktständen vorbei, Lanz grüßt mal in die eine, mal in die andere Richtung. An einem Obststand bleibt er stehen: «Sehen Sie die Äpfel hier, die stammen aus dem Vinschgau. Das liegt in Südtirol und wird auf Italienisch *Val Venosta* genannt. Wussten Sie, dass in Südtirol jährlich über eine Million Tonnen Äpfel produziert werden?»

Fast zärtlich nimmt Lanz einen Apfel in die Hand und streichelt ihn. Sofort erscheint die Wochenmarktverkäuferin, ein Hamburger Urgestein weit jenseits des Rentenalters. Eine Frau mit krummem Rücken, aber gerader Ansage: «Nu is aber daddeldu! Den musst du betahlen, mien Jung!»

Lanz zeigt auf mich, und hektisch krame ich nach Münzgeld.

«Sie gehen mit dem Alter wahnsinnig entspannt und lässig um, meine gnädige Frau. Wie macht man das? Ich frage nur, weil das viele hier interessiert.» Lanz deutet auf die Wochenmarktbesucher, die an uns vorbeischlendern.

«Entspannt und lässig? Dass ich nicht lache. Bei jedem Wetter draußen, Rückenschmerzen jeden Tag und keine Rente. So sieht das nämlich aus!»

Sie nimmt mein Geld entgegen und wendet sich sofort einem anderen Kunden zu.

Lanz schaut mich versonnen an: «Ich beneide diese Frau um ihr kleines Glück. Sie ganz alleine, den Kräften der Natur trotzend, all die Begegnungen mit den unterschiedlichen Menschen, all die Gespräche ... So sieht ein erfülltes und selbstbestimmtes Leben aus!»

Wir setzen uns in Bewegung, und Lanz erzählt weiter: «Sehen Sie, ich habe mal mit dem Modedesigner Wolfgang Joop gesprochen. Der hat ein ganz tolles Anwesen in Potsdam. Ein wunderbares Schmuckstück von Haus und absolut geschmackvoll eingerichtet. Und Wolfgang und ich waren uns sofort einig: Es ist nicht das Geld, das dich dauerhaft glücklich macht. Die wirklich wichtigen Dinge im Leben, die gibt es alle umsonst. Die kannst du nicht kaufen!»

Zwischendurch schieße ich mit dem Handy ein paar Fotos. Lanz bedauert, dass er seine Kamera im Studio vergessen hat. «Ich bin auch fotografisch viel unterwegs», erklärt er. «Haben Sie das Gesicht der Dame eben gesehen, die vielen Falten? Wie die Ringe eines Baumes, eine ganz eigene Ästhetik.»

Gedankenverloren blickt Lanz auf den Obststand mit der alten Verkäuferin zurück.

«Nur dieses Gesicht in Schwarz-Weiß und in 90 mal 1 Meter 20, das wär's.»

Mittlerweile haben wir den Wochenmarkt überquert und sind auf der anderen Seite des Platzes angelangt.

«Dort drüben, sehen Sie, da?»

Lanz zeigt mit dem Arm quer über die Kreuzung.

«Dort ist ein Herrenausstatter, der ist mega. Kommen Sie, wir schauen da schnell mal rein.»

Im Laden begrüßen die Mitarbeiter Lanz mit Namen. Er scheint hier öfter einzukaufen. Es ist einer dieser Läden, in die man sich sonst nicht hineinwagen würde. Dicker Teppich, edle Vitrinen, erlesene Kollektionen – und unbezahlbare Preise.

Lanz blättert durch die Anzüge: «Das hier, das ist ein gutes Tuch. Fühlen Sie mal.»

Sofort ist der Verkäufer zur Stelle: «Wollen Sie kurz reinschlüpfen, Herr Lanz? Dort vorne sind unsere Garderoben. Aber Sie kennen sich ja bei uns aus.» Er lacht aufgeregt.

«Ach, nein, geben Sie mir einfach einen in 94 und einen in 98 mit. Das passt schon.»

Wir bummeln noch etwas durch den Laden. Lanz zeigt mir seine Lieblingskrawatten und erklärt mir die Besonderheiten von maßgeschneiderten Oberhemden und rahmengenähten Herrenschuhen.

«So, jetzt müssen wir aber zahlen. Das ist wieder Ihr Part», lacht Lanz.

Der Verkäufer zieht meine Karte durch den Kartenleser, und schluckend bestätige ich die Abbuchung der knapp zweitausend Euro von meinem Konto.

«Heben Sie den Zettel gut auf. Sie wissen ja …» Lanz lacht erneut.

Ich greife den Kleidersack mit den Anzügen, und schwer bepackt verlasse ich mit ihm das Geschäft.

«Wissen Sie was?», sagt Lanz. «Wir schleppen doch nicht für den Rest unseres schönen Spaziergangs die Klamotten mit uns herum. Die soll ein Taxi ins Studio zurückbringen! Und wir beide laufen noch schön runter zur Elbe, und Sie stellen mir endlich Ihre Fragen. Konfrontieren Sie mich, streiten Sie mit mir! Wenn ich eines nicht mag, dass ist es diese Konsenssoße, die heutzutage über alles ausgeschüttet wird. Einverstanden?»

Wir winken ein Taxi herbei, und Lanz verstaut die Anzüge sorgfältig auf der Rückbank. «Haben Sie 20 Euro für den Taxifahrer?»

Ich krame in meiner Geldbörse und reiche Lanz den Schein.

Da hält sich Lanz auf einmal die Hand ans Ohr. Mir kommt die Geste bekannt vor. So hatte er sich vorhin im Café auch benommen, als er die beiden Damen beim Lösen des Kreuzworträtsels unterstützte.

«Ja, Markus hier. Ja ... Ja ... Ach? Olaf Scholz, Alice Schwarzer und Elon Musk sind schon in der Maske? Ja, ich komme sofort.»

Lanz dreht sich wieder zu mir: «Es war ein interessantes Gespräch, das leider viel zu früh zu Ende ist. Ein Gespräch, das Themen aufgeworfen hat, über die noch viel zu reden sein wird und das uns alle sehr nachdenklich gemacht hat. Auf Wiedersehen!»

Lanz reicht mir eine Autogrammkarte, steigt ins Taxi und ist weg. Benommen schaue ich dem Auto nach.

Mittlerweile sind sechs Wochen vergangen, und ich habe meine Auslagen endlich erstattet bekommen. Dem ging jedoch einige Korrespondenz voraus. Wegen der Kostenübernahme für die Anzüge waren sich Produktionsgesellschaft und Sender uneinig, und ich musste etliche Formulare ausfüllen, bis es geklappt hat mit der Erstattung. Nur die Auslagen für das Taxi habe ich nicht zurückbekommen, aber selbst schuld: Ich hatte ja auch nicht nach einem Beleg gefragt.

ARMIN LASCHET

Die wöchentliche Redaktionskonferenz beginnt mit einer halb im Spaß, halb im Ernst hingeworfenen Frage: «Was macht eigentlich Armin Laschet?»

Allgemeines Getuschel und Gekicher, allerlei Gerätsel und Geraune, keiner weiß Genaues.

Laschet war 2021 als Kanzlerkandidat der CDU angetreten – und grandios gescheitert. Kurz nach der Niederlage hatte er sowohl sein Amt als Ministerpräsident Nordrhein-Westfalens als auch den CDU-Vorsitz abgegeben. Allein sein Bundestagsmandat hatte ihn vor dem Sturz in die politische Bedeutungslosigkeit bewahrt.

Ich merke, wie mich die Reporter-Neugier packt: Wie empfindet Laschet den Machtverlust? Wie begegnen ihm die Politiker und Politikerinnen, die er seinerzeit anführte und denen er jetzt gleichgestellt ist? Und wie fühlt sich der Gemütsmensch aus dem Rheinland unter all den Preußen inmitten der kalten Hauptstadt?

Unser Chefredakteur unterbricht mich: «Gekauft! Auftrag erteilt! Wann kannst du liefern?»

Zurück in meinem Büro lege ich sofort los, doch die Anbahnung des Interviews gestaltet sich überraschend schwierig. In Laschets Abgeordnetenbüro in Berlin verweist man mich an sein Wahlkreisbüro in Nordrhein-Westfalen – sein Heimatbüro verweist mich an die Büro-Adresse in Berlin. Ich bin verloren im Teufelskreis der Zuständigkeiten.

Zum Glück weiß ein älterer Kollege Rat und schiebt mir einen Zettel mit Laschets privater Festnetznummer zu: «Ruf doch einfach bei ihm zu Hause an!»

Etwas nervös tippe ich die Zahlenkombination in mein Handy ein. Das Freizeichen ertönt, eine weibliche Stimme ist zu hören. Susanne Laschet ist am Apparat, seine Ehefrau.

Die private Störung ist mir unangenehm, und so stottere ich einige entschuldigende Worte, bevor ich mit meinem Wunsch herausrücke.

Susanne Laschet ist zunächst zurückhaltend, taut im Verlauf des Gesprächs jedoch auf. Wie ihr Mann ist sie eine rheinische Frohnatur von erfrischender Unkompliziertheit: «Ach, kommen Sie am besten direkt zu uns nach Aachen.» Berlin, das sei eine Art urbaner Dschungel für ihn, Aachen mehr ein Kleingarten, lacht sie. «Da fühlt der Armin sich wohler.»

Frau Laschet hat die Verfügungsgewalt über den Kalender ihres Mannes, was die Sache leicht macht. Hörbar blättert sie einige Sekunden in dem Buch und bietet mir einen Termin samt Treffpunkt an. Laschet werde mich dort abholen. Alles Weitere werde sich dann zeigen.

Sicherheitshalber tauschen wir die Daten per Mail aus, und sieben Wochen später stehe ich am vereinbarten Treffpunkt auf dem Münsterplatz, direkt vor Aachens mächtigem Dom.

Mein Blick wandert über den weitläufigen Platz und das stolze

Kirchenbauwerk. Es regnet. Eine Mutter zerrt ihr Kind weiter, das mit Wonne in jede Pfütze tritt. Ein Liebespaar drängt sich unter seinem Regenschirm zusammen. In der Ferne taucht ein rotes Fahrzeug mit eingeschalteter Warnblinkanlage auf. Im Schritttempo bewegt sich das Auto vorwärts und bleibt ruckelnd wenige Zentimeter vor mir stehen.

Es handelt sich um einen in die Jahre gekommenen Kombi. Der Lack ist stumpf, die Scheiben sind mit Tönungsfolie beklebt, auf dem Armaturenbrett liegen abgelaufene Parkscheine und Verpackungen von Schokoriegeln.

Schemenhaft sind drei Personen auszumachen: der Fahrer, Armin Laschet auf dem Beifahrersitz und ein weiterer Begleiter auf der Rückbank. Die Türen öffnen sich. Drei Männer im Alter von etwa 60 Jahren steigen aus.

Laschet reicht mir die Hand: «Guten Tag, junger Mann! Ich glaube, wir haben heute ein Rendezvous!» Vergnügt strahlt er mich mit seinen funkelnden Knopfaugen an.

Bevor wir in «medias res gehen», wolle er mir seine Begleiter vorstellen. «Das ist der Hennes. Das ist der Walter.»

Ich versuche, mir meine Verwirrung nicht anmerken zu lassen und schüttele die sich mir entgegenstreckenden Männerhände. Laschets Begleiter sehen so gar nicht nach Politiker aus. Derbes Schuhwerk, Arbeitshosen und Pullover. Ich habe den süß-würzigen Geruch von Mulch in der Nase, aber vielleicht ist es auch nur eine olfaktorische Täuschung.

Für weitere Überlegungen bleibt mir keine Zeit. Laschet will uns etwas von seiner Familiengeschichte erzählen.

«Das Auto können wir direkt hier stehen lassen. Das ist der Vorteil bei einem Mann in meiner Position!»

Laschet deutet auf das Kirchengebäude in der Mitte des Platzes: «Der Aachener Dom, ein Weltkulturerbe. Von Karl dem Großen gebaut. Von dem stamme ich übrigens ab, in direkter Linie. Hat mein

Bruder herausgefunden.» Er macht eine Pause und setzt neu an: «Wir Laschets stammen in direkter Linie von Karl dem Großen ab!»

Er müsse mir unbedingt die berühmte Kirche zeigen. «Wo wir schon mal da sind», fügt er an.

Wenig später befinden wir uns im Inneren des Bauwerks. Wir, das sind Laschet, die beiden Männer und ich.

Laschet beginnt mit lauter Stimme zu dozieren. Mit ausladenden Gesten und ohne uns anzusehen, erzählt Laschet vom karolingischen Oktogon, deutet auf Gewölbe und Kuppel, erklärt Mosaiken und Schnitzwerk und überschüttet uns mit historischen Daten. Ich verstehe kein Wort, aber nicke höflich. Hennes und Walter stehen etwas abseits. Ihren Gesichtern ist zu entnehmen, dass sie seinen Vortrag bereits kennen.

«Dort oben, sehen Sie, dort oben im Obergeschoss gegenüber dem Chor befindet sich der Königsthron.» Unzählige Könige hätten diesen Stuhl nach ihrer Krönung bestiegen, erzählt er weiter, und seine Augen werden ganz glasig.

Ich frage ihn nach seiner Haltung zur Aufklärung von Fällen sexualisierter Gewalt durch Geistliche. Er habe da volles Vertrauen in die Kirche, antwortet er schnell. Außerdem müsse man an die Arbeitsplätze denken, und überhaupt gebe es Wichtigeres. «Die europäische Frage! Deutschland muss zunächst seine Hausaufgaben machen, und das ist die Lösung der europäischen Frage! Nicht mehr und nicht weniger, aber auch nicht weniger und nicht mehr! Verstehen Sie?»

Ich merke, wie er ungeduldig wird. «So, jetzt müssen WIR aber unsere Hausaufgaben machen. Also, schnell raus hier!» Laschet schiebt uns zum Ausgang, und wir stehen wieder auf dem Domplatz. Vom hellen Tageslicht geblendet, erkenne ich blinzelnd, wie ein Abschleppwagen Laschets Kombi an den Haken legt.

Wild gestikulierend und schnaufend läuft Laschet auf den Fahrer zu: «Halt! Stopp! Um Himmels willen! Aufhören!»

Ohne ihn eines Blickes zu würdigen, drückt der Fahrer den Knopf seiner Handsteuerung und zieht das Fahrzeug auf die Ladefläche.

«Wissen Sie nicht, mit wem Sie es zu tun haben? Ich bin Armin Laschet! Der Armin Laschet!»

Der Fahrer mustert ihn: «Und ich bin Helmut Wagner. Der Helmut Wagner vom Abschleppdienst Helmut Wagner.» Ungerührt klettert er in seinen Abschleppwagen und fährt davon.

«Das wird Konsequenzen haben. Das können Sie mit jedem x-beliebigen Trottel machen. Ich bin aber kein x-beliebiger Trottel! Ich bin Armin Laschet, Nachfolger von Karl dem Großen», tobt Laschet und hebt dabei drohend die Faust.

So schnell, wie er die Fassung verliert, findet er sie wieder. Vielleicht ist es das, was einen erfahrenen Spitzenpolitiker ausmacht, denke ich.

Kühl kommentiert er: «Wahrscheinlich ein Racheakt der Opposition, den ich an dieser Stelle nur auf das Äußerste verurteilen kann. Entschuldigen Sie, derartige parteipolitische Aktionen führen zu nichts außer zu persönlichen Verletzungen.»

Mittlerweile hat es aufgehört zu regnen. Um uns hat sich eine kleine Traube von Zuschauern gebildet.

Ich bin etwas verlegen, aber Laschet scheint die Aufmerksamkeit nichts auszumachen. Im Gegenteil.

Liebevoll wandert sein Blick über die Menschenmenge: «Unser Land ist geprägt durch seine breite kulturelle und regionale Vielfalt. Wir wollen die Stärken unseres Landes und das Engagement seiner Bürger nutzen, um das Leben für alle noch besser zu machen. Oder anders ausgedrückt: Wir wollen die Starken stärken und die Schwachen schwächen. Nein, pardon! Wir wollen die Stärken stärken und die Schwächen schwächen! Aber nun gehaben Sie sich wohl und gehaben Sie, ähh, haben Sie noch einen schönen Tag, meine sehr verehrten Mitbürger und Mitbürgerinnen!»

Während sich die Gruppe auflöst, blickt Laschet zunächst auf seine Uhr und dann zu uns.

«Hennes, bestell uns doch rasch ein Taxi!», lautet seine Anweisung, und ehe ich es mich versehe, sitze ich auf der Rückbank eines Taxis – eingequetscht zwischen zwei mir bis eben unbekannten alten Männern.

Laschet hat es sich auf dem Beifahrerplatz gemütlich gemacht. Es sei Zeit, uns einander vorzustellen: «Der Hennes ist bei uns für die Ernährung und Landwirtschaft zuständig. Walter kümmert sich um Inneres, Bau und Heimat.»

Ich drehe meinen Kopf in die jeweilige Richtung und nicke jedem von ihnen höflich zu. Mir ist unwohl, da wir eng nebeneinandersitzen und unsere Gesichter uns näher sind, als mir lieb ist.

Endlich haben wir das Ziel erreicht und steigen aus. Ich blicke mich um. Nur ein Schotterweg und ein Tor, über dem das Schild eines Kleingartenvereins hängt.

«Da sind wir», sagt Laschet und öffnet strahlend das Tor: «Nur hineinspaziert, junger Mann! Das ist die zweitkleinste Kleingartenkolonie Aachens, aber alle unsere elf Parzellenpächter haben das Herz am rechten Fleck.»

Auf einmal sind wir in einer anderen Welt. Der Lärm und die Hektik der Stadt sind vergessen. Um uns das Grün der Natur, alles wächst und gedeiht.

Jede der Parzellen ist sorgsam in einen Nutz- und Erholungsbereich unterteilt, im Hintergrund das obligatorische Gartenhaus.

Wir schlendern durch die Klein-Kolonie. Laschet hat für alle ein freundliches Wort, lobt hier das prächtige Gemüse, schwärmt dort von den farbenfrohen Blumen, hält hier mit einem alten Mütterchen ein Schwätzchen und streichelt dort gütig über einen Kinderschopf. Zwischendurch gratuliert er mir: «Sie haben Glück. Heute findet unsere Kabinettssitzung statt. Wenn Sie wollen, können Sie mich dorthin begleiten.»

Natürlich will ich, und schon haben wir das Vereinsheim erreicht, das mit grauen Eternitplatten verkleidet ist.

Wir betreten das Häuschen, das aus einer Art Sitzungsraum besteht. Tische verschiedener Höhen sind zu einer langen Tafel zusammengeschoben. Überall stehen Deutschland-Wimpel und kleine Flaggen mit dem Wappen des Aachener Ortsteils Burtscheid.

Ich studiere die sorgsam vorbereiteten Platzkarten.

Zwei der Teilnehmer kenne ich: «Hennes, Ernährung und Landwirtschaft. Walter, Inneres, Bau und Heimat».

Mittlerweile trudeln weitere Männer ein. Alle begrüßen sich herzlich, umarmen sich und klopfen sich auf die Schultern. Die Atmosphäre ist entspannt, es wird gescherzt und gelacht.

Als Laschets Besucher wird mir die Ehre zuteil, dass sich alle elf Parzellenbesitzer mit Name und Funktion bei mir vorstellen.

Mir wird schwindlig vor lauter Namen und Titeln. Wolfgang von den Finanzen, Peter von der Wirtschaft, Hans von der Justiz, Dieter von Familie und Gesundheit, Klaus von der Umwelt, Holger von der Bildung, Jürgen vom Verkehr und Werner von der Verteidigung.

Überfordert schüttele ich jedem die Hand. Wie soll es mir gelingen, so schnell die Namen, Gesichter und Funktionen auseinanderzuhalten?

Am Kopfende hat Laschet Platz genommen. Erst jetzt entdecke ich das Schwarz-Weiß-Porträt, das an der Stirnseite über ihm hängt. Laschet ist darauf etwa 20 Jahre jünger, aber wegen seines typischen Schmunzelns gut zu erkennen.

Laschet läutet eine große Messing-Glocke, und augenblicklich verstummen alle Gespräche.

«Ich begrüße Sie zur Kabinettsversammlung unserer Kleingartenkolonie. Einladung und Tagesordnung sind Ihnen fristgerecht zugegangen? Ich sehe keinen Widerspruch. Dann ist das so im Protokoll vermerkt. Aber jetzt zum Wichtigsten: Wer will was trinken? Hol doch einer mal die Roswitha, die soll die Bestellungen aufnehmen.»

Mein Sitznachbar steht auf und verschwindet nach draußen. Das gibt mir die Gelegenheit, seine Platzkarte zu studieren. Es ist Eberhard, zuständig für wirtschaftliche Zusammenarbeit und Entwicklung.

Nachdem alle Bestellungen aufgenommen und ausgeliefert sind, eröffnet Laschet die Sitzung und fragt die einzelnen Ressorts ab. Er beginnt bei Walter, zuständig für Inneres, Bau und Heimat.

Mit ernster Stimme berichtet dieser von baulichen Missständen in der Gartenanlage. Die Instandhaltung der Wege lasse zu wünschen übrig und die Gemeinschaftsflächen seien heruntergekommen.

Laschet schaut ihn mild-tadelnd an: «Natürlich können wir hier noch drei Wochen über Gehwege diskutieren, Walter, aber wir können auch gleich die wichtigen Fragen anpacken: Wir müssen besser werden! Und zwar nicht nur morgen, sondern am besten heute, das ist nämlich in gewisser Weise der Tag vor morgen. Dazu muss jeder seinen Beitrag leisten, ohne Wenn und Aber. Haben wir da insoweit einen Konsens?» Walter nickt, wenn auch mit etwas Verzögerung.

Wolfgang aus dem Finanzressort sorgt sich um den Beitragsrückstand einiger säumiger Mitglieder. Wenn die Beiträge nicht beigetrieben würden, drohe dem Verein eine Finanzkrise.

«Ach, wisst ihr ... In den letzten Jahren gab es zahlreiche Weltkrisen: die Weltfinanzkrise, die Euro-Schulden-Krise, die Flüchtlingskrise und jetzt die Beitrags-Krise. Gemeinsam haben wir noch jede dieser Krisen gemeistert und werden es auch diesmal tun. Oder anders gesagt: Die Menschen in unserer Kolonie können sich sicher sein, dass ich sie auch sicher durch diese Krise führen werde.»

Peter von der Wirtschaft beklagt sich über die mangelhafte Unterstützung bei der Vermarktung von Obst und Gemüse aus dem Gemeinschaftsgarten.

Entspannt lehnt sich Laschet zurück: «Ich danke dir für deinen Beitrag, Peter. Ich kann dir versprechen, und dafür stehe ich mit meinem Wort: Wir werden sehr bald rechtzeitig vor der nächsten Ernte gemeinsame Grundregeln für die Konzepte vor Ort beschließen. Zu gegebener Zeit werde ich dich mit der notwendigen Gründlichkeit davon in Kenntnis setzen. Bis dahin bitte ich von etwaigen Rückfragen abzusehen.»

Hans aus dem Justizressort sorgt sich wegen einiger Laubenaufbrüche der letzten Zeit. Es gebe Fälle von Vandalismus, bei denen die Eindringlinge unter Alkoholeinfluss gestanden hätten. Das habe man anhand der leer getrunkenen Schnapsvorräte und der umherliegenden leeren Flaschen festgestellt. Es gebe aber auch eine Aufbruchserie, bei der es die Täter auf Elektronik wie Fernseher, DVD-Player und Tablets abgesehen hätten.

In seiner Antwort betont Laschet seine verantwortungsvolle Funktion als Wächter über Gesetze, Tugend und Moral: «Wir brauchen noch mehr Tempo bei der Bekämpfung von Kriminalität. Da sind wir uns, glaube ich, völlig einig. Und ganz wichtig: Wir müssen auch in Sachen Langsamkeit schneller werden.»

Dabei dürfe man aber auch nicht übers Ziel hinausschießen, ergänzt er. Darüber hinaus gelte das, was er eben beschrieben habe.

Rasch ruft er den Nächsten auf: «Hennes, du bist bei uns für Ernährung und Landwirtschaft zuständig. Was gibt es aus deiner Sicht zu berichten?»

Hennes erzählt von den saisonalen Schwierigkeiten beim Brokkolianbau, wird aber von Laschet unterbrochen.

«Ich glaube, hier wird gerade eine Menge drumherum geredet: Es geht jetzt nicht um Geschichten über einzelne Brokkolipflanzen. Es geht um ein schlüssiges Konzept zur Ernte. Und da können uns Flugtaxis helfen. Wir müssen auf dem Weg dorthin aber auch die Menschen mitnehmen!»

Jürgen vom Verkehr regt einen Kreisverkehr vor dem Kompostplatz an, um sicherzustellen, dass es zu keinen Zusammenstößen von voll beladenen Schubkarren kommt.

Dieter vom Ressort «Familie und Gesundheit» macht den Vorschlag, Eltern von Neugeborenen einen «Willkommensbonus» von 500 Euro zu zahlen. Vorausgesetzt, sie könnten nachweisen, dass das Baby in der Gartenanlage gezeugt worden sei.

Daran schließt sich eine aufgeregte Diskussion an, in welcher Form die Eltern den Zeugungsakt belegen müssen. Einige plädieren für die Abgabe einer schriftlichen Erklärung. Das wird mit dem Hinweis «Kann ja jeder behaupten» verworfen. Andere regen die Installation von Webcams an, deren nächtliche Mitschnitte im Bedarfsfall als Beweis herangezogen werden können. In der anschließenden Abstimmung wird diese Vorgehensweise jedoch mehrheitlich abgelehnt, da sie datenschutzrechtliche Probleme aufwerfe.

Zuletzt kommt Werner von der Verteidigung zu Wort, und es wird still im Raum. Offensichtlich gibt es einen Konflikt mit der benachbarten, aus lediglich fünf Parzellen bestehenden Kleinstkolonie, mit der man sich aus alten Zeiten das Vereinsheim teile.

Ich verstehe nicht, worum es im Einzelnen geht, und höre nur Schlagworte wie «Grenzbebauung», «Notwegerecht» und «Gefahrenabwehr».

Es scheint sich um einen dieser historisch gewachsenen Konflikte zu handeln, bei denen die Beteiligten irgendwann nicht mehr wissen, warum sie miteinander verfeindet sind.

Laschet hat einen Geistesblitz, lässt sich den Katasterplan mit allen Grenzlinien vorlegen und breitet ihn großflächig auf dem Tisch aus.

Mit dem Finger fährt er die Linien ab. «Hier könnte man die

elf Parzellen von uns nehmen, in der Mitte die Parzelle mit dem Gemeinschaftshaus und dann die fünf Gartengrundstücke von denen da im Osten dazu packen. Das ergibt einen neuen Verein mit 16 Parzellen! Fantastisch!»

Die Idee lässt ihm keine Ruhe. «Das muss ich mit der Leitung unseres Nachbarvereins besprechen. Die Verhandlung übernehme ich in kleiner Delegation. Hennes und Walter, ihr kommt mit. Der Rest bleibt auf unserem Territorium!»

Stunde um Stunde vergeht, aber Laschet und seine Begleiter kehren nicht zurück. Mittlerweile bin ich der Letzte im Vereinsheim, draußen ist es schon lange dunkel.

Resigniert beschließe ich, den Heimweg anzutreten, und schlage mich mit meiner Handy-Taschenlampe durch die stockdunkle Kleingartenkolonie Richtung Ausgang durch. Dort rufe ich ein Taxi und lasse mich zurück ins Hotel bringen.

Ich würde das Interview gerne fortsetzen und telefoniere mit Susanne Laschet, doch sie macht mir wenig Hoffnungen. «Armin befindet sich gerade in wichtigen Beitrittsverhandlungen.»

Monate später, als ich den Vorgang schon längst vergessen hatte, bekomme ich Post von Laschet. Im Brief ein fotokopierter Bericht der «Aachener Zeitung», in dem Laschet als «Architekt der Einheit» gefeiert wird.

Eine Stelle des Berichts ist mit rotem Filzstift markiert: «In der Mitte von Laschets vereinigtem Kleingartenreich steht eine imposante, drei Meter hohe Nachbildung des Aachener Doms aus kesseldruckimprägniertem Lärchenholz. Laschet wies bei der Einweihung darauf hin, dass er in direkter Linie von Karl dem Großen abstamme.»

RICHARD DAVID PRECHT

Wer einen der Medienauftritte von Richard David Precht verfolgt, sollte frei von Neid sein. Die große schlanke Statur, das schulterlange Haar, die blitzenden Augen, der lässige Anzug, das aufgeknöpfte Hemd. Der erfolgreiche Philosoph ist eine Medienfigur von seltener Komplettheit. Er sieht wie ein Fotomodell aus, tritt souverän auf und ist von beeindruckender Eloquenz.

Der gefragte Schriftsteller, Publizist und Moderator kann sich vor Arbeit kaum retten. Er schreibt Bücher, hält Vorträge, sitzt in Talkshows und auf Podien, hat seine eigene Fernsehsendung und podcastet regelmäßig. Die Medien sind voll des Lobs und feiern ihn als «Bürgerphilosophen», «Universalgelehrten» und «Welterklärer».

Anlässlich seines neuen Buchs bietet eine PR-Agentur ein Interview mit dem begehrten Autor an.

Obwohl derlei Pressetermine oft ein Geschäft auf Gegenseitigkeit sind, sage ich augenblicklich zu und nehme mir vor, mich nicht instrumentalisieren zu lassen. Jedenfalls nicht über das unvermeidbare Maß hinaus.

Der Einladung liegt ein Landkartenausschnitt von Bayern bei. Der Treffpunkt ist ein Kloster in herrlicher Alleinlage am Tegernsee. Herr Precht halte dort einen Vortrag vor Managern. Ich dürfe den ganzen Tag mit ihm verbringen, so das Anschreiben der Agentur.

Wenige Tage später begebe ich mich auf die Reise nach Süddeutschland.

Es ist einer dieser wolkenlosen und klaren Spätsommertage, die den Blick in die Ferne zulassen. Das mittelalterliche Gebäudeensemble liegt auf einem Hochplateau. Von dort eröffnet sich die Aussicht über den Tegernsee und die dahinterliegende Bergkulisse. Wenn man etwas als eine Postkartenidylle bezeichnen kann, dann ist es diese Naturlandschaft.

Ich stelle das Auto auf dem Parkplatz ab, steige aus und muss schlucken. Zwischen all den gepflegten Limousinen und Luxuskarossen wirkt mein ungewaschener Kleinwagen wie ein Fremdkörper.

Vor der Abfahrt habe ich den Gebäudeplan studiert, den man der Einladung beigelegt hatte. Im Zentrum steht das historische Haupthaus mit Kreuzgang und Kapelle, dahinter das Schulhaus und eine Remise. Links und rechts schließen sich moderne Flügelbauten an. Hier werden die Übernachtungsgäste untergebracht.

Ein mit Stahlkanten eingefasster Kiesweg führt mich Richtung Haupthaus. Es ist still, nur das Knirschen meiner Schritte auf dem Kies ist zu hören.

Gedanklich gehe ich den geplanten Ablauf durch. Ich will Precht vor allem zu den großen gesellschaftspolitischen Themen unserer Zeit befragen und mit ihm über die Gestaltung von Gegenwart und Zukunft sprechen.

Wie werden sich Digitalisierung und Künstliche Intelligenz auf uns auswirken? Wer sind die Gewinner, wer die Verlierer? Warum ist Precht ein Verfechter des bedingungslosen Grundeinkommens? Wie stellt er sich das soziale Pflichtjahr für junge und alte Menschen vor, das er vorgeschlagen hat?

Sollte das Gespräch an irgendeiner Stelle ins Stocken geraten, wird ein Blick auf meinen Spickzettel helfen, auf dem ich mir zahlreiche weitere Stichworte notiert habe.

Mittlerweile bin ich am Eingang angelangt und ziehe an der schweren Eichentür. Sofort eilt ein älterer Mann herbei. Er trägt ein schwarzes bodenlanges Gewand und stellt sich als Bruder Anselm vor. Er gehöre zur Abtei und würde hier in der alten Benediktiner-Tradition «von ora et labora» beten und arbeiten.

Der Mönch hat ein angenehmes Wesen und ist zum Plaudern aufgelegt. Wie aus dem Nichts erscheint Precht: «Bruder Anselm, Sie sollen doch unsere Gäste in Ruhe lassen.»

Der derart Gerüffelte murmelt eine Entschuldigung und ist so schnell verschwunden, wie er aufgetaucht ist.

Mir gegenüber steht der berühmte Philosoph und sieht noch fantastischer als im Fernsehen aus. Schwarze Hose, schwarzes Oberhemd, schwarze Schuhe. Was bei jedem anderen formal und düster wirkt, lässt ihn modisch-elegant und lässig erscheinen. Die obersten zwei Knöpfe des Hemdes sind geöffnet, die Ärmel aufgekrempelt. Dazu die gebräunte Haut, die blauen Augen und das grau melierte Haar. Für jemanden wie Precht ist es keine Kunst, gut auszusehen, seufze ich innerlich.

«Willkommen! Bitte folgen Sie mir unauffällig», lauten seine mit charmanter Ironie hingeworfenen Begrüßungsworte. Auf unserem Weg blicke ich verstohlen nach rechts und links und bin beeindruckt. Die denkmalgeschützte Immobilie wurde mit einigem Geschmack und noch mehr Geld saniert und erfüllt die höchsten Ansprüche an ein modernes Hotel mit Tagungszentrum. Gleichzeitig strahlt das historische Gemäuer eine wohltuende Ruhe aus.

«So, da sind wir!» Precht hält mir eine Tür auf. Das seitlich angebrachte Schild weist den Raum als Tagungsraum «Aristoteles» aus. Wir nehmen an einem Tisch Platz. Im Hintergrund hängen eingerahmte Plakate, die das Cover von Prechts neuem Buch zeigen. Der Titel lautet «Von Utopia nach Realia». Darunter steht in kursiver Schreibweise «Schnellzug oder Regionalexpress? Wir haben die Wahl».

Ich greife die Formulierung auf und frage, ob es eine direkte Verbindung zwischen den beiden Orten gibt und wie man ans Ziel gelangt.

«Wie wir nach Realia gelangen? Sicher nicht mit dem Regionalexpress der Zögerlichkeit, sondern mit dem ICE der Entschiedenheit, ach nein, mit dem D-Zug der Entschlossenheit. Verflixt! Natürlich Schnellzug.» Und leise vor sich hin murmelnd wiederholt er: «Wir wollten Schnellzug sagen. Mit dem Schnellzug von Utopia nach Realia! Mit dem Schnellzug.»

Kurz scheint Precht den Faden verloren zu haben, fängt sich jedoch rasch wieder: «Es ist doch so: Wir brauchen ein neues Betriebssystem für unsere Gesellschaft. Und dazu müssen wir die drei großen Fragen unserer Zeit beantworten. Wer sind wir, und wenn ja, wie viele?»

Während ich auf die angekündigte dritte Frage warte, ist Precht schon weiter: «Wir leben in einer Zeit der großen Überforderung, und es gibt unendlich viele Gründe für Besorglichkeiten. Wir glauben nicht, was wir wissen, und wir wissen nicht, was wir glauben. Oder einfacher ausgedrückt: Wir wissen nicht, was wir glauben, und wir glauben nicht, was wir wissen.»

Er macht eine kurze Pause und fügt nachdenklich an: «Wir befinden uns in einem ständigen Spagat zwischen der Poesie des Herzens und der Prosa der Verhältnisse. Die Zukunft, die subjektiv, aber vielleicht auch objektiv gesehen der Gegenwart nachfolgt, hängt über uns, wie das Schwert des Damokles über Diogenes in der Tonne.»

Da klopft es an der Tür, es ist Bruder Anselm.

«Was ist denn?», herrscht ihn Precht ungehalten an. «Sie sehen doch, dass wir beschäftigt sind.»

Bruder Anselm reicht ihm ein Handy: «Ich sollte doch Bescheid sagen, wenn jemand Wichtiges anruft.»

Precht seufzt. Ich signalisiere ihm, dass er gern telefonieren kann, was er dankend annimmt. Er nimmt das Handy und verlässt den Raum.

Etwas nervös blättere ich in meinen Notizen und höre ihn durch die geschlossene Tür reden:

«Der Verband der pyrotechnischen Industrie? Natürlich halte ich auf Ihrer Jahrestagung die Keynote, wenn Sie es wünschen. Theodor Adorno hat es in seiner *Ästhetischen Theorie* einmal recht treffend ausgedrückt: *Feuerwerk ist die perfekteste Form der Kunst, da sich das Bild im Moment der höchsten Vollendung dem Betrachter wieder entzieht.*»

Precht schweigt einige Zeit und fragt dann zurück: «Ach so, es geht Ihnen quasi darum, den Diskurs um Feuerwerk auf eine sachliche und faktenbasierte Grundlage zu stellen? Sehen Sie, ich habe mit dem Entrüstungspessimismus der Moralindustrie eh nichts am Hut. Die Entscheidung Pro oder Contra Feuerwerk muss jeder für sich selbst treffen können, ohne dass ein gesellschaftlicher Druck aufgebaut wird. Schicken Sie den Vertrag und die Adresse für die Rechnung an mein Sekretariat. Wir sehen uns dann bei Ihnen vor Ort. Ich freue mich, auf Wiederhören!»

Precht betritt wieder den Raum und nimmt Platz. «Entschuldigen Sie die Unterbrechung. Wo waren wir stehengeblieben?»

«Die Zukunft ...»

«Ach, wissen Sie. Ich will hier weder als weißer alter noch als weiser alter Mann auftreten, aber das Leben baut nichts auf, wozu es die Steine nicht woanders herholt. Eines muss jedem von uns klar sein: Die Entscheidung, wofür ich mich entscheide, entscheidet über alle weiteren Entscheidungen. Oder einfacher ausgedrückt: Die Wirkung von Wirkungen liegt nicht in der Wirkung, sondern in der Bewirkung der Wirkung. Das macht die Antwort auf die Frage jedoch nicht unbedingt einfacher, wie Sie sich vorstellen können.»

Ich nicke und spüre die aufkeimende Panik, seinen komplexen Gedankengängen nicht folgen zu können.

Precht spricht weiter: «Wir leben heute im Zeitalter des Internets, einem Ort der Jetzigkeit ohne geschichtliche Tiefe, und das schließt direkt an die Frage an: Warum gibt es alles und nicht nichts?»

Er lehnt sich erneut zurück und schaut mich triumphierend an.

Ich antworte, dass ich mich nicht kompetent genug fühle, um diese Frage zu beantworten.

Precht lacht: «Für was ist ein Philosoph eigentlich kompetent, außer für das Kompensieren von Inkompetenz? Ich nenne das gerne die Inkompetenz-Kompensations-Kompetenz. Geht die Inkompetenz-Kompensations-Kompetenz tröpfchenweise vorzeitig verloren, spricht man von einer Inkompetenz-Kompensations-Kompetenz-Inkontinenz. Wer darüber Bescheid weiß, verfügt über Inkompetenz-Kompensations-Kompetenz-Inkontinenz-Kompetenz!»

Stolz schweigt er für einen Moment, und ich höre, wie es in meinen Ohren klingelt. Ich zweifele an meinem Verstand, aber es ist erneut ein Anruf für Precht.

Diesmal macht er sich nicht die Mühe, den Raum zu verlassen, sondern geht direkt dran:

«Verband der Glücksspielindustrie? Natürlich erinnere ich mich an Sie. Wir haben letzte Woche gesprochen, oder?»

Er lacht, wartet die Antwort ab. «Ja, das Thema Glück. Heinrich Heine hat es 1854 in seinen Memoiren treffend formuliert: *In uns selbst liegen die Sterne unseres Glücks.* Das würde ich gerne zum

Kernthema meines Vortrags machen. Ich spreche etwa 30 Minuten über Glück, abgemacht? Sie hatten doch diesen Werbeslogan voll betörender Sinnhaftigkeit? Wie lautete der noch mal? Ach ja: *Wussten Sie, dass Glück das Einzige ist, das sich verdoppelt, wenn man es teilt?* Wunderbar, das baue ich in meine Rede ein. Schicken Sie den Vertrag und die Adresse für die Rechnung an mein Sekretariat. Wir sehen uns dann vor Ort. Ich freue mich, auf Wiederhören!»

Precht schaut mich an. «Wo waren wir stehengeblieben? Ach ja, bei den großen Fragen über die Zukunft unserer Gesellschaft. Wie kriegt man mehr Gemeinwohl-Ökonomie hin? Wie steigt man aus diesem westlichen Gefahren- Industrialismus aus? Wie können wir uns vom Materialismus lösen, ohne das Betriebssystem der bürgerlichen Leistungs- und Lohnarbeitsgesellschaft zum Absturz zu bringen? Um diese Fragen beantworten zu können, müssen wir uns von ihnen lösen, zwei, drei Schritte zurücktreten und das Gesamtbild betrachten. Und dann stellen sich ganz andere Fragen: Warum wollen wir, was wir wollen? Warum wollen wir, was wir sollen? Und warum sollen wir, was wir wollen?»

Precht schaut zunächst mich an, dann auf seine Armbanduhr. «Oh, ich bin spät dran. Gleich halte ich meinen Vortrag. Sie können gerne zuhören.»

Ich lasse mir die Gelegenheit nicht entgehen und folge Precht durch die verzweigten Gänge. Wir passieren den Tagungsraum «Sokrates», dann den Tagungsraum «Platon» und erreichen schließlich den größten Konferenzraum. Er bietet etwa einhundertzwanzig Zuhörern und Zuhörerinnen Platz und trägt den Namen «Precht».

Die Längsseite des Raums ist voll verglast und bietet einen überwältigenden Blick auf den Tegernsee und das dahinterliegende Bergpanorama. An der Stirnseite steht eine etwa ein Meter hohe Bühne. Darüber eine riesige Leinwand, links und rechts davon zwei schwarze Lautsprechertürme. Precht springt lässig auf das

Podium, schnappt sich das Mikrofon und beginnt mit dem Soundcheck: «Test, eins, zwei. Test. Test.»

Nach und nach füllt sich der Saal mit überwiegend männlichen Zuhörern mittleren Alters. Die meisten tragen eine Anzughose und darüber ein Sakko, einige sind im Anzug erschienen, einige wenige haben Jeans und Jackett miteinander kombiniert.

Nachdem alle zur Ruhe gekommen sind, beginnt Precht mit seinem Vortrag. Es geht um die Stille und die Kunst des Schweigens.

Der Geschwätzigkeit der Welt könne nur mit Stille begegnet werden. In unserer Gesellschaft herrsche eine Kakofonie selbst ernannter Experten, die ununterbrochen auf ihre Zuhörer einreden würden. Dem müsse man sich durch Lautlosigkeit und Schweigen entziehen. Schon der große chinesische Philosoph Laotse habe gesagt, dass die Stille die größte Offenbarung sei. Nur in der absoluten Stille würden wir uns hören. In der Moderne würden wir uns hinter vielen Worten verschanzen, weil wir es nicht aushalten, zu schweigen. Manchmal sei es jedoch besser, nichts zu sagen. Dies gelte auch und gerade im Management. Ein französischer Philosoph habe es einmal so ausgedrückt: *Wer nicht zu schweigen weiß, verdient nicht zu herrschen.* Diese Erkenntnis dürfe nicht verschwiegen werden, nein, darüber müsse unbedingt und immer wieder geredet werden.

Mittlerweile haben sich kleine Schweißtröpfchen auf seiner Stirn gesammelt. Ich habe auf die Uhr gesehen, Precht spricht bereits seit 90 Minuten über die Kunst des Schweigens. Zum Schluss hat er noch einen Tipp für uns alle: «Tragen Sie den Gedanken des Schweigens in die Welt hinaus, machen Sie Werbung dafür und versuchen Sie, andere Menschen für die Stille zu begeistern. Nur so kommen Sie mit den Menschen da draußen ins Gespräch.»

Alle applaudieren begeistert. Precht tupft sich die Stirn mit einem schwarzen Seidentuch ab und deutet eine Verbeugung an. Ich bin beeindruckt. Jetzt weiß ich, was die Leute meinen, wenn sie von seinem Bühnencharisma schwärmen.

Precht weist darauf hin, dass er noch einige Minuten für Autogramme und Selfies zur Verfügung stehen würde. Außerdem sei neben dem Ausgang ein Büchertisch aufgebaut.

Blitzschnell hat sich eine lange Schlange gebildet. Precht lacht und scherzt mit jedem der Teilnehmer und Teilnehmerinnen, signiert Bücher und verkauft Seidenschals aus der Precht-Kollektion.

Es dauert weitere 40 Minuten, bis Precht alle Wünsche erfüllt hat und wir in unseren kleinen Tagungsraum «Aristoteles» zurückkehren. Erschöpft lässt er sich in den Stuhl fallen und füllt sein Glas mit Mineralwasser.

Nach einer kurzen Verschnaufpause sind wir wieder bei seinen Vorstellungen einer modernen Gesellschaft, dem Zusammenwirken von Mann und Frau und der Begegnung von Jung und Alt:

«In der modernen Gesellschaft erwartet die Frau bei der Partnerwahl das Unmögliche. Der Mann als emotionaler Erwartungs-Zwitter: als der, der in der Küche mithilft, und der, der mit dem Wolf tanzt. Gleiches gilt für das Zusammenspiel der Generationen. Der Generationenvertrag darf nicht zum Knebelvertrag verkommen, in dem Kevin und Chantal dafür schuften müssen, dass Jakob und Adele als Rentner auf Kreuzfahrt gehen können.»

Precht belässt es aber nicht bei Appellen: «Ich schlage zwei Gesellschaftsjahre vor: eins nach der Schule und eins beim Renteneintritt.» Es gehe darum, dass die jungen und alten Menschen Selbstwirksamkeit erfahren. Pflichten seien heutzutage für viele negativ besetzt, weil lustfeindlich. Das finde er schade: «Sich zu Pflichten zu verpflichten, entpflichtet von der Entpflichtung. Einer Selbstentpflichtung kann wiederum nur mit einer Selbstverpflichtung begegnet werden. Oder anders gesagt: Wer sich gegen Pflichten sträubt, will oft nur nicht erwachsen werden.»

Für die Finanzierung habe er eine Lösung. Das könne man locker mithilfe der Finanztransaktionssteuer bezahlen.

Als ich zu einer Frage ansetzen will, klingelt erneut das Telefon. Ein renommierter Hersteller von Kochtöpfen will Precht für die Weihnachtsfeier buchen. Der Philosoph denkt laut nach: «Die Frage finde ich hoch spannend. Kochen hat viel mit Zeitgeist zu tun. Wir erleben in Deutschland eine Kultur der Jetztzeitigkeit, eine Kultur der Sofortness. Alles muss schnell-schnell gehen. Auch gesellschaftlich wird da vieles in einen Topf geworfen, aber die Tugend des Umrührens ist verschwunden, und am Ende jammern alle, dass das Essen angebrannt ist. Das ist jedoch nicht das Ende. Demnächst kommen wir in eine Gesellschaft, in der kochen die Computer und die Roboter für uns. Also, was ich damit sagen will: Schicken Sie den Vertrag und die Adresse für die Rechnung an mein Sekretariat. Wir sehen uns dann bei Ihnen vor Ort. Ich freue mich, auf Wiederhören!»

Precht beendet das Telefonat und schaut mich an: «Wir haben es dann auch so weit, oder haben Sie noch Fragen?»

Ich schüttele den Kopf, da ich spüre, dass Precht das Interview beenden will.

Der Abschied fällt kurz und kühl aus, und schon stehe ich draußen vor der Tür. Mein Rückweg durch die Gartenanlage führt mich an einer Gartenbank vorbei, auf der Bruder Anselm sitzt und raucht. Ich bin etwas irritiert, aber nicke ihm freundlich zu. Hastig drückt er seine Zigarette aus und wirft die Reste in die Büsche.

Er springt auf: «Darf ich Sie noch zu Ihrem Auto bringen?» Er schaut sich um und fleht eindringlich: «Bitte!»

Warum nicht, denke ich und willige ein. Er fragt mich: «Sie sind doch von der Presse, oder?» Er würde sich mir gerne anvertrauen und ob ich ihm Vertraulichkeit zusichern könne. Es ginge im weitesten Sinne um Precht und sein «Geschäftsmodell».

Mittlerweile sind wir an meinem Auto angelangt. Ich biete ihm den Beifahrersitz an.

Bruder Anselm beginnt mit etwas, das er ein «Geständnis»

nennt. Eigentlich heiße er Gerhard und sei lange arbeitssuchend gewesen. Vor ein paar Jahren habe er im Internet ein Stellenangebot für Komparsen entdeckt und sich spontan beworben. Daraufhin habe sich Precht bei ihm gemeldet und ihm eine Festanstellung im Kloster angeboten.

Precht habe die Abtei mit EU-Fördermitteln erworben und zu einer Art Themen-Park für Philosophie-Interessierte umbauen lassen.

Ich verstehe nicht, worauf er hinauswill, und frage ihn, was das mit seiner angeblichen Komparsentätigkeit zu tun habe.

«Bei uns ist das wie bei Disney. Da läufst du den einen Tag im Pluto-Kostüm rum, den anderen Tag bist du Micky Maus und machst den ganzen Tag Selfies mit den Besuchern.»

Ich verstehe immer noch nicht. Er erklärt weiter.

«Heute bin ich Bruder Anselm in einer fiktiven Benediktinerabtei. Nächste Woche tagt bei uns der Hausfrauenbund. Dann sind wir ein buddhistisches Retreat, alles riecht nach Duftkerzen, und ich laufe in Orange rum und bin Swami Anselmanda. Und Precht zieht sich seine geblümten Leggings an, macht Yoga mit den Damen und spricht über die positiven Einflüsse von Achtsamkeit und so Sachen.»

Anselm, beziehungsweise Gerhard, schlägt den unteren Rand seiner schwarzen Mönchskutte um, und in der Tat: Die Rückseite ist orangefarben unterlegt. Es scheint eine Art Wendekutte zu sein.

Aus einem regulären Arbeitsvertrag sei nie etwas geworden. Seine Tätigkeit sollte als Gesellschaftsjahr über die Finanztransaktionssteuer abgerechnet werden. Dazu sei es jedoch nie gekommen, Precht vertröste ihn von Jahr zu Jahr. Mittlerweile sei dies sein fünftes freiwilliges Gesellschaftsjahr.

Auf einmal zucke ich zusammen. Precht steht neben uns und schaut durch das offene Autofenster: «Sie haben mein Buch vergessen. Habe ich doch extra für Sie signiert.»

Ich kann mich nicht daran erinnern, ihn um ein Exemplar seines Buchs gebeten zu haben, aber nehme es dankend entgegen.

Neben Precht stehen zwei stämmige Männer in schwarzen Anzügen und mit Sonnenbrille.

Seufzend und mit einem Anflug von Resignation wendet sich Precht an meinen Begleiter: «Ach, Bruder Anselm. Das hatten wir doch alles schon mal. Sie steigen aus und begleiten uns wieder ins Haupthaus zurück, nicht wahr?»

Der Angesprochene blickt mich eindringlich an. Ich lasse ihm die Wahl: «Das müssen Sie entscheiden. Sie sind ein freier Mann.»

Seine Blicke wandern nervös zwischen mir, Precht und den beiden Männern hin und her, bis er sich durchringt und aussteigt. Die Gruppe verabschiedet sich, und ich fahre davon.

Zu Hause übertrage ich das Interview in Reinform. Normalerweise ist damit meine Arbeit beendet, aber das Erlebnis mit Bruder Anselm will mir nicht aus dem Kopf gehen. Also lasse ich Tage später eine Kollegin mit unterdrückter Rufnummer im Kloster anrufen und sowohl nach einem Bruder Anselm als auch einem Gerhard verlangen.

Beide Namen waren dort nicht bekannt.

GABOR STEINGART

Die Idee, mit einem Redaktionsschiff durch Berlins Regierungsviertel zu kreuzen, immer direkt am Puls der Zeit und entlang der demokratischen Institutionen, hat etwas Geniales. Trotzdem wurde der Journalist Gabor Steingart für eben diese Idee in der Branche anfangs verlacht und das Vorhaben als verrückter Spleen abgetan.

Doch Steingart, der zuvor zwei Jahrzehnte beim *Spiegel* und weitere acht Jahre beim *Handelsblatt* gearbeitet hatte, hielt an seinem Traum fest und gab bei einer Reederei die 40 Meter lange und sieben Meter breite *Pioneer One* in Auftrag. Ermöglicht durch eigenes Geld – und durch einige hinzugeschossene Millionen des Medienkonzerns Axel Springer.

Auf seiner Webseite nennt Steingart das Boot eine «schwimmende Bühne für den Journalismus einer neuen Zeit». Eine Formulierung, die etwas übertrieben, aber nicht falsch ist: Deutschlands erstes und bislang einziges Redaktionsschiff verfügt über einen Newsroom und ein Podcast-Studio, es hat in Tischen und Decken verbaute 360-Grad-Kameras und bietet Platz für bis zu 200 Gäste.

In der Berliner Politik- und Lobby-Szene kommt das «Patrouillenschiff der Demokratie», wie Steingart es nennt, gut an. Ein Besuch auf der *Pioneer One* steigert den Bekanntheitswert, sorgt für mediales Aufsehen und liefert dank der herausragenden Schiffsfotografin eindrucksvolle Bilder. Und wer Glück hat, findet sich anderntags in Steingarts legendärem täglichen Newsletter wieder, dem *Morning Briefing*.

Dort präsentiert Steingart Tag für Tag und auf unterhaltsame Art Politik und Wirtschaftsnachrichten in einer emotionalen, fast theatralischen Sprache und mit allerlei Aphorismen und Metaphern ausgeschmückt. Dem Vernehmen nach erreicht sein morgendlicher Rundbrief eine sechsstellige Zahl von Lesern und Leserinnen.

Steingarts Erfolgsrezept: Er ist meinungsstark und liefert scharfe, oft polemische Analysen. Andererseits bietet er Angriffsflächen und wirkt polarisierend. Kurz gesagt: Steingart ist eine schillernde Medienpersönlichkeit!

Aus diesem Grund zögere ich keine Sekunde, als sich die Gelegenheit zu einem Interview ergibt. Doch zuvor lese ich mich, wie vor jedem meiner Gespräche, gründlich zu Thema und Person ein.

Steingart besitzt die Fähigkeit, komplexe Politik- und Wirtschaftszusammenhänge auf ein leicht verständliches Niveau herunterzubrechen und mit seiner Weltsicht anzureichern, was auf ein unterschiedliches Echo trifft. Seine Fans bewundern ihn wegen seiner flotten Schreibe, seiner bildreichen Sprache und seiner pointierten Ausdrucksweise. Für sie ist er der Welterklärer schlechthin. Seine Kritiker stören sich an «Behauptungsgetöse und Verschwörungsgeraune», an eskalierenden Metaphern, Wortwust und Wortgirlandentum. Für sie ist sein *Morning Briefing* eine «Mogelpackung voller klebrigem Pathos und Selbstüberhöhung».

Steingarts Buch *Die letzte Wahrheit* war in den Augen von Fans eine «Pflichtlektüre für Elite und Establishment». Kritiker nannten es eine «unheilvolle Mischung aus Denkverbot-Lyrik, Angst-Porno und Erweckungsliteratur».

Ich lehne mich zurück und überlege. Wie kommt es, dass die Wellen derart hochschlagen? Wie kommt es, dass Steingart gleichzeitig verehrt und verachtet wird? Und wie geht er mit den Reaktionen auf seine Person um, die doch so heftig ausfallen?

Um diese Fragen zu beantworten, muss ich den Menschen Steingart kennenlernen und nicht die Medienfigur, muss Zeit mit ihm verbringen, muss mich in ihn und seine Gedankenwelt einfühlen – am besten jenseits der üblichen Pressetermine und in seinem normalen Umfeld.

Ein Treffen mit Steingart ist immer ein Risiko. Einst druckte das Branchenmagazin *journalist* aus Protest ein Interview mit ihm, in dem alle seine Antworten geschwärzt waren. Steingart hatte bei der Autorisierung des Interviews nicht nur nachträglich seine Antworten, sondern auch die ihm gestellten Fragen verändert. Das wollte sich das Fachblatt nicht gefallen lassen.

Unsere Begegnung ist etwas anderes, tröste ich mich. Immerhin darf ich ihn einen ganzen Tag auf seinem Schiff begleiten und mich dort frei bewegen, wie mir versichert wurde.

Losgehen soll es um neun Uhr. Man wolle mich an der Anlegestelle abholen. Ich könne dann den ganzen Tag auf dem Schiff bleiben und mit ihm durchs Regierungsviertel kreuzen.

Im Internet habe ich in Erfahrung gebracht, dass die *Pioneer One* ihren Ankerplatz im Berliner Westhafen hat. Das will ich mir unbedingt vor unserem Termin anschauen und beginne meine Recherchen schon in aller Frühe.

Vor mir breitet sich ein pittoreskes Hafenensemble aus – voller Kran- und Gleisanlagen, Freilagern, Silos und Hallen. Ich gehe zum Hafenbecken, und da liegt sie vor mir: die *Pioneer One*.

Ich bin beeindruckt. Das Boot mit dem weinrot-lilafarben lackierten Rumpf wirkt in der Realität größer als auf den Fotos im Internet.

Für ein Foto hole ich mein Handy aus der Tasche, da taucht Steingart auf dem Deck auf. Er trägt einen violetten Bademantel und eine Kapitänsmütze. Instinktiv ducke ich mich, aber zu spät, er hat mich entdeckt.

«Guten Morgen! Haben wir uns nicht schon irgendwo gesehen? Ich kenne Sie doch.»

Ich widerstehe dem aufkommenden Fluchtimpuls, stelle mich als Reporter vor und verrate, dass wir später am Tag einen Interviewtermin haben.

«Soso», sagt Steingart spitzbübisch. «Na, dann kommen Sie doch an Bord! Wir schippern eh gleich los. Aber vorher bereite ich uns ein leckeres Frühstück zu.»

Die Situation ist mir unendlich peinlich, aber meine Neugier und Steingarts Charme siegen, und so willige ich ein.

An Bord schüttelt mir Steingart strahlend die Hand: «Willkommen! Ich ziehe mich kurz um und bin gleich für Sie da!» Sein Bademantel klafft auseinander, und ich erkenne eine Tätowierung auf seiner Brust. Ich wende den Blick diskret ab, meine aber einen Anker und ein Herz erkannt zu haben.

Als Steingart wieder auftaucht, trägt er eine Jeans, ein zweireihiges dunkelblaues Jackett mit goldenen Knöpfen und die Kapitänsmütze von vorhin.

«Ahoi, Matrose! Jetzt geht's in die Kombüse, und Smutje Gabor zaubert uns ein leckeres Frühstück.» Er macht eine kleine Kunstpause und fügt lachend hinzu: «Smutje Gabor, das bin ich!»

In der viel zu engen Schiffsküche ändert Steingart seinen Plan:

«Ach, wissen Sie was? Das sollen die Leute machen, die am meisten davon verstehen.»

Er greift zu seinem Handy: «Schickt mir mal den Pierre in die Küche.»

Wenige Sekunden später erscheint ein junger Mann. Steingart stellt uns einander vor: «Das ist Pierre Legrand. Hat Medienwissenschaften und Journalistik an der Sorbonne studiert und macht jetzt ein Praktikum bei uns. Ein ganz ausgezeichneter Mann. Summa cum laude! Pierre, bringen Sie jedem von uns das große Frühstück mit Orangensaft und Cappuccino.»

Wir schwingen uns auf Drehhocker an der Bar. Pierre bringt Geschirr und Besteck.

Um sanft in das Gespräch zu starten – und weil ich tatsächlich der Überzeugung bin –, mache ich ihm ein Kompliment für seine kreative Ausdrucksweise. Ich frage ihn, woher er all die Einfälle für seine politischen Vergleiche bekäme.

«Das ist ganz einfach. Sie müssen nur das richtige Mindset haben. Ich demonstriere Ihnen das mal. Nehmen Sie einen einfachen x-beliebigen Gegenstand, meinetwegen diese Blumenvase dort.»

Ich verstehe kein Wort, aber nicke.

«Jetzt geben Sie mal einen politischen Kommentar ab, in dem das Wort *Blumenvase* vorkommt!»

Ich schaue ihn ratlos an: «*Blumenvase*? Ich verstehe nicht.»

«Da ist nichts zu verstehen. Da ist was zu formulieren! Herrgott, ein politisches Statement, in dem das Wort *Blumenvase* vorkommt. So schwer kann das doch nicht sein.»

«Die Blumenvase, die Blumenvase ...», ringe ich ratlos nach Worten.

«Ich übernehme das mal für Sie: *Die Mitglieder der aktuellen Regierung sind in der letzten Legislaturperiode verwelkt wie die Blumen eines Fleurop-Straußes, der vor der falschen Tür abgelegt und nie hereingeholt wurde. Die Koalition ist wie eine leere Blumenvase!*»

Er schaut mich triumphierend an. «So geht das! Wir machen das gleich noch mal mit …» Er schaut sich suchend um. «Diesem Salzstreuer!»

«Der Salzstreuer, der Salzstreuer streut Salz in, ähh …»

Steingart unterbricht mich: «Sie müssen out-of-the-box denken. Ich mache Ihnen das noch mal vor: *Die Opposition ist der Salzstreuer, der das Salz in die Wunden der Regierung streut.* Nein, das ist zu einfach! Das kann ich besser! *Die Opposition benutzt den Salzstreuer normalerweise für ihr politisches Süppchen, das sie auf dem Rücken der Kinder kocht. Doch jetzt streut sie das Salz der frommen Denkungsart hingebungsvoll in die klaffenden Wunden der Regierung!* Ja, so hört sich das richtig an!»

Steingart lehnt sich zurück. «Jetzt versuchen Sie es mal mit …» Er sieht sich suchend um und greift nach einem Besteckteil. «Dieser Gabel!»

Nervosität und Prüfungsdruck machen sich in mir breit. Ich überlege einen Moment und antworte fragend:

«*Der Kanzler hat der Wirtschaft eine Suppe eingebrockt, die diese nun mit der Gabel auslöffeln soll.* So in etwa?»

Steingart schaut mich bewundernd an. «Respekt, Respekt!», lobt er mich. «Wollen mal sehen, ob es kein Zufallstreffer war. Folgen Sie mir in die Küche!»

Er schickt Pierre weg und schaut sich suchend um. «Hier, die Suppenschüssel! Machen Sie was draus!»

Langsam beginnt die Sache mir Spaß zu machen: «*Der deutsche Michel setzt sich die Suppenschüssel auf den Kopf, nachdem er die politische Suppe ausgelöffelt hat, in der er zuvor ein Haar gesucht hatte.*»

Steingart ist aus dem Häuschen: «Ein Genie! Sie sind ein Genie! Das hätte von mir stammen können. Wo haben Sie das gelernt? Geben Sie es ruhig zu.»

Ich wehre bescheiden ab und murmele etwas von Anfängerglück.

Steingart ist begeistert. Endlich habe er jemanden gefunden, der mit ihm mithalten könne. Er fordert mich zum Wettkampf heraus. Jetzt soll ich ihm ein Küchenutensil nennen. Wortlos deute ich auf den Eierschneider.

«Oh, das ist schwer, das ist schwer ... Moment, gleich hab ich es: *Der Kanzler zerteilt in seiner Kabinettsküche mit spitzen Fingern und einem Eierschneider ausgerechnet die Eier, die von den Ministerpräsidenten eh zu einem Omelett zusammengeschlagen werden.*»

Beeindruckt deute ich Applaus an. Steingart ist wie im Rausch: «So, jetzt Sie wieder. Hier, der Milchaufschäumer!»

Ich überlege: *«In seiner Pressekonferenz wollte der Finanzminister die Milch aufschäumen, die er kurz zuvor vergossen hatte, doch das Unterfangen erwies sich als Milchmädchenrechnung.»*

«Ha, das gibt nur einen halben Punkt», antwortet Steingart. «Sie haben *Milch aufschäumen* gesagt, gefordert war aber *Milchaufschäumer.*»

«Okay», denke ich und blicke mich suchend um. In einem offen stehenden Unterschrank entdecke ich eine Tüte mit Spülmaschinensalz.

«Oh, Sie sind gemein, aber warten Sie einen Moment, gleich hab ich es ... *Die AfD ist wie das Spülmaschinensalz der Demokratie. Sie ist ätzend, wirkt jedoch in angemessener Dosierung der Verkalkung durch politische Korrektheit entgegen.*»

Abwechselnd nennen wir uns weitere Gegenstände. Es ist wie bei einem Tennismatch, nur dass wir mit Begriffen statt Bällen zurückschlagen.

Steingart deutet auf eine Pfanne, und ich pariere mit: *«Der Kanzler gleicht einer Teflon-Pfanne, der einfach nichts anhaften will. Doch auch die beste Antihaftbeschichtung kommt irgendwann in die Jahre.»*

Ich gebe Steingart einen Sparschäler als Aufgabe, und der antwortet wie aus der Pistole geschossen: *«Die Sanktionen bei Arbeitsunwilligen sind zu zaghaft. Faule Stellen bei Äpfeln kann man nicht mit dem Sparschäler entfernen.»*

Nun deutet er auf eine Küchenmaschine namens «Thermomix». «Wenn Sie das hinbekommen, gebe ich mich geschlagen!»

Ich unterdrücke die aufsteigende Panik. Die Aufgabe ist schwer, doch ich kann sie meistern. Dazu muss ich denken wie der Meister. Nein, ich muss der Meister werden. Ich muss Steingart werden!

Mit diesen Gedanken im Kopf antworte ich:

«In der Berliner Politküche dampft und brodelt es: Während es in der SPD wie in einem verbeulten Campingkocher blubbert, schäumt es im rostigen Dampfkochtopf der Grünen. Das Tragische: Der moderne Thermomix der FDP steht noch eingepackt in der Ecke.»

«Genial! Genial!», ruft Steingart und springt auf. Er ist völlig aus dem Häuschen, schüttelt mir die Hand, umarmt mich und rühmt mich als Jahrhunderttalent.

Sosehr ich mich über den kleinen Wettstreit gefreut habe, so unangenehm ist es mir, derart gelobt zu werden. Außerdem darf ich nicht vergessen, dass ich nicht zum Vergnügen, sondern aus beruflichem Interesse hier bin.

Also lenke ich ab und frage ihn, auf welche Weise er die politische Berichterstattung revolutionieren will.

Das könne er mir am besten im Briefing Room vorne im Schiff erklären, antwortet er und weist Pierre an, das Frühstück dort zu servieren.

Vom Briefing Room genießt man einen fantastischen Panoramablick. Wir nehmen an dem runden Tisch in der Mitte des Raumes Platz, Steingart schließt die Tür.

«Hier entsteht jeden Tag das *Morning Briefing*. Wenn der Newsroom der Körper ist, das Sonnendeck der Kopf und der Anker die Füße, dann ist das die Herzkammer des Schiffs.»

Steingart schaut mich bewegt an.

«Sehen Sie, ich stamme aus einer alten Schaustellerfamilie. Ich habe etwas Ahnenforschung betrieben: Seit dem Mittelalter waren die Steingarts als fahrendes Volk in ganz Europa unterwegs. Wir haben alles gemacht, haben unsere Attraktionen auf dem Jahrmarkt, im Zirkus oder im Varieté dargeboten, hatten die spektakulärsten Jahrmarkt- und Kirmesvergnügungen.»

Die Geschichte seiner Familie erfülle ihn mit Stolz, fügt er hinzu und deutet mit glasigen Augen auf das Innenfutter seines Jacketts. Es ist mit grellbunten Farben versehen und wirkt auf mich wie ein Clownskostüm. «Das soll mich jeden Tag an meine Herkunft erinnern!»

Ich finde seine Geschichte inspirierend, frage mich aber, warum er mir das alles erzählt.

«Sie werden sich fragen, warum ich Ihnen das alles erzähle ... Nun, sehen Sie, zeitgemäßer Politikjournalismus basiert auf den uralten Regeln des Unterhaltungsgewerbes. Wir sind nichts anderes als Jahrmarktbetreiber, oder nennen Sie es Kirmes-Veranstalter. Da gibt es Fahrgeschäfte und andere Attraktionen. Wir bieten das alles an und nennen es Journalismus.»

Ich schaue ihn verwirrt an.

«Sehen Sie, Politikberichterstattung ist wie eine Achterbahn. Wenn es dort nur geradeaus gehen würde, käme kein Mensch. Dafür zahlt doch keiner. Das muss steil rauf- und ebenso steil wieder runtergehen. Da müssen Loopings rein, ein Sturz ins Leere und eine Vollbremsung zum Schluss. Also im übertragenen Sinn, verstehen Sie?»

Ich nicke.

«Dann gibt es das Riesenrad, das ist bei uns der Kommentar, in dem ich den Leser ganz langsam in die Höhe mitnehme, ihn von oben herab auf das große Ganze schauen lasse und langsam wieder zu Boden bringe. Oder nehmen Sie den Autoscooter. Das ist das klassische Pro- und Contra-Format, bei dem zwei Meinungen gegeneinander rasen und es kracht und scheppert.»

«Und die anderen Attraktionen?»

«... gehören selbstverständlich auch dazu. Sie brauchen zuallererst eine Wurfbude, das sind bei uns die Meinungsumfragen. Außerdem benötigen Sie eine Geisterbahn. Das ist der Teil, bei dem ich mir besonders viel Mühe gebe. Sie müssen von der Diktatur des Staates faseln, das Schreckensszenario vom ‹autoritären Durchregieren› an die Wand malen. Sie müssen Politikern eine Art Geheimplan unterstellen und von einer ‹global komponierten Weltuntergangssymphonie› reden. Sie müssen den Eindruck vermitteln, dass Wissenschaftler Teil einer Weltverschwörung sind. Sie müssen sich Sorgen um die Zukunft unserer Nation machen. Sie müssen den Leuten Angst einjagen und mit den abenteuerlichsten Behauptungen um sich werfen. Und wenn Sie dafür kritisiert werden, nehmen Sie die Opferrolle ein und beklagen sich über die ‹Verbotsschilder der politischen Korrektheit›.»

Ich atme tief durch: «Gibt es denn auch etwas Positives?»

«Ja, natürlich, den Zuckerwatte-Stand. Das sind bei uns die Wirtschaftsbeiträge, mit denen wir unser Netzwerk erweitern und Sponsorings der Industrie generieren.»

Ich muss das alles erst verarbeiten und lehne mich zurück. Steingart schaut mich zufrieden an.

«Jetzt zu etwas anderem. Ihre Metaphern-Performance hat mir ausgesprochen gut gefallen vorhin. Sie wissen, dass Sie auf dem Gebiet besonders begabt sind, oder? Solche Leute werden heutzutage händeringend gesucht, auch von uns.»

Ich wehre bescheiden ab, doch er lässt nicht nach. Ich sei ein brillanter Kopf, so jemanden wie mich wolle er unbedingt an Bord haben.

«Wir wollen mind-stretching-people, also Leute, die sich selbst herausfordern und über das Argument des Anderen Inspiration bekommen. Wir wollen Sie! Denken Sie sich irgendeinen Titel aus. Hauptsache, er ist auf Englisch und besteht aus mehreren Worten. Meinetwegen irgendwas mit *Director*. Wie wäre es mit *Mind-Stretching-Director*?»

«Danke, das ist sehr freundlich, aber deswegen bin ich nicht hier. Ich …»

«Weiß ich doch alles. Sehen Sie, wir machen Folgendes.»

Er holt einen Stift, einen Zettel und einen Umschlag. «Ich schreibe hier eine Zahl auf. Das ist Ihr Jahresgehalt. Und Sie gehen von Bord und besprechen sich mit Ihren Leuten zu Hause. Und dann kommen Sie wieder hierher zur Anlegestelle. Wir fahren hier eh dauernd vorbei. Und dann nennen Sie mir Ihre Gehaltsvorstellung. Und wenn sie unter der Zahl ist, die ich aufgeschrieben habe und in diesen Umschlag stecke, haben Sie den Job und das Geld. Wenn die Zahl über meiner liegt, dann haben Sie sich verspekuliert und müssen von Bord.»

Zaghaft protestiere ich, aber Steingart drängt mich freundlich zum Ausgang, und ich muss tatsächlich von Bord.

«In drei Stunden sind wir wieder hier, und dann erwarte ich Sie mit Ihrem Zettel und der Zahl.»

Wie betäubt stehe ich am Ufer und blicke dem Schiff nach. Steingart hat ein Tuch aus der Tasche gezogen und winkt mir damit zum Abschied zu. Es ist etwa ein Meter mal ein Meter groß und aus bunter Seide. Aus seiner Hosentasche rieselt Konfetti.

REZO

YouTubes Algorithmus schlägt mir nach längerer Zeit ein Rezo-Video vor. Erst in diesem Moment fällt mir auf, dass ich schon eine halbe Ewigkeit nichts Neues von dem Mann mit der blauen Haartolle gehört habe.

Ich besuche seinen Kanal und entdecke dort überwiegend inhaltsarme, aber häufig geklickte Unterhaltungsfilmchen über ausrastende Autofahrer, stolpernde Betrunkene, lustige Tiere und alberne Challenges. Die Zeit der aufwühlenden und Debatten auslösenden Politikvideos mit Millionenreichweite scheint lange her. Sollte das Phänomen Rezo nur eine flüchtige Erscheinung gewesen sein, eine Zeitgeist-Laune mit begrenzter Haltbarkeit?

Ich bin im Recherchefieber. Das Rätsel um Rezo beginnt bei seinem Pseudonym. Kaum jemand kennt seinen tatsächlichen Namen. Seine unterschiedlichen Betätigungsfelder machen es nicht leicht, ihn einzuordnen: Mal ist er der aufgedrehte Unterhaltungskünstler, mal der umtriebige Webvideoproduzent. Mal ist er der engagierte Politikbeobachter, mal der erfolgreiche Unternehmer samt innovativem IT-Start-up.

Auf YouTube verkörpert Rezo den nahbaren Kumpel, der seine meist junge Gefolgschaft mit allerlei harmlosen Talks, Spielchen und «Reaction-Videos» versorgt, bei denen er live auf Webvideos anderer YouTuber reagiert. Die Zuschauer verfolgen dann nicht nur den von Rezo übernommenen Originalbeitrag, sondern erleben seine unmittelbare Reaktion darauf. Er teilt seine Emotionen mit ihnen, schimpft, lacht, kommentiert oder wendet sich angeekelt ab. Rezo ist der große Bruder, der den jungen Leuten die Zeit nach Unterrichtsfron und Vorlesungsstress versüßt. So einen Verwandten wünschen sich viele, dementsprechend groß ist die Anzahl seiner Abonnenten auf YouTube, Instagram und Co.

Früher wechselte Rezo gelegentlich das Fach und produzierte politische Aufklärungsbeiträge wie das legendäre Video «Die Zerstörung der CDU», das beachtliche zwanzig Millionen Mal aufgerufen wurde. In dem fast einstündigen Film ging es um Themen wie Armut, Bildung, Klimawandel und Energiepolitik. Das journalistische Aufklärungsstück gipfelte in einer Wahlempfehlung gegen CDU, SPD und AfD. Mit Blick auf die folgenden Verluste dieser Parteien kam das Wort vom «Rezo-Effekt» auf, der sich vor allem bei Jungwählern und Jungwählerinnen bemerkbar gemacht habe.

Die Reaktion der etablierten Medien auf Rezo fiel unterschiedlich aus. Viele feierten ihn als Aufklärer und «Gesicht einer Generation», einige bezichtigten ihn der Parteilichkeit, sprachen ihm die Kompetenz ab oder warfen ihm angebliche Fehler vor. Der gewissenhafte YouTuber konnte jedoch jede seiner Behauptungen mit Quellen belegen.

Manche Kritiker störten sich an seiner direkten und jugendlichen Sprache und behaupteten, Rezo habe nicht journalistisch gearbeitet. Doch spätestens mit der Verleihung eines angesehenen Preises für guten Journalismus hatte sich auch dieser Punkt erledigt.

Wegen seiner lockeren Art und der flapsigen Ausdrucksweise mit allerlei eingewobenen, modisch gefärbten Anglizismen wird Rezo oft unterschätzt. Viele Menschen ahnen nicht, dass hinter den flotten Sprüchen ein Mann von scharfem Verstand mit einer ausgeprägten Liebe zu analytischem und logischem Denken steckt. Rezo hat Informatik studiert und ist im Besitz eines Master of Science. Neben seinen Aktivitäten auf den Video- und Streaming-Plattformen ist Rezo Mitgründer einer Firma, die sich mit ausgeklügelten Social-Media-Auswertungen beschäftigt. Darüber hinaus ist wenig über ihn bekannt.

Ich frage mich: Warum ist der einstmals so politische und gesellschaftskritische Rezo verstummt? Warum veröffentlicht der erfolgreiche YouTuber überwiegend läppischen Schmunzelcontent? Ist sein Interesse für ernsthafte Themen erlahmt, oder sind derart aufwendige Produktionen nicht zu bewerkstelligen, wenn man gleichzeitig ein Unternehmen voranbringen will?

Als Reporter genieße ich ein Privileg. Ich kann Dingen, die mich bewegen, auf den Grund gehen. Daher bitte ich unsere Redaktionsassistenz, bei Rezos Management wegen eines Interviewtermins anzufragen. Dies setzt eine Kette von Merkwürdigkeiten in Gang, die ich bislang nicht erlebt habe.

Es fängt damit an, dass mir das Management ein «Non-disclosure Agreement» abringen will, in dem ich mich zu strikter Geheimhaltung über die Gesprächsinhalte verpflichte. In einem langwierigen Mailwechsel erkläre ich dem Verantwortlichen, dass ich keine Vertraulichkeit zusichern könne, da dies dem Wesen eines Interviews widerspreche. Nach etwas Hin und Her kommen wir überein, dass ich nichts über Rezos echten Namen und seinen Aufenthaltsort berichten werde. Damit kann ich leben.

Vier Wochen später reise ich nach Köln, man wolle mich dort abholen und zu Rezo bringen. Nervös schaue ich auf mein Handy: «Bleiben Sie am Bahnsteig, und warten Sie auf weitere Anweisungen!», lautet die letzte Nachricht.

Es sind nur fünf Minuten, die ich hier stehe, aber sie kommen mir endlos vor. Da tippt mich jemand an. Ich zucke zusammen und drehe mich um. Mir gegenüber steht ein schwarz gekleideter Mann mit Sonnenbrille. «Sie sind der Reporter, oder? Ich habe den Auftrag, Sie abzuholen. Folgen Sie mir!»

Ohne meine Antwort abzuwarten, kehrt mein Abholer auf dem Absatz um und verschwindet Richtung Treppe. Ich haste ihm nach.

Vor dem Bahnhof wartet eine dunkle Limousine mit laufendem Motor. Der Fahrer steigt aus. «Check ihn ab!», weist er meinen Abholer an, und der beginnt ohne Vorwarnung, mich abzutasten.

«Hey», rufe ich erschrocken. «Was soll das?», aber da ist es schon vorbei.

Man erklärt mir, man müsse mir die Augen verbinden. Rezo habe hartnäckige Fans, die ihn auf Schritt und Tritt verfolgen und ein normales Leben unmöglich machen. Deshalb dürfe keiner seinen Aufenthaltsort erfahren.

Zähneknirschend willige ich ein und nehme mit verbundenen Augen auf der Rückbank Platz. Die Türen schlagen, der Motor startet, und der Wagen setzt sich in Bewegung. Ich komme mir wie in einem schlechten Agentenfilm vor.

Nach einer gefühlten Ewigkeit sind wir am Ziel angelangt. Mein Abholer hilft mir beim Aussteigen und führt mich in ein Haus. Dort nimmt man mir die Augenbinde ab. Als ich vorsichtig blinzelnd die Augen öffne, steht Rezo vor mir. Mit ehrlich wirkender Begeisterung strahlt er mich an:

«Hey, Brudi. Awesome, dass du hier bist. Hab übelst Bock auf unser Meeting. Nice, dass du gekommen bist, ganz großes Bonus in meinem Herzen. Frag mich literally, warum wir das nicht schon längst gemacht haben.»

Ich freue mich über die herzliche Begrüßung und bin froh, dass er mich duzt. So brauche ich ihn nicht *Herrn Rezo* nennen.

Er bietet mir «was zu snacken» an, aber ich bin zu aufgeregt und lehne das freundliche Angebot ab.

«Dann maybe nicht jetzt, sondern later. Auf gehts! Let's get ready to rumble!»

Rezo lotst mich durch verschiedene Flure, öffnet eine schwere Stahltür, und wir sind in einem Raum, den ich schon in seinen Videos gesehen habe. Das Irritierende: Was die Zuschauer als Rezos Zimmer kennen, ist in Wirklichkeit nur ein kleiner Teil eines größeren Fernsehstudios. Über uns hängt eine fahrbare Traverse, an der Scheinwerfer und Leuchten hängen. Um uns herum stehen diverse Stative, Materialboxen und Reflektoren. Im dunklen Hintergrund des großen Raums ist ein durch eine Glasscheibe getrennter Regieraum erkennbar.

«Setz dich zu TJ und Lisa in die Regie. Ich muss nur eben on gehen. Da haben ein paar Dullis Beef, und ich muss denen mal ne Ansage machen. Mache ich im Livestream. Das gibt Views, I promise you.»

Ich nehme im Regieraum Platz. TJ stellt sich als Rezos Cutter vor, Lisa als «ne Art Assistentin». Im Hintergrund sitzt der Mann, der mich abgeholt hat. Er stiert mit leerem Blick vor sich hin.

TJ erklärt mir die Situation. In der YouTuber-Szene gäbe es einen Konflikt: Gurkenhobel hat ein herabsetzendes Video über Rezo produziert, und Quaddel hat das in einem «Reactionvideo» kommentiert. Daraufhin hat Nutellafrosch ein Video veröffentlicht, in dem er auf Quaddels Äußerungen eingeht und dabei das Video von Gurkenhobel gegen Rezo einblendet. Nutellafrosch ist aber der Ex von Gurkenhobel, was BratenfettLover auf den Plan gerufen hat, den aktuellen Freund von Gurkenhobel und Inhaber eines YouTube-Kanals mit einer halben Million Abonnenten. BratenfettLover hat schon lange Beef mit Quaddel, was die Sache nicht unbedingt leichter mache.

Mir schwirrt der Kopf. Ich lehne mich zurück. Im Regieraum hören wir Rezo, der auf die anderen YouTuber einredet. «Ich rall das nicht, Loide. Ihr macht gerade richtig fetten Stress. Das tiltet mich mega. Diese ganze weirde Scheiße ist echt nicht healthy.»

Auf dem Bildschirm sehe ich, wie Gurkenhobel antwortet, kann aber nicht hören, was gesagt wird.

Rezo entgegnet ihm: «Das ist so cringe as fuck, was du hier redest. Das ist vollkommen unlogisch. Willst du die Wahrheit shiften? Ist schon etwas unsmart. Merkst selbst, dass du gerade extrem unlogisch unterwegs bist, oder?»

Nach und nach knöpft er sich jeden Einzelnen der zugeschalteten YouTuber vor.

«Quaddel, ich dachte, ich hätte grob Plan, was bei diesem Thema alles scheiße läuft. Nope. Bin einfach nur noch schockiert, Digga. Das hat gerade meinen Kopf gefickt. Kein Front, aber wo musst du in deinem Leben sein, dass du solch ein Video raushaust. Ich meine, mir kann's egal sein, aber ich find's echt sad.»

Er lehnt sich zurück, holt tief Luft und macht weiter: «Und nun zu dir, Nutellafrosch. Ich weiß, das ist ne unpopular Opinion, aber dein Video hat mich wirklich nicht geflasht. Ich fand's einfach nur whack und verantwortungslos. Wie kann man nur so lost sein in seiner Stimmungsmache? Und du weißt, ich bin eigentlich ein Die-Hard-Fan von dir!»

Mittlerweile hat sich BratenfettLover zu Wort gemeldet. Für einen Moment ist Rezo still, um dann umso nachdrücklicher festzustellen:

«Ist bestimmt damn unangenehm, dass der erste Kontrapunkt so derbe broken ist, oder? Ich hab echt getryhardet, deine Argumente zu rallen, aber, Alter, das war wirklich unlucky. Was du da raushaust, geht schon bisschen slightly in Richtung Verschwörungstheorie.»

Neben mir rutscht Rezos Assistentin Lisa auf ihrem Stuhl hin und her und schaut auf die Uhr. Sie greift sich ein Mikrofon und bittet Rezo, zum Schluss zu kommen. Der sieht kurz in unsere Richtung und nickt kaum merklich.

Jetzt spricht er zur Gruppe:

«Loide, hört auf mit der Shitshow. Wir haben alle ne Menge gehustlet und gestrugglet in der letzten Zeit. Aber wir hatten auch Fun, haben zusammen echt viel gechillt und gewatcht. Deswegen glaube ich, dass wir uns alle einig sind, dass das manchmal hilft, rauszuzoomen. So universumsmäßig rauszoomen. Sich mal wieder dieses Framing holen: Das ist DEIN fucking Life! Wenn du das wegschmeißt für Likes und Fame, dann ist das echt scheiße! Ich war früher auch maybe peinlich und uncool, aber hab mich wenigstens für niemanden verbogen und war ready für jede Possibility. Also bleibt real, zieht einfach euren Shit durch, und lasst euch nicht vom Weg abbringen. Denkt immer daran: Das hier ist unsere Hood. Die lassen wir uns von keinem plattmachen, und schon gar nicht von uns selbst. Wir sind cool von der Niceigkeit her. Peace!»

Er nestelt an seinem Headset. Da trommelt Lisa an die Scheibe unseres Regiekastens: «Die Werbung! Die Werbung!»

Blitzschnell hat Rezo den Kopfhörer wieder zurechtgerückt und macht weiter, als ob nichts geschehen wäre:

«Die Leute aus meinem Stream wissen schon, dass ich aktuell ohne *InstantVeggie* kaum überleben würde. Das ist praktisch eine Mahlzeit zum Trinken, wenn man gerade viel unterwegs ist oder einfach nicht zum Kochen kommt. Also einfach mein Leben. Insgesamt drei vegane Sorten sind jetzt am Start: Flammkuchen vegan mit Räuchertofu und Cashewmus, Falafel mit Gemüse in Pitabrot und Gemüsepfanne im Thai Style mit weißem Spargel und zwar alles als Pulver! Einfach den Beutel aufreißen, 200 Milliliter Wasser drauf, umrühren und trinken. Das ist leckeres Essen zum Wegschlabbern! Probiert das gern mit dem Code *Rezo10* aus, dann gibt's den fetten Rabatt zum schlank machenden Essen.»

Mit einem lässigen Schwung wirft er das Headset zur Seite, drückt irgendwelche Tasten und kommt zu uns in die Regie.

«Was für'n Kindergarten. Wie kann man davon nur so getriggert sein. Das ist echt dark gewesen jetzt. Aber hab einfach durchgeballert, einfach das Scheiß-System ausgedribbelt. Ganz dense Story. Glaube, das wird cool.»

Ächzend nimmt er Platz: «Kacke, Alter. Warum ist denn jetzt schon Nacht? Ich komm nicht klar. Lass mal das Ding mit dem Interview machen. Wäre sweet, wenn ihr den Reporter und mich dafür mal kurz allein lassen würdet von wegen Privacy und Intimacy. Sonst klappt das nicht mit dem Realtalk, okay?»

TJ und Lisa verlassen den Raum, nur mein Abholer bleibt stoisch sitzen.

Ich lege das Diktiergerät auf den Tisch und fange an: Wann wir mal wieder mit einem Aufklärungsvideo über ein gesellschaftlich relevantes Thema von Rezo rechnen könnten?

Er sieht mich an, schaut zu meinem Abholer, sieht dann wieder mich an. Der sonst so unbekümmerte Rezo wirkt auf einmal ermattet und müde. Man merkt ihm an, dass er sich konzentrieren muss: «Kann man nicht happy sein mit dem, was ich delivere? Nicht so nett, so ein Anspruchsding. Reden tun viele, aber du musst auch fulfillen. Donnerstagabend. Treffen die Leute überhaupt noch decisions? Hinter den Kulissen haben ja immer mehr struggle. Imbissbude, also in der Imbissbude ist das anders ...»

Er sucht nach den passenden Worten – ich suche nach dem passenden Sinn hinter den Worten.

«Aachener Straße, also die Aachener Straße ist wie dein Life, so fucking boring. Königsdorf, äääh, Königsdorf.»

Sein Gesicht ist fleckig. Auf seiner Stirn hat sich ein feiner Schweißfilm gebildet. Nervös zuckt sein Augenlid.

Ich blicke ihn ratlos an.

Mein Abholer steht auf. Ob ich weitere Fragen habe. Rezo schaut mich an, und mir ist, als hätte ich ein Kopfschütteln von ihm wahrgenommen.

Verstört sammele ich meine Sachen ein. Wir verabschieden uns, und auf konspirativem Weg werde ich zurück zum Bahnhof gebracht.

Zu Hause mache ich mich an die Transkription unseres Interviews. Ratlos schaue ich auf die Zeilen. Immer wieder lese ich Rezos letzte Antwort durch, aber die Sätze ergeben keinen Sinn.

Ich erinnere mich, wie eindrücklich er mich angeschaut hat, als ob er mir etwas mitteilen wollte. Könnte sich zwischen den Zeilen eine versteckte Botschaft befinden? Als Programmierer ist Rezo schließlich mit Verschlüsselungstechniken vertraut.

Da fällt mir etwas auf. Ich nehme einen Bleistift und unterstreiche auf dem ausgedruckten Text in jedem Satz das erste Wort. Es erscheint eine Botschaft: «Kann nicht reden. Donnerstagabend Treffen hinter Imbissbude Aachener Straße Königsdorf».

Seufzend lasse ich mich in die Lehne meines Schreibtischstuhls fallen. Damit hatte ich nicht gerechnet.

Drei Tage später fahre ich zum angegebenen Treffpunkt. Rezo erwartet mich schon. Die blaue Haartolle ist von einer Mütze verdeckt. Der Kragen seines Mantels ist hochgeschlagen.

Ich begrüße ihn und bemühe mich, seinen Ton zu treffen: «Ey lol, Alter. Wie cringe siehst du denn aus, Digga? Lass mal Pommes essen, geht auf meinen Nacken. Bin hungrig as fuck.»

«Lassen Sie das. Das ist doch peinlich!», entgegnet er mir.

Beschämt und kleinlaut murmele ich eine Entschuldigung.

Er fragt, ob ich ihm Quellenschutz zusichern könne. Dann würde er sich mir anvertrauen und seine Pläne offenbaren. Ich nicke nur.

«Ich habe seit Ewigkeiten ein Management, das mich auf vielen Ebenen berät, ob in Sachen Karriereplanung und Kooperationen oder zu Steuerthemen und rechtlichen Angelegenheiten. Damit sie schnell reagieren können, haben die eine Generalvollmacht von mir.»

«Cringe», entfährt es mir.

Rezo schaut mich genervt an und fährt kopfschüttelnd fort. «Das ging lange und zu beiderseitigem Vorteil gut. Doch vor einiger Zeit wurde mein Management von einer Londoner Limited übernommen. Das hat fatale Folgen.»

Er holt kurz Luft und setzt seine Erzählung fort.

Die neue Firma habe ihm einen Aufpasser zur Seite gestellt. Er dürfe nur harmlose und unpolitische Videos veröffentlichen und müsse sich Sprachregeln unterwerfen. Sprich, er dürfe nur in «Rezo-Sprache» kommunizieren.

«Können Sie sich auch nur annähernd vorstellen, wie anstrengend es ist, sich den lieben langen Tag über irgendwelche TikTok-Videos mit gruseligen Großmüttern, peinlichen Pfadfindern oder besoffenen Ballerinas lustig zu machen? Und dafür immer dieselben Worte benutzen zu müssen? Das können Sie sich nicht vorstellen. Das wollen Sie sich nicht vorstellen.» Sein Blick ist leer, aber er fängt sich und erzählt weiter.

Er habe recherchiert, dass sich die englische Limited im Besitz einer konservativen deutschen Stiftung befinde.

«Der Konrad-Adenauer-Stiftung der CDU?», entfährt es mir.

«Das haben Sie gesagt», erwidert er trocken.

Ein ganzes Jahr sei er noch an den Vertrag gebunden, habe aber in dem umfangreichen Paragraphenwerk eine Möglichkeit gefunden, vorzeitig auszusteigen. Und zwar nächste Woche.

«Damit Sie es schon mal wissen: Dann platzt die Bombe. Dann gehe ich mit einem neuen Zerstörungsvideo an den Start, das wir heimlich vorbereitet haben. Wir zählen schon die Tage.»

Einzelheiten könne er zum jetzigen Zeitpunkt nicht verraten, aber es werde «eine Sache, die die Republik in ihren Grundfesten erschüttert».

Wir plaudern noch kurz und verabschieden uns freundschaftlich.

Die Tage bis zu dem von ihm genannten Erscheinungstermin ziehen sich endlos dahin. Ich kann es kaum erwarten, doch an dem erwähnten Tag passiert nichts. Am nächsten auch nicht. Die Woche darauf auch nichts. Selbst den Monat darauf nicht.

Stattdessen gibt es auf Rezos Kanal vorproduzierte Videos mit Kätzchen, die auf dem Parkett ausrutschen, Pandabären, die den Abhang herunterkugeln, oder Pavianen, die sich um Bananen streiten.

Ich suche in den Videos nach versteckten Botschaften, werde aber nicht fündig. Also schreibe ich ihn über sein Management an und frage nach einem weiteren Interviewtermin. Natürlich erwähne ich unser konspiratives Treffen nicht.

Ich erhalte keine Antwort. Über die nächsten Wochen versuche ich es immer und immer wieder. Irgendwann kommt die Fehlermeldung, die angegebene Mailadresse existiere nicht. Livevideos von Rezo gibt es auch nicht mehr, nur noch aufgezeichnete Inhalte.

An einem Freitagnachmittag setze ich mich ins Auto und fahre nach Königsdorf in die Aachener Straße zu der Imbissbude. Ich steige aus, aber die Bude steht dort nicht mehr. Ich frage einen Anwohner, wohin denn der Imbiss verschwunden sei. Ohne mir dabei in die Augen zu schauen, stottert er: «Imbissbude, Imbissbude? Hier war nie eine Imbissbude. Ich weiß nicht, was Sie meinen.»

INA MÜLLER

Die Redaktionssitzung ist beendet, dennoch sind ein paar von uns für einen Kaffee in lockerer Runde sitzen geblieben. Wir plaudern über unsere Seh-Gewohnheiten. Wer hat welche Streamingdienste abonniert? Wer nutzt die Mediatheken der Öffentlich-Rechtlichen? Wer schaut klassisch-lineares Fernsehen?

Rasch sind wir bei unseren Lieblingssendungen angelangt, schwärmen von alten und neuen TV-Produktionen und tauschen Geheimtipps aus. Da meldet sich eine Kollegin aus dem Gesellschaftsressort. Es gäbe eine Sendung, die gegen sämtliche Regeln des Unterhaltungsfernsehens verstoße und dennoch alles richtig mache. Ob wir wüssten, wen oder was sie meine?

Wir raten wild in alle Richtungen, kommen aber nicht darauf. Sie gibt uns drei Hinweise: «Eine winzige Kneipe, eine überdrehte Gastgeberin, ein heiterer Shanty-Chor.»

Jetzt wissen es alle. Sie spricht von *Inas Nacht*, einer vom Norddeutschen Rundfunk produzierten Late-Night-Show. Und sie hat recht mit ihrer Zuschreibung. Die in einer engen Seemannskneipe aufgezeichnete Sendung ist einmalig in der deutschen Fernsehlandschaft. Was vor allem an Namens- und Gastgeberin Ina Müller liegt.

Die begnadete Unterhalterin ist von schonungsloser Direktheit, singt, tanzt und schäkert mit ihren Gästen, entlockt ihnen peinliche Geständnisse, klettert über Bänke, Tische und Stühle und kippt dabei munter diverse alkoholhaltige Flüssigkeiten in sich hinein. Ihr selbst gewähltes Motto: «Was das Saufen, Singen und Sabbeln angeht, da macht mir so schnell keiner was vor.»

Auf einmal taucht die Frage auf, wem der Erfolg des Formats zuzurechnen sei, der Bühnenfigur Ina Müller oder dem Menschen Ina Müller. Wer steckt hinter dem lebenslustigen Temperamentsbündel mit der Kodderschnauze und der Reibeisenstimme? Verbirgt sich unter der Oberfläche der hemmungslosen Brachial-Unterhalterin womöglich eine leise, verletzliche Seele? Ist die für ihren derben Humor berüchtigte Müller im Privatleben gar ein zurückhaltender Feingeist?

Wir sind uns einig, dass es sich lohnen würde, diesen Fragen journalistisch nachzugehen.

Alle schauen mich an.

«Gut, ich habe verstanden», seufze ich.

Meine Kollegin lacht. «Tu nicht so leidend.»

Ich nicke ertappt.

Zwei Wochen später – ich habe die Sache fast vergessen – kommt unsere Redaktionsassistenz strahlend in mein Büro gestürmt.

«Wir bekommen das Ina-Müller-Interview. Ich habe eben mit ihrem Management gesprochen. Sie sind einverstanden.»

Frau Müller habe wenig Zeit. Deshalb solle ich nächste Woche nach Hamburg kommen. Dort probe man für die kommende Staffel ihrer Late-Night-Show. In den Dreh- und Umbaupausen könne ich alle meine Fragen loswerden.

«Hört sich gut an. Sag ihr gerne zu.»

«Habe ich längst getan», lautet die kecke Antwort.

Eine Woche später mache ich mich auf den Weg nach Hamburg in die Carsten-Rehder-Straße 62. Dort ist der legendäre «Schellfischposten» beheimatet, die letzte und älteste Seemannskneipe in Altona, wie es heißt. Vor der Kneipe herrscht geschäftiges Treiben. Helfer tragen Scheinwerfer und Aufnahmegeräte, Musiker hieven ihr Equipment aus dem Fahrzeug, Aushilfen verlegen unzählige Meter Kabel.

Ich drängele mich an den vielen Leuten vorbei in die Kneipe und bin überrascht. Das Innere des «Schellfischposten» wirkt weitaus kleiner als in der Sendung. Ich frage mich, wie hier Kameraleute, Tontechniker, Musiker und Gäste reinpassen. Mir ist klar, warum der für die musikalische Untermalung zuständige Shanty-Chor *De Tampentrekker* draußen unter der Markise stehen muss. Es ist der schlichten Platznot geschuldet.

Hilfe suchend schaue ich mich um, doch alle sind beschäftigt. Da klopft mir jemand auf die Schulter. Es ist Ina Müller: «Na Schnucki, hast du dich verlaufen?»

Stotternd stelle ich mich vor und werde dabei fast von einem Kameramann umgerannt.

«Komm, wir setzen uns kurz in den Bulli. Da ist es etwas gemütlicher.» Sie zeigt durch das geöffnete Fenster auf den draußen stehenden VW-Bus.

Beim Einsteigen haut sie mit der Hand auf die Motorhaube: «Das Schätzchen ist ein restaurierter T1 Samba-Bus aus dem Jahr 1964. Der wurde uns von Volkswagen für die Dreharbeiten zur Verfügung gestellt. Kann gerne jeder wissen, dass wir käuflich sind.» Sie lacht ihr kehliges Ina-Müller-Lachen.

Im Auto erklärt sie mir den weiteren Fortgang. Man habe einige Zeit mit der Sendung pausiert. Der heutige Tag sei eine Art Generalprobe für die neue Staffel. Zwischendurch lässt sie mich einen Zettel unterschreiben. «Versicherungskram und so Zeugs, versteh ich selber nicht, hahaha».

Das heutige Publikum bestehe aus einer Gruppe junger Frauen, die ihren Junggesellinnenabschied feiern.

«Das ist praktisch. Die Ladys müssen wir nicht abfüllen, die sind schon besoffen, wenn die hier bei uns aufschlagen, hahaha.»

Sie freue sich über meine Anwesenheit. Ob ich bereits als Lichtdouble bei einer Stellprobe gearbeitet hätte? Nein? «Macht nix! Bist ja fix in der Birne. Einfach alles machen, was ich sage, und keine Widerworte. Stell dir vor, dass wir miteinander verheiratet wären, da hättest du auch nichts zu melden, nä? Hahaha.»

Ob ich Fragen hätte? Nein, gut! Ohne meine Antwort abzuwarten, springt sie aus dem Bulli und läuft auf das Aufnahmeteam zu.

«So, ihr Schnullerbacken, seid ihr alle so weit? Was macht mein Regisseur, wo ist die Kamera, steht der Chor?»

Langsam sortiert sich das Chaos. In der Kneipe hat mittlerweile eine Gruppe junger Frauen Platz genommen. Sie tragen das identische Outfit: schwarze T-Shirts mit der goldfarbenen Aufschrift «Team Braut», über den dunklen Hosen Tutu-Röcke aus rosa Tüll. Auf ihren pinkfarbenen Hüten sind goldene Sonnenbrillen befestigt. Außerdem haben sie sich weiße Krawatten mit Herzchenmuster um den Hals geschlungen. Auf den Tischen herrscht ein wildes Durcheinander von Schnaps- und Biergläsern.

Ina schnappt sich ein Megafon und weist uns ein. Wir sollen ordentlich Radau machen, wenn sie zur Tür hereinkommt, und weg ist sie.

Der kleine Gastraum platzt aus allen Nähten. An den Tischen die gackernde Mädelstruppe, schräg in der Mitte die Musiker, an den Rand gedrängt zwei Kameramänner, zwei Tonleute, ein Redakteur und ein Helfer, der die Pappen mit den Texten hochhält.

Hinter dem Tresen zwei Barhocker für Ina und ihren Gast. Draußen vor der Tür der 20-köpfige Shanty-Chor.

Jemand spielt die Anfangsmelodie der Sendung ein, und es geht los. Ina Müller stürmt in die Kneipe und muss aufpassen, dass sie den Kameramann nicht umrennt. Gegen den tosenden Applaus schreit sie ihre Begrüßungsworte heraus:

«Moin, Moin, Hammmbuuuurchhhhhh! Ach, Kinners, ist das schön! *Inas Nacht* heute mit dem Fernsehkoch, Küchenbullen und Gastronomie-Guru Tim Mälzer und der bezaubernden, ewig jungen Schauspielerin, Tänzerin und Schönheitsgöttin Désirée Nick. Leute, ich freu mich, heute ist wirklich Saufen, Singen und Sabbeln angesagt!»

Die Kneipe ist vollkommen aus dem Häuschen. Die Damen vom Junggesellenabschied klatschen, johlen und trommeln auf den Tischen.

Ina kämpft sich an Kameramännern und Tonleuten vorbei zum Tresen.

«Mein Hamburch. Ich bin ja von den Socken. Was für ein Willkommen! Ihr spinnt wohl. Ihr schafft das noch, dass ne alte Frau Tränen in die Augen bekommt. Aber jetzt geiht dat los. Begrüßen Sie mit uns einen einzigartigen Mann. Er ist ein erfolgreicher Koch. Er ist Fernsehmoderator. Er ist Unternehmer. Er ist Kochbuchautor. Er ist Entertainer. Und schnuckelig sieht er auch noch aus.»

Ihre Stimme überschlägt sich: «Begrüßen Sie mit mir den großartigen Tim Mällllllllzzzzzzer!»

Alle applaudieren. Ina Müller zeigt in meine Richtung. Ich drehe mich um, doch von Tim Mälzer ist weit und breit nichts zu sehen.

«Abbruch. Klappe!» Ina Müller kommt hinter dem Tresen hervor und geht direkt auf mich zu.

«Weißt du, was du bist, mein Herr von der Presse?»

Ich verstehe nicht, was sie meint.

«Ein Dösbaddel, das bist du!»

Alle lachen.

Wie auf ein geheimes Kommando singt der Shanty-Chor zur Melodie des Hitparaden-Evergreens «Moskau»:

«Witzig, witzig! Heute ham wir viel gelacht, denn wir sind bei Inas Nacht, ha ha ha ha ha, hey!»

Ich nestele verlegen an meinen Hosentaschen, denn ich weiß nicht, was sie meint.

«Das ist ne Stellprobe, und weißt du, warum du keinen Tim Mälzer siehst? Weil DU heute unser Tim Mälzer bist! Also los, noch mal alles von vorne.»

Ich nicke, aber sie ist nicht zu Ende mit mir: «So was kann ich nicht haben. Da haut's mir echt die Galle ans Zäpfchen.»

Sie verschwindet hinter dem Tresen und sagt erneut ihren Begrüßungstext auf. Unter dem Applaus des Publikums nehme ich neben ihr am Tresen Platz.

«Na, Tim», spricht sie mich an. «Nu mach mal nicht so'n Gesicht. Apropos Gesicht: Kennt ihr den? *Kommt der Mann nach Hause. Sagt die Frau: Was machst du schon wieder für ein Gesicht?! Sagt der Mann: Wenn ich ein Gesicht machen könnte, hättest du längst ein neues.* Hahaha!»

Alle lachen. Der Shanty-Chor singt: «Witzig, witzig! Heute ham wir viel gelacht, denn wir sind bei Inas Nacht, ha ha ha ha, hey!»

Die Scheinwerfer leuchten mir ins Gesicht, und ich merke, wie mir heiß wird.

«Aber mit über 50 bist du eh aus dem Geschäft als Frau. Ich sag immer: *Jede Falte erzählt eine Geschichte. Ich möchte, dass mein Gesicht die Fresse hält!*»

An den Tischen wird laut gelacht. Durch das Fenster schallt es vom Chor herein, der wieder sein: *«Witzig, witzig! Heute ham wir gelacht ...»* anstimmt.

Ina stößt mir in die Rippen, dass ich vor Schmerz kurz zusammenzucke. «Na, Herr Mälzer, so einem gut gebauten Mann wie dir möchte ich ja auch mal beim Duschen zusehen.»

Ich rutsche verlegen auf meinem Hocker hin und her.

Ina beugt sich vor und flüstert in die Kamera: «Unser Reporter hat schon wieder vergessen, dass er Tim Mälzer ist. Hahahaha.»

Der Saal lacht, die Männer singen, ich werde rot.

Ina Müller fragt ein paar der feiernden Frauen nach ihren Berufen und erzählt eine Anekdote aus ihrer Jugend: «Ich hab ja mal in der Apotheke gearbeitet. Da kam eines Tages ein älterer Mann zu uns und flüsterte mir leise zu: *Ich hätte gerne Hodenlack.* Ich so: *Hodenlack, was soll das denn sein?* Darauf er: *Weiß ich auch nicht. Aber mein Arzt hat gesagt, mein Cholesterinspiegel ist zu hoch, und da müssen wir die Eier streichen.* Hahahaha!»

Von der Seite tönt das sonore Lachen der Shanty-Sänger, gefolgt von: «Witzig, witzig! Heute ham wir viel gelacht, denn wir sind bei *Inas Nacht*, ha ha ha ha ha, hey!»

Ina Müller wendet sich ans Publikum: «So, wo wir jetzt Tim Mälzer bei uns haben, muss er auch ein Lied mit uns singen, oder?»

Alle applaudieren begeistert. Ich spüre, wie mein Hals trocken wird, und flüstere ihr zu: «Frau Müller, ich kann nicht ...»

Sie packt meinen Unterarm und spricht laut in die Kamera: «Die Frau Müller nimmst du zurück. Das letzte Mal, dass mich jemand Frau Müller genannt hat, war das mein Bankberater, und das war, als ich den Dispo überzogen hab. Hahahaha!»

Alle lachen.

«Jeder kann singen», behauptet sie, mustert mich mit kritischem Blick und zwinkert in die Kamera: «Nun ja, fast jeder. Hahahaha!»

Auf einmal halte ich ein Mikrofon in der Hand.

«Ich singe vor, du singst nach. Das kriegst selbst du hin. Da vorn steht jemand mit der Pappe, da guckst du rauf, da steht der Text drauf.»

Ich kann nicht singen und befinde mich in einer Art Schockstarre. Wie gelähmt blicke ich auf den Text, stimme beim zweiten Durchgang aber zögernd mit ein. Das Lied heißt «Die Sauerkraut-Polka»:

«Ich esse gerne Sauerkraut und tanze gerne Polka. Und meine Braut heißt Edeltraut. Sie denkt genau wie ich. Sie kocht am besten Sauerkraut und tanzt am besten Polka. Deshalb ist auch die Edeltraut die beste Braut für mich.»

Alle klatschen und pfeifen begeistert, und ich spüre das erste Mal in meinem Leben Hitzewallungen durch meinen Körper rauschen. Wir gehen zum Tresen zurück. «Glotz mir nicht so auf den Arsch, Tim», schnauzt Ina mich an. Ich bin mir keiner Schuld bewusst und schaue dementsprechend irritiert. Sie wendet sich ans Publikum:

«Wenn Männer einen Frauenhintern sehen, dann denken sie *Was für ein Arsch!* Liebe Männer, das denken wir auch, aber dabei müssen wir euch nicht auf den Hintern gucken. Hahahaha!»

Ich will protestieren, dringe jedoch nicht durch.

Ina Müller deutet auf mich: «Ich sag ja immer: *Lasst euch nicht blenden von seinen strahlenden Augen, es könnte die Sonne sein, die durch sein Gehirn scheint.* Hahahaha!»

Erneut lachen alle. Ina reicht mir ein Glas Mineralwasser. Ich stürze es hinunter.

«Na, du säufst den Gin Tonic, als ob es kein Morgen gäbe.»

«Ich dachte, das ist irgend so ein Wellness-Wasser. Ich trinke eigentlich keinen Alkohol», entgegne ich ernst, aber alle denken, ich will einen Witz machen, und lachen.

Mittlerweile will ich nur, dass das alles aufhört, und atme auf, als sich Ina dem «Team Braut» zuwendet.

Sie spricht eine der Frauen an, die einen Bauchladen neben sich abgestellt hat. Mit glasigen Augen antwortet diese, beim Junggesellinnenabschied sei es ein alter Brauch, fremden Männern irgendwelche Kleinigkeiten gegen Geld anzubieten und ihnen Küsse zu verkaufen.

Sofort bittet Ina die Frauen an den Tresen. Sie sollen Tim Mälzer die Sachen «verhökern». Im ersten Moment bin ich erleichtert, dass ich nicht Tim Mälzer bin. Im zweiten Moment zucke ich umso heftiger zusammen, denn ich bin es ja.

Drei Frauen bestürmen mich gleichzeitig und strecken mir allerlei wertlosen Plunder entgegen. Mir bleibt nichts anderes übrig, als wenigstens einer der Frauen für fünf Euro ein Feuerzeug mit einem aufgedruckten Penis abzukaufen.

«Nu mal nicht so geizig!» Ina reißt mir meine Brieftasche aus der Hand. Münzen, Scheine und Kreditkarten purzeln heraus und verteilen sich großflächig auf dem Fußboden. Kreischend rücken die Frauen Tische und Stühle zur Seite und beginnen zu sammeln.

Ich bin eingequetscht zwischen all den Leuten und spüre nur, wie man mir eine lilafarbene Plastikkrone und eine Sonnenbrille aufsetzt und mich von allen Seiten abküsst. Eine der Frauen malt mir mit Lippenstift Herzen auf Wangen und Stirn, eine andere bindet mir einen ausgeleierten fleischfarbenen Büstenhalter um.

«Macht mit ihm, was ihr wollt», feuert Ina die Frauen an.

In der Kneipe kann man sein eigenes Wort nicht verstehen. Alle lachen, johlen und klatschen. Der Shanty-Chor singt zum hundertsten Mal sein «Witzig, witzig».

Ich soll aufstehen und merke, wie mein Kreislauf in den Keller rauscht. Währenddessen bindet mir jemand ein rosafarbenes Ballettkostüm in Form eines Rocks aus mehreren Schichten Tüll um. «So, jetzt ist er komplett!»

Im Hintergrund singt der Shanty-Chor: «What shall we do with the drunken sailor, what shall we do with the drunken sailor, what shall we do with the drunken sailor, early in the morning? Hey!!!»

Ich will nur noch weg von hier.

Irgendwann haben sich alle beruhigt, und ich darf wieder Platz nehmen. Ich stürze ein weiteres Glas hinunter.

Ina hakt mich unter und bugsiert mich Richtung Eingang. Sie stellt mich an der Tür ab. Ich möge dort warten, bis ich aufgerufen werde. Ich habe Angst umzukippen und halte mich am Türvorhang fest.

Zurück am Tresen macht sie einen Aufsager für ihren neuen Gast, die Schauspielerin und Unterhaltungskünstlerin Désirée Nick. Ina winkt mir zu, ah, ich bin gemeint. Schwankend setze ich mich in Bewegung. Ich muss aufpassen, dass ich nicht stolpere. Der BH ist heruntergerutscht, aber das Ballettkostüm sitzt.

Ina empfängt mich mit Küsschen links und Küsschen rechts.

Mit großem Engagement redet sie auf mich ein, also auf Désirée. Ich hätte mich ja von meinem Mann getrennt und würde allein leben. Das erinnere sie an die alte Weisheit: «Frauen sind wie Wirbelstürme: Wenn sie kommen, sind sie nass und feucht. Wenn sie gehen, nehmen sie Häuser und Autos mit! Hahaha.»

Im Hintergrund höre ich Leute singen, wahrscheinlich ist es wieder der Chor.

Im weiteren Verlauf des Interviews mit Frau Nick geht es um Sex. Der absolute Tiefpunkt des Sexuallebens sei es, wenn die eigene Hand einschlafe. Ina habe beim Sex immer das Licht an, weil sie allein im Dunkeln Angst bekäme. Und wenn man sich mit jemandem zum Sex verabrede, solle man auch kommen. «Verstehst du? Kommen! Hahaha!»

Mir schwirrt der Kopf, aber ich nicke freundlich bei jedem ihrer Witze. Meine Plastikkrone wackelt, aber bleibt wie durch ein Wunder oben.

Nun geht es um die «guten alten Zeiten», die Désirée ja nur zu gut kenne. «Du altes Weltkriegs-Schrapnell, hahahaha!».

Sie dreht sich Richtung Publikum:

«Früher war eine Mark noch die Welt. Wir kamen dann vom Laden zurück und hatten ein Mickey-Maus-Heft, zwei Tafeln Schokolade und drei Kästen Fanta ... und heute ...? Ja, heute ist alles videoüberwacht!»

Es sei an der Zeit, ein Lied zu singen. Ina schiebt mich Richtung Raummitte. Sie schreit in die Kamera: «Hören Sie die unvergleichliche Désirée Nick mit dem Evergreen *Oh Hamburger Deern*.»

Die Buchstaben der Texttafel flirren vor meinen Augen. So gut es eben geht, singe ich mit:

«Oh Hamburger Deern, süße Hamburger Deern. Nun sag bloß nicht jedem, dass wir'n Liebespaar wär'n. Der gestrige Abend, mit Bier und Pineau, ließ mich bei dir landen, da war ich ganz froh.»

An der Stelle endet meine Erinnerung. Ich weiß nicht, wie der Abend weitergegangen ist, aber ich muss wohl noch ein oder zwei dieser Wellness-Wasser getrunken und es irgendwie nach Hause geschafft haben.

Am nächsten Tag habe ich bei der Produktion angerufen und mich nach meiner Brieftasche, dem Geld und den Kreditkarten erkundigt – aber das ist derzeit mein kleinstes Problem.

Man teilte mir mit, dass Ina mich «total lustig» gefunden habe und die Sendung exakt so ausstrahlen lassen wolle, wie wir sie geprobt hätten. Als ich protestiere und in meiner Verzweiflung mit rechtlichen Schritten drohe, entgegnet man mir, dass ich der Ausstrahlung ausdrücklich und sogar schriftlich zugestimmt habe – im VW-Bus bei Frau Müller höchstpersönlich.

Resigniert sinke ich in meinem Stuhl zusammen. In meinem Kopf höre ich den Shanty-Chor: «Witzig, witzig! Heute ham wir viel gelacht, denn wir sind bei Inas Nacht, ha ha ha ha ha, hey!»

HARALD MARTENSTEIN

Wer unvermittelt ein Ticket für eine Kreuzfahrt zugesandt bekommt, kann davon ausgehen, dass dies irrtümlicherweise oder in betrügerischer Absicht erfolgt. Dementsprechend skeptisch schaue ich auf die Nachricht in meinem Postfach.

Der Schriftsteller und Kolumnist Harald Martenstein lädt mich zu einer exklusiven Leserreise ein! Um präzise zu sein, erfolgt die Einladung durch seine Agentur beziehungsweise die Agentur des Veranstalters – ganz genau erschließt sich mir die Angelegenheit nicht. Außerdem gilt das Angebot nicht mir als Person, sondern mir als Reporter.

So oder so: Ich darf den gefragten Autor auf einer Flusskreuzfahrt mit 140 zahlenden Passagieren begleiten. «Das luxuriöse 5-Sterne-Superior-Schiff mit perfektem Service und erfahrenen Reiseführern macht diese Kreuzfahrt zu einem unvergesslichen Erlebnis», heißt es im beiliegenden Prospekt.

Herr Martenstein befinde sich in erwartungsvoller Vorfreude:

«Ich werde Ihnen meine Heimatstadt Mainz zeigen, die ehemalige Bundeshauptstadt Bonn und einen der schönsten Flüsse Europas. Sie erwarten Weinproben, Stadtführungen und unterhaltsame Gesprächsrunden.» Außerdem gebe es abendliche Lesungen, in denen der berühmte Schriftsteller aus seinen Werken vortragen werde.

Alle Unkosten der Reise für Transfer, Unterbringung, Rahmenprogramm und Mahlzeiten würden übernommen. Bis auf die alkoholischen Getränke, wie es im Kleingedruckten ausdrücklich heißt.

Ich schaue im Internet nach: Die maritime Martenstein-Exkursion repräsentiert einen Gegenwert von etwa zweitausend Euro. Mir ist klar, dass nichts auf der Welt umsonst ist. Veranstalter und Agentur werden sich von meinem Bericht einen Werbeeffekt für ihre Leserreisen versprechen, betonen aber, ich sei frei in meiner Berichterstattung. Außerdem werde sich Martenstein Zeit für mich nehmen und alle Fragen beantworten.

Ich denke nach. Der Schriftsteller Harald Martenstein ist vor allem für seine kurzweiligen Kolumnen bekannt. Es gibt Menschen, die seine wöchentlichen Einwürfe bei *Zeit* und *Welt* kaum abwarten können. Die als Erstes «ihren» Martenstein verschlingen, bevor es an die Lektüre von Sport, Politik, Wirtschaft und Kultur geht. Seine im Radio vorgelesenen Beiträge erreichen beständig hohe Einschaltquoten, seine Online-Artikel werden zu Hunderttausenden geklickt. Kurz gesagt: Der Mann ist Deutschlands Kolumnen-Star!

Martenstein eckt aber auch an. So gehört er zu den Erstunterzeichnern des umstrittenen Appells für freie Debattenräume, in dem die angebliche Bedrohung der Meinungsfreiheit beklagt wird. Böse Zungen bezeichnen ihn als «eine Art Mario Barth für Zeit-Leser» und «Franz Josef Wagner für Bildungsbürger». Der eine ein Comedian mit einer plumpen und rückständigen Weltsicht, der andere ein von sich selbst und anderen Substanzen berauschter Boulevard-Schreiber von tragischer Verwirrtheit.

Wie kann es sein, dass ein Autor von vielen klugen Leuten verehrt und von vielen anderen, nicht minder klugen Leuten abgelehnt wird? Eine Frage, die mich schon lange beschäftigt und der ich endlich nachgehen könnte. Mit vor Aufregung zitternden Fingern tippe ich die Zusage ins Handy.

Einige Zeit später ist es so weit. Zusammen mit mehr als hundert anderen Reisenden werde ich per Bus von Berlin nach Köln transportiert. Martenstein ist nicht dabei. Er habe aus Zeitgründen den Flieger genommen, verrät mir die mitfahrende Gästebetreuerin.

«Sie werden ihn bei der Einschiffung in Köln treffen!» Und richtig: Als wir am Fähranleger eintreffen, steht der berühmte Autor dort mit Trenchcoat und wehenden graublonden Haaren.

Beim Verlassen des Busses werde ich fast umgerannt. Meine mehrheitlich älteren Mitreisenden stürmen auf Martenstein zu. Jeder will den berühmten Schriftsteller zuerst begrüßen.

Fasziniert beobachte ich die Szenerie, nehme meinen Rollkoffer entgegen und begebe mich zum Check-in an Bord.

Ich betrete ein «Luxusschiff der neuesten Generation», wie es in der Reisebeschreibung selbstbewusst, aber zutreffend heißt. Ein schwimmendes 5-Sterne-Hotel mit achtzig komfortablen Kabinen und Suiten, zwei Restaurants, einer großen Panorama-Lounge und einem großzügigen Sonnendeck.

Mir wird das Glück einer Juniorsuite mit einem französischen Balkon auf dem sogenannten Rubindeck zuteil. «Zur Alleinnutzung», wie mir die freundliche Rezeptionistin mitteilt.

Meine Kabine ist nicht nur überaus elegant ausgestattet, sondern bietet einen Panoramablick auf Rhein, Hohenzollernbrücke und Kölner Dom. Ich stelle einen Stuhl vor die raumbreite Fensterfront und genieße die meditative Aussicht. Jetzt würde ich gerne auf den zugesagten Balkon treten und eins mit der Landschaft werden, aber dieser ist schlicht nicht vorhanden.

Kurz erwäge ich, mich an der Rezeption über das fehlende Ausstattungsmerkmal zu beschweren, verwerfe dies jedoch, da es mir undankbar vorkommt. Bei einem Tischgespräch einen Tag später erfahre ich, dass ein französischer Balkon nur eine Art Geländer vor dem Fenster bezeichnet, und bin doppelt froh, es nicht getan zu haben.

Da klopft es an der Tür. Es ist die Gästebetreuerin.

«Wir legen gleich ab. Für 19:00 Uhr ist das Abendessen geplant. Sie dürfen heute mit Herrn Martenstein speisen. Sie sind ihm bereits angekündigt.»

Kurze Zeit später finde ich mich an einem festlich gedeckten Tisch im Schiffsrestaurant wieder, der sechs Personen Platz bietet: Martenstein, mir und zwei etwas aufgeregten Berliner Ehepaaren mittleren Alters, die das Abendessen als Teil eines «Meet-and-Greet»-Angebots gebucht haben: Ein Steuerberater namens Winfried aus Berlin-Zehlendorf nebst Gattin Sabine und ein Lehrer-Pärchen aus Charlottenburg: Axel, Deutsch und Geschichte, sowie Susanne, Französisch und Kunst.

Auf unseren Tischen liegen eigens für diesen Abend gedruckte Kärtchen mit der Speisenfolge aus. Es gibt gebackenes Kokosnuss-Garnelen-Küchlein mit Zuckerschoten-Püree, Sesam-Algensalat und Chili-Crème-fraîche. Dann eine klare Rinderbouillon mit Gemüsestreifen und getrüffeltem Eierstich und auf der Haut gebratenes Zanderfilet mit Garnele, Limetten-Buttersoße, Rosmaringemüse und frittierten Reisballen mit Fetakäse. Und als letzter Gang warte warmer Grand-Marnier-Schokoladenkuchen auf uns.

Ich bin eine derartige gastronomische Bandbreite nicht gewohnt und fühle mich kulinarisch überfordert.

Da erscheint der Kellner und fragt, ob wir mit dem Tischwein vorliebnehmen oder einen anderen Getränkewunsch hätten. Routiniert schraubt er eine der Weinflaschen auf und schaut Martenstein fragend an. Sofort deckt dieser die Öffnung seines Glases mit der Hand ab: «Nennen Sie mich einen wohlstandsverwöhnten alten weißen Mann, aber ich kann einer Flasche Wein mit Schraubverschluss nichts abgewinnen. Ich brauche das intime Stelldichein von Korkenzieher und Korken – das degustative ius primae noctis des Weinverkosters.»

Augenblicklich verneinen auch die anderen Gäste die Frage des Kellners. In herzlicher Einigkeit wird beschlossen, sich die Weinkarte bringen zu lassen.

Ich kann zu der Diskussion nichts beitragen, denn ich trinke keinen Alkohol. Außerdem bin ich Vegetarier.

«Kein Problem!», sagt der Kellner. «So jemanden haben wir immer mal wieder dabei. Die Küche zaubert Ihnen da was Leckeres.»

Das bietet Martenstein die Gelegenheit, sich zu den Essgewohnheiten des modernen Durchschnitts-Großstädters zu äußern:

«Neulich verirrte ich mich in einen jener neumodischen Bio-Läden, die heutzutage die Reformhäuser abgelöst haben. Im Regal türmten sich die Packungen: Soja-Milch, Hafer-Milch, Irgendwas-Milch ... Nur echte Milch gab es nicht. Wie sehr kann man Kühe hassen, frage ich mich.»

Auch über das Thema Eier habe er sich Gedanken gemacht:

«Ich lege hier ein Geständnis ab: Ich habe neulich den Eierschneider an ein Ei gelegt, und ich kann Ihnen nicht sagen, ob es aus Boden-, Freiluft-, Käfig- oder Weltraumhaltung kommt. Und wenn ich es wüsste: Was wäre besser? Manche sagen so, manche sagen so. Währenddessen beiße ich lustvoll in mein Frühstücksbrötchen – mit Ei.»

Meine Tischnachbarn kichern verzückt. «Ja, genau so ist es, Herr Martenstein! Genau so!»

Ich komme mir ausgegrenzt vor, kann aber an anderer Stelle punkten. Ich habe bei der Vorstellung verraten, dass ich Journalist sei und mir deshalb gelegentlich Notizen machen würde. Als ich

Papier und Stift aus der Tasche hole, werde ich von Martenstein ausdrücklich gelobt. Das sei das einzige Handwerkszeug, das ein Reporter brauche, außer seiner Beobachtungsgabe und Neugier! Auch er habe es so gehalten, als er in den frühen Achtzigern seine journalistische Karriere bei der *Stuttgarter Zeitung* begonnen habe.

Artig nehme ich das Kompliment an, komme mir aber wie ein Betrüger vor, denn ich habe nur zu Papier und Stift gegriffen, weil der Akku meines Handys leer war.

Mittlerweile ist Martenstein bei seinen Anfängen beim *Tagesspiegel* in Berlin angelangt. Aus dem Augenwinkel sehe ich, wie eine ältere Dame an einem Nachbartisch immer wieder zu uns herüberschaut und sich ebenfalls Notizen macht. Eine Kollegin? Unwahrscheinlich. Ich sei der einzige Medienvertreter an Bord, hatte man mir beim Check-in versichert. Deshalb vermute ich eher einen Martenstein-Fan, der an den Lippen seines Idols hängt, wie die beiden Paare an meinem Tisch.

Martenstein ist ein perfekter Unterhalter. Zu jedem aufkommenden Thema hat er eine Anmerkung samt Pointe parat. Der Tisch ist ein einziges Juchzen, Jauchzen und Frohlocken. Zwischendurch werden neue Gänge serviert, was ebenfalls große Begeisterung auslöst und fachmännisch kommentiert wird. Nur ich stochere etwas gequält in meinem matschigen Gemüse und den weichen Kroketten.

Endlich ist das Essen vorbei. Der Kellner erscheint: «Einen Espresso?»

Das Angebot wird dankend angenommen. Die Wartezeit überbrückt Martenstein mit einigen Betrachtungen über den Kaffeegenuss damals und heute.

Früher habe man umstandslos eine Tasse Kaffee bestellen können. Heutzutage müsse man Kaffeewissenschaften studiert haben und mehrere Fremdsprachen beherrschen. «Haben Sie schon mal versucht, bei Starbucks eine Tasse Filterkaffee zu bestellen? Da bekommen Sie Fragen, die kann nicht mal meine Frau beantworten. Und die hat ein Vordiplom in Englisch.» Der ganze Tisch lacht.

Martenstein ahmt einen Starbucks-Mitarbeiter nach: «Wollen Sie einen Pumpkin Spice Vanilla Cream Frappuccino mit laktosefreier Milch, Karamell-Sirup und Kokosflocken in Small, Medium oder Large?» Er macht eine Kunstpause und fährt mit seiner normalen Martenstein-Stimme fort: «Nein, ich will einfach nur ne Tasse Kaffee! Und zwar plötzlich, wenn ich bitten darf!»

Mit dem falschen Namen auf dem Becher gehe es weiter: «Ich bin allerhand gewohnt an negativen Zuschreibungen, Verbalinjurien und Invektiven und nehme alles dankend an. Warum also nicht auch *Herold* als neuer Rufname? Das war im Mittelalter ein offizieller Bote eines Lehnsherrn, eine Vorform des Diplomaten. Es gibt weitaus schlimmere Beleidigungen, denke ich.»

Triumphierend schaut er in die Runde.

«Sie sind so lustig, Herr Martenstein», sagt Sabine, die Steuerberater-Gattin, und alle pflichten ihr bei. Martenstein sei nicht nur ein Meister des Wortes, sondern habe das gewisse Etwas, das ihn für die große Bühne prädestiniere.

Als sich alle beruhigt haben, frage ich Martenstein, ob er mir nach dem Abendessen für ein kurzes Interview zur Verfügung stehen würde.

«Tut mir leid, aber *nein*. Gleich bin ich mit den beiden Herrschaften», er zwinkert Winfried und Axel zu, «an der Bar zur Nachbesprechung verabredet. Nicht wahr, meine Herren?»

Die stutzen erst, pflichten ihm dann aber feixend bei.

Nach dem Essen ziehe ich mich in meine Kabine zurück. Der Fernseher bleibt ausgeschaltet. Stattdessen genieße ich die Aussicht auf das vorüberziehende Rheinufer und gleite in einen erholsamen und traumlosen Schlaf.

Am nächsten Morgen sitze ich mit Martenstein und anderen Gästen am Frühstückstisch. Erneut geht es um Kaffee: «Seit Kurzem bin ich ja stolzer Besitzer eines Kaffeevollautomaten.» Martenstein schaut uns an. «Na und, werden Sie sagen, weil Sie vielleicht alle Fachinformatiker für Systemintegration sind. Ich bin das nicht. Ich bin ein normaler Mensch, der einen Knopf drücken will, und dann kommt der Kaffee.»

Fortschritt sei gut und notwendig, aber manchmal wünsche er sich die guten alten Zeiten und eine stinknormale Tasse Filterkaffee zurück. Und apropos, da käme ihm eine Geschichte aus seiner Jugend in den Sinn:

«Ich war ein Pennäler mit einem Hang zu Dingen, die Pennäler eben so tun. Und so schrieb ich eines Tages an die Toilettentür: *Willst Du Schwangerschaft verhüten, nimm Melitta-Filtertüten.* Für diesen Dumme-Jungs-Streich gäbe es heutzutage 2000 Euro Strafe und 12 Monate Einzelhaft im Umerziehungslager für Political Correctness. Zur selben Zeit schaut die Polizei untätig zu, wie Rauschgifthändler aus Nordafrika im Stadtpark Drogen an Kinder verkaufen. Verstehen tue ich das nicht, aber vielleicht muss man satt und gut versorgt in einer warmen Amtsstube sitzen, um derlei Angelegenheiten kompetent beurteilen zu können.»

Der weitere Tag vergeht wie im Flug. Wir unternehmen einen Rundgang durch die Altstadt von Bonn und besuchen das Geburtshaus von Beethoven. Mittags legen wir wieder ab, fahren den Rhein entlang Richtung Mainz und besichtigen das Geburtshaus von Harald Martenstein.

Für den Abend ist eine Lesung in der Lounge angekündigt.

Als ich erscheine, sind schon alle Plätze belegt, sodass ich im hinteren Teil stehen muss – direkt neben der älteren Dame, die sich tags zuvor so fleißig Notizen gemacht hatte. Wir nicken uns kurz zu.

Bevor Martenstein mit der eigentlichen Lesung beginnt, erzählt er, was ihm im Verlauf des Tages alles so aufgefallen sei. Er fragt: «Ist es erlaubt, sich über einen fehlenden Korkenzieher in der Kabine zu ärgern, obwohl in anderen Ländern die Menschen hungern? Ja, denn wenn nur diejenigen klagen dürften, deren Probleme am größten sind, dann hätte nur noch eine einzige Menschengruppe das Recht, sich zu beschweren.»

Als er sich vorhin seine langen Haare geföhnt habe, sei ihm ein Aufkleber aufgefallen, der ihn vor Verbrennungen warnen sollte. «Ein perfektes Beispiel für unsere Illusion, dass man alle Lebensrisiken ausschließen könne, den Wunsch nach Belehrung und die Lust an der Unmündigkeit.»

Martenstein beginnt die eigentliche Lesung. Zunächst geht es um die von ihm erlebte Diskriminierungserfahrung als alter, weißer Mann: «Was mir auffällt, ist, dass wir älteren Herren inzwischen die einzige Gruppe sind, auf die jeder mit der verbalen Flinte schießen darf, ohne dass ihm oder ihr Diskriminierung vorgeworfen wird. Aber ich will nicht wehleidig klingen. Ich stelle es nur fest.»

Er ächzt: «*Altherrenliteratur*, *Altherrenhumor*, *Altherrensex*, *Altherrenmode*. Wenn es in unserer Gesellschaft einen Fußabtreter gibt, dann ist es der sogenannte alte weiße Mann. Wir sind nach neuer Rechtsprechung allesamt notgeile Faschisten, aber ich bleibe gelassen. Das bringt das Alter so mit sich.» Alle lachen.

Es geht um Minderheiten, die den Mehrheiten auf der Nase herumtanzen, um Migranten, Moslems, Transmenschen und Quotenfrauen. Es geht um die Genderdebatte, angeblichen Rassismus, Denk- und Redeverbote. Martenstein befürchtet, dass Kinder statt Mama und Papa bald Elternteil 1 und Elternteil 2 sagen müssen, die Moslems uns das Schweinefleisch verbieten und wir vielleicht schon morgen in einer Art DDR leben. Für jede seiner Thesen hat er Beispiele aus Staat und Gesellschaft parat.

Er ist am Ende angelangt und genießt erschöpft den Schlussapplaus. Glücklich schaut er in die Runde und leitet zum Fragenteil über.

Es kommen die zu erwartenden Wortmeldungen: Zu welchen Tageszeiten fallen ihm die Ideen zu seinen Kolumnen ein? Wurde schon mal ein Thema abgelehnt? Und wie lange braucht er für eine seiner Kolumnen?

Da meldet sich die Dame neben mir. Die von Martenstein vorgetragenen Beispiele zur angeblichen Herrschaft der Minderheiten über die Mehrheit seien vielfach widerlegt, verzerrt oder aus dem Zusammenhang gerissen. Sie habe ihm das mehrfach geschrieben und die entsprechenden Nachweise beigelegt. Warum er derlei Narrative trotzdem weiterverbreiten würde?

«Ich glaube, Sie haben sich uns gar nicht vorgestellt, meine Dame», antwortet Martenstein.

«Nix Dame. Ich bin die Inge. Inge Röhrig. Deine rote Inge. Das war in den 70er-Jahren, als du einige Jahre Mitglied der DKP warst und mit mir zusammen die Welt verändern wolltest.»

Martenstein wirkt verunsichert. An den Namen *Röhrig* könne er sich nicht erinnern, seine damalige DKP-Mitgliedschaft sei eine Jugendsünde, und überhaupt sei er jetzt müde und müsse zu Bett, denn – nervöses Lachen – er sei ja ein alter weißer Mann.

Beim Hinausgehen frage ich ihn nach einem Interviewtermin. «Nicht so ungeduldig, wir sind noch viele Tage auf dem Schiff. Ich laufe Ihnen schon nicht weg.»

Am nächsten Tag stehen ein Stadtrundgang in Mainz und der Besuch des Gutenberg-Museums an. Danach soll ein «Dialoggespräch» zwischen Harald Martenstein und der Direktorin des Gutenberg-Museums stattfinden. Das Thema ist die Geschichte der modernen Massenmedien und die Bedeutung der Presse von damals und heute für unsere Gesellschaft.

Wie der Zufall es will, treffe ich Frau Röhrig, und wir beschließen, die Veranstaltung zu schwänzen und erst zum vereinbarten Ablegezeitpunkt zum Schiff zurückzukehren. Inge, wie ich sie mittlerweile nennen darf, holt den ausgedruckten Tagesplan aus der Tasche, der jeden Morgen unter unserer Kabinentür durchgeschoben wird. «Das ist um 15:00 Uhr.»

Gemeinsam bummeln wir durch Mainz, und sie erzählt mir einiges aus Martensteins Geschichte, das nicht in seinem Wikipedia-Eintrag steht. Die Zeit vergeht wie im Fluge, ich komme mit dem Notieren kaum hinterher.

Als wir kurz vor 15:00 Uhr am Ablegepunkt sind, sehen wir das Schiff in weiter Ferne. Wir haben die Abfahrt verpasst!

Schockiert holt Inge ihren Tagesplan heraus, ich den meinen. Und siehe da: Bei mir steht 14:00 Uhr als Ablegezeitpunkt, also eine Stunde früher. Mit einem Anflug von Panik schauen wir auf den weiteren Plan. Es ist ein Stopp am Abend vorgesehen. Wenn wir uns ein Taxi nehmen, könnten wir das Schiff einholen.

Ein Taxifahrer kutschiert uns zum nächsten Zwischenstopp, doch unsere Bemühungen bleiben erfolglos: Der Fluss-Dampfer lässt den Stopp ausfallen, und wir stehen erneut allein am Kai.

Verzweiflung macht sich breit. Meiner Erinnerung nach fährt das Schiff die Nacht durch und legt erst am nächsten Morgen in Rüdesheim wieder an.

Ich telefoniere mit der Gästebetreuerin. Sie spricht von einer bedauerlichen Angelegenheit und dass man unser Gepäck an unsere Heimatadressen senden würde. Damit ist das Gespräch beendet.

Das Letzte, was ich höre, bevor auf der anderen Seite aufgelegt wird, ist die Zusicherung, dass Herr Martenstein mir jederzeit und äußerst gerne für ein Interview zur Verfügung stehe.

BARBARA SCHÖNEBERGER

Nach einem viel zu kurzen Wochenende quäle ich mich in die Redaktion. Im Foyer werde ich von unserer wie immer gut gelaunten Empfangsdame begrüßt. Weil ich um die wohltuende Wirkung auf meine montägliche Befindlichkeit weiß, bleibe ich für einen kurzen Plausch stehen.

Auf dem Tresen liegt die aktuelle Ausgabe der Frauenzeitschrift «Barbara» – benannt nach der Fernsehprominenten und Unterhaltungskünstlerin Barbara Schöneberger. Meine Kollegin ist offenbar Schöneberger-Fan. «Die solltest du interviewen! Es gibt keine andere Frau im Showbiz, die es so weit geschafft hat!», schwärmt sie.

Ich nicke höflich, höre jedoch nicht konzentriert hin, denn die mediale Überpräsenz der Schöneberger hat mich seit jeher abgeschreckt. Außerdem mangelt es mir nicht an Ideen für Interview-Partner.

In der Mittagspause verlasse ich die Redaktion, um etwas frische Luft zu schnappen. Auf einer Bank vor dem Verlagsgebäude sitzen die Kollegin vom Empfang und eine Mitarbeiterin aus der Anzeigenabteilung und blättern angeregt in einer Zeitschrift. Es ist das besagte Frauenmagazin aus dem Hause *Gruner und Jahr*.

Zurück im Büro besuche ich in einer Mischung aus Langeweile, Neugier und Arbeitsvermeidung die Webseite der *Barbara*. Der Online-Auftritt richtet sich laut Selbstbeschreibung an «Frauen, die kein Blatt vor den Mund nehmen».

In kurzen, prägnanten Sätzen geht es weiter: «*Barbara* bevormundet nicht, bei uns gibt es keine Tabus, keine Selbstoptimierung, kein schlechtes Gewissen. Auf *Barbara* darf gelacht werden, gerne auch laut. Aber: Wir beherrschen auch leise Nuancen. *Barbara* hat zu jedem Thema eine Meinung. Wir schreiben mit Herzblut, viel Emotion und Humor.»

Der Werbetext könnte auch die Namensgeberin des Magazins beschreiben: Er gibt genau das wieder, was ich assoziiere, wenn ich an Barbara Schöneberger denke.

Mein Interesse ist geweckt, und ich füttere die Suchmaschine mit ihrem Namen.

In den letzten beiden Jahrzehnten hat Schöneberger es mit Talent, Fleiß und Ausdauer zur erfolgreichen und allgegenwärtigen Medienpersönlichkeit gebracht. Sie moderiert Talkshows und Unterhaltungssendungen, unterhält eigene Radioprogramme, tourt mit einem Gesangsprogramm durch die Republik, betreibt einen Podcast, ist Werbegesicht einiger renommierter Marken und Produkte und führt durch Firmen-Events und Galas. Bei den Frauen rangiert sie in der Unterhaltungsbranche, so munkelt man, an erster Stelle – auch wirtschaftlich.

Privat gibt sich die sonst so offenherzige Schöneberger verschlossen. Sie ist seit einigen Jahren mit einem IT-Unternehmer verheiratet und hat zwei Kinder. Das ist das Einzige, was über ihr Privatleben bekannt ist.

Ich schaue mir Interviews an, in denen sie zu Gast war. Wegen ihrer lockeren und zugewandten Art ist Schöneberger eine dankbare Gesprächspartnerin. Unterhaltungen mit ihr sind kurzweilig und amüsant. Einmal in Fahrt, ist sie kaum zu stoppen und ein Feuerwerk an Witzen, Pointen und Anekdoten.

Aus der Sicht des Fragestellers ist ihr unbekümmertes Drauflosreden Fluch und Segen zugleich. Ihre gute Laune ist ansteckend, aber es ist schwer, mit ihr auf eine seriöse Gesprächsebene zu kommen. Aufkommende Ernsthaftigkeit unterläuft sie mit überzogener Selbstironie, schwindelerregenden Themenwechseln und flapsiger Fröhlichkeit.

Je mehr ich über Schöneberger herausfinde, desto mehr bekomme ich ein schlechtes Gewissen, dass ich den Vorschlag der Kollegin so schnell abgetan habe. Sie hatte vollkommen recht: Schöneberger ist eine spannende Kandidatin für ein Interview!

Es sollte jedoch ein Gespräch sein, das sich abhebt vom üblichen Plaudertalk, das Raum für Oberflächliches bietet, aber an den entscheidenden Stellen leise, nachdenklich und wahrhaftig ist. Wenn es mir gelänge, Schöneberger für diese Idee zu begeistern, könnte etwas Unterhaltsames mit Tiefgang entstehen.

Wie könnten die nächsten Schritte aussehen? Der übliche Weg wäre eine Anfrage an ihr Management, doch ein derartiges Vorgehen erscheint mir in diesem Fall nicht zielführend. Ich muss meine Bitte persönlich vorbringen, muss Schöneberger erklären, warum ich kein «lustiges» Gespräch mit ihr führen will, muss ihr vermitteln, dass sie sich öffnen und mir vertrauen kann.

Da kommt mir eine Pressemitteilung der letzten Tage in den Sinn. Angela Merkel hat ihre Autobiografie fertiggestellt. Das umfangreiche Werk soll kommende Woche im Frankfurter Römer vorgestellt werden. Die Buch-Präsentation und das damit verbundene Gespräch mit Merkel übernimmt niemand Geringeres als Barbara Schöneberger. Ein Gedanke schießt mir in den Kopf:

Womöglich könnte ich Schöneberger am Rand der Veranstaltung für das Projekt gewinnen?

Für eine Akkreditierung ist es eigentlich zu spät, doch dank guter Kontakte gelingt meiner Redaktion das Kunststück, und ich bekomme einen der begehrten Presseplätze für die Buchvorstellung.

Eine Woche später sitze ich mit einigen wenigen Pressevertretern und etwa zweihundert hochkarätigen Persönlichkeiten und Würdenträgern aus Politik, Kultur und Kirche im historischen Kaisersaal des Frankfurter Römers. Wir sind Teil einer geschichtsträchtigen Kulisse. Den Saal zieren mehr als fünfzig Bildnisse der Könige und Kaiser des «Heiligen Römischen Reiches Deutscher Nation» – von Karl dem Großen bis Friedrich Barbarossa.

Der Raum ist bis zum letzten Platz besetzt. In der vordersten Reihe meine ich den einen oder anderen Staatschef erkannt zu haben. An den Wänden stehen Leibwächter und sprechen mit ernster Mine in ihre am Anzugrevers angebrachten Knopf-Mikrofone.

Ein Gong erklingt, das Saallicht wird abgedunkelt und unter dem begeisterten Applaus der Anwesenden betritt Barbara Schöneberger die Bühne. Strahlend begrüßt sie den in der ersten Reihe sitzenden Bundespräsidenten, den Bürgermeister der Stadt Frankfurt, einige Regierungsvertreter und weitere politische Wegbegleiter Merkels.

«... Puh, und nach all den grauen Eminenzen heiße ich natürlich auch den Pöbel willkommen.» Sie macht eine Pause, zeigt auf uns und ergänzt lachend: «Ja, damit seid ihr hier im Saal gemeint.»

Alle lachen.

Heutzutage müsse man ja schon im Opening sagen, dass alles vom Komitee für politische Korrektheit abgesegnet wurde. Deshalb freue sie sich besonders auf die heutige Veranstaltung: «Endlich mal wieder ein Event, wie ich es mag, mit Nutten, Schampus und Diktatoren, die sich in der Garderobe die Zigarre mit 100-Dollar-Scheinen anzünden! Hahaha!»

Sie macht eine Pause, im Hintergrund hört man vereinzeltes Lachen.

«Hach Gott, was haben wir in Deutschland für tolle Frauen! Und ich durfte mit vielen von ihnen sprechen. Und da war für jeden Geschmack etwas dabei. Von brav bis rockig, von teuer bis nuttig. Ich hatte sie alle! Hahaha. Heute ist jedoch ein besonderer Tag. Heute begrüße ich hier auf der Bühne ein Schwergewicht – ein politisches Schwergewicht. Das eigentliche Schwergewicht bin ja ich, wenn ich meine Speckröllchen so sehe. Hahaha.»

Sie holt tief Luft und schreit: «Begrüßen Sie mit mir die ehemalige Familienministerin, Umweltministerin und Bundeskanzlerin der Bundesrepublik Deutschland, Frau Dr. Angela Merkel!»

Unter nicht enden wollendem Applaus betritt Merkel die Bühne. Sie trägt eine schwarze Hose mit geradem, weitem Bein, einen Blazer in Orangerot und eine Handtasche im gedeckten Petrolton.

Schöneberger geht auf sie zu, reicht ihr strahlend die Hand und bietet ihr den ihr gegenüberstehenden Stuhl an. Merkel setzt sich, legt ihre Handtasche ab und nickt freundlich dankend in unsere Richtung.

Schöneberger wartet den Beifall ab und wendet sich an Merkel: «Zunächst das Wichtigste: Ich bin die Babsi, darf ich Angie zu Ihnen sagen?»

Merkel hüstelt verlegen. Ihre Antwort ist nicht zu hören. Schöneberger redet weiter.

«Sie, liebe Angie, kennt ja jeder und jede: ob als Kohls Mädchen, als Ministerin für Frauen und Umweltschutz oder als Bundeskanzlerin. Nun haben Sie auch noch Ihre Biografie vorgelegt, in der Sie von spannenden Dingen berichten. Früher hätte ich Sie ja nach Ihrem ersten Treffen mit Russlands Regierungschef Wladimir Putin gefragt. Man kennt ja die Bilder, er auf dem Pferd, nackter Oberkörper, knickknack, Sie wissen schon! Aber das wäre inzwischen wohl wirklich unpassend. Jetzt läuft einem beim Blick in diese stahlblauen Augen ja eher ein Schauer den Rücken runter. Dann doch lieber Selenskyjs braune Knopfaugen. Viel anziehender. Finden Sie nicht auch?»

Angela Merkel scheint von der Frage überfordert. Schöneberger redet weiter:

«Umgekehrt nennt man das heutzutage ja *MeToo*. Es gehört ja fast zum guten Ton, das als Frau mal erlebt zu haben. Ist Ihnen so was auch mal passiert? Hat Sie Macron zwischendurch mal zu sich in seine Suite gebeten und hatte nichts weiter an als einen roten Slip über seinem kleinen Macron und eine Rose zwischen den Zähnen und hat gesagt: Voulez-vous coucher avec moi ce soir, Angela-Cherie? Nein? Nun gut, das wäre bei Macron ja auch keine Belästigung. Hahaha. Aber was ist, wenn es Donald Trump gewesen wäre? Iiiiih! Mir ist so was nie passiert in meiner Karriere, und wenn, dann hätte ich dem Typen eine geschallert und gut ist. Dafür brauche ich keinen MeToo-Hashtag und tausend Feministen auf Twitter an meiner Seite. Hahaha.»

Merkel ringt sichtlich nach Worten, aber Schöneberger legt ihr beruhigend die Hand auf den Arm: «Keine Angst, Frau Merkel! Um die große Weltpolitik soll es heute gar nicht gehen. Das können die Leute alles in Ihrem Buch nachlesen, das übrigens ganz ausgezeichnet ist. Ich habe da in der Garderobe vorhin kurz drin geblättert, und es sind sogar Bilder drin. Das kommt so jemandem wie mir äußerst gelegen. Mit Buchstaben hab ich es nicht so, Sie verstehen? Hahaha.»

Merkel will antworten, aber Schöneberger ist schneller:

«Liebe Frau Merkel, heute geht es darum, dass wir Sie anders kennenlernen, nämlich von Ihrer dunklen und geheimen Seite. Wir spielen *entweder oder*. Ich habe hier Karteikarten, da stehen Fragen drauf mit zwei Antwortmöglichkeiten. Die lese ich vor, und Sie, liebe Angela, müssen sich immer für eine Sache entscheiden.»

Angela Merkel schaut sich Hilfe suchend um, doch Schöneberger ist schon längst weiter:

«Ich kenne die Fragen selbst nicht, die hat meine Redaktion geschrieben. Also bitte die verklagen und nicht mich. Hahaha! Ich lese, und Sie haken ein, wenn Sie eine davon beantworten wollen, ja? Hier die erste Frage: *Entweder den Kontostand öffentlich machen oder das Liebesleben?*»

Merkel hüstelt verlegen: «Nun ja, Liebesleben ... das ist eine Vokabel, die nicht unbedingt ... also das ist eine Art von Kategorie, wo ich jetzt nicht ...»

Schöneberger unterbricht sie: «Gut, dann eine andere Frage. Sie denken daran, einfach einzuhaken, wenn Sie antworten möchten, ja?»

Merkel will etwas sagen, aber erneut ist Schöneberger schneller:

«Entweder jemanden daten mit schlechtem Atem oder mit schlechten Manieren? Lieber Zahnpasta, die nach Leberwurst schmeckt, oder Parfum, das nach Zwiebel riecht? Entweder auf einer Familienfeier oberkörperfrei oder untenrum ohne Klamotten rumlaufen müssen?»

Nach jeder Frage macht Schöneberger eine kleine Pause, aber Merkel schweigt durchgehend.

Mit gespielter Empörung wendet Schöneberger sich ans Publikum: «Meine Redaktion ist krank. So was fragt man doch nicht. Pardon!»

Merkel schweigt weiter.

«Dann wechseln wir das Thema, Frau Merkel, und kommen lieber zu einer anderen Frage: *Lieber Sex für Geld oder Sex ohne Geld?*»

Ohne die Antwort abzuwarten, redet Schöneberger weiter: «Ich würde immer mal gerne Geld nehmen für Sex, aber leider hat man mir immer angesehen, dass ich es auch ohne Geld mache, hahaha, und dann hat sich die Frage nicht mehr gestellt, hahaha.»

Merkel steht auf: «Ich befürchte, so hat das keinen Sinn, liebe Frau Schöneberger …»

Schöneberger bittet sie zu bleiben. «Moment! Wir können auch seriös. Hahaha.»

Sie wühlt in den Karteikarten.

«*Eher keine Hände haben oder rund um die Uhr von einem dicken nackten Clown verfolgt werden?* Nein, die Frage meinte ich nicht. Warten Sie, die hier ist passender: *Lieber in die Vergangenheit reisen und eine schlimme Sache aus Ihrem Leben ungeschehen machen können oder in die Zukunft reisen können und wissen, was passieren wird?*»

Merkel räuspert sich und antwortet:

«Nun ja, ich als Physikerin würde zunächst mal überlegen, ob ein derartiger Eingriff ins Raum-Zeit-Kontinuum überhaupt …»

Schöneberger unterbricht sie: «Ja, hahaha. Raum-Zeit-Kontinuum, das kennen wir alle aus *Zurück in die Zukunft* mit Marty McFly, dem Flux-Kompensator und dem verrückten Professor. Hahaha. Das war lustig. Mögen Sie Filme?»

«Nun ja, ich habe leider nicht viel Zeit, denn …»

«Apropos nicht viel Zeit. Wir haben leider auch nicht mehr viel Zeit, deswegen muss ich Ihnen unbedingt eine Frage stellen, die mich schon Jahre bewegt: Wie haben Sie das gemacht, wenn Sie, so wie heute, über den roten Teppich gehen mussten? Sie haben das ja bestimmt Tausende Male erlebt, wenn Sie irgendwo aus dem Flugzeug stiegen oder in Bayreuth bei den Festspielen. Wie haben Sie sich da präsentiert? Haben Sie sich da gedacht, ich bin eine Katze, ich bin ein Tiger, ich bin ein Puma. Ich bin begehrenswert, ich bin sexuell verfügbar … Ich meine, so ein Teppich macht doch was mit einem.»

Merkel ringt sichtlich um Fassung. «Nun, ich, wie gesagt, das sind keine Kategorien, in denen ich denke, und ich würde es bevorzugen, wenn wir das Gespräch an dieser Stelle …»

«Das respektiere ich vollkommen, liebe Angela. Ich finde es

übrigens sehr angenehm, dass Sie eine Art des Feminismus leben, genauso wie ich auch, der aber sozusagen gar nicht feministisch ist. Ein Feminismus, bei dem nicht feministisch draufsteht, weil es vielleicht sogar ein nicht-feministischer Feminismus oder gar kein Feminismus ist. Sie machen das mit einer totalen Selbstverständlichkeit, man nimmt Ihnen das total ab. Viele Frauen haben ja das Gefühl, sich für andere stark machen zu müssen. Ich habe das nicht, und ich habe nicht das Gefühl, dass Sie an der Stelle den Zeigefinger recken. Der erhobene Zeigefinger ist übrigens nichts anderes als ein Phallussymbol, ihr lieben Feministinnen da draußen ... Hahaha.»

Sie holt Luft und fährt fort:

«Ich habe nie darüber nachgedacht, ob ich aufgrund oder trotz meiner Brüste Karriere mache. Ich bin überzeugt, ich hätte diese Karriere auch mit dunklen Haaren und einer Körbchengröße kleiner gemacht! Und ich denke, Sie werden dasselbe auch über sich sagen, oder?»

Merkel will etwas entgegnen, doch Schöneberger redet weiter:

«Jetzt haben wir aber genug getratscht, wir Plaudertaschen. Hahaha. Deshalb geht es jetzt weiter mit unserem lustigen Kartoffel-Spiel! Jeder von uns nimmt sich eine Kartoffel in den Mund und muss einen Text vorlesen. Die andere muss erraten, was gemeint war. Ich mach mal den Anfang.»

Schöneberger greift unter den Tisch, holt eine ungeschälte Kartoffel hervor und steckt sie sich in den Mund:

«Tschier tschaschen tschass!»

Merkel schaut sie ratlos an.

«*Wir schaffen das*, sollte das heißen. Das haben Sie mal gesagt, Frau Merkel. Erinnern Sie sich? Hier noch ein Satz.»

Schöneberger zwängt sich die feucht glänzende Kartoffel erneut in den Mund: «Schuschuschima schat meine Altschung tschu Tschernenertschie tschäändert.»

Sie nimmt die nasse Kartoffel aus dem Mund und legt sie vor

sich auf den Tisch: «Na, sind Sie drauf gekommen? Richtig: *Fukushima hat meine Haltung zur Kernenergie verändert.* Alles Zitate von Ihnen. So, hier die Kartoffel. Jetzt sind Sie dran, Angie.»

Sie reicht ihr die Kartoffel, an der Speichelfäden hängen.

Merkel wirkt wie erstarrt.

«Hahaha. Frau Merkel, das war doch nur ein Witz. Sie meinen doch nicht ernsthaft, dass ich das von Ihnen verlangen würde.» Schöneberger langt unter den Tisch: «Sie bekommen natürlich eine neue Kartoffel.»

Merkels Gesichtszüge wirken mittlerweile wie eingefroren.

«Na gut, dann kommen wir jetzt zu unserem allseits beliebten Schokoladen-Spiel.»

Auf der großen Leinwand können wir verfolgen, wie Schöneberger auf einem kleinen Beistelltisch verschiedene Utensilien ausbreitet: eine in Zeitungspapier verpackte und verschnürte Tafel Schokolade, ein Messer und eine Gabel und ein Spielwürfel. Ein Helfer reicht von hinten verschiedene Kleidungsstücke: einen Schal, eine Mütze, eine Sonnenbrille und ein Paar Fausthandschuhe.

«So, Angela, wir würfeln jetzt abwechselnd drei Mal. Wer zuerst eine Sechs hat, muss sich die Sachen anziehen und die Sonnenbrille aufsetzen und darf dann mit Messer und Gabel die Schokolade auspacken, sich etwas von ihr absäbeln und essen. Ich mache den Anfang. Oh, gleich eine Sechs! Ich Glückspilz! Juchu!»

Hektisch wirft sie sich den Schal um, setzt sich die Mütze und Sonnenbrille auf, zieht die Fausthandschuhe an und fuhrwerkt mit Messer und Gabel an der Schokoladentafel herum.

Merkel sieht ihr wie versteinert zu.

«Angela, hier die Würfel. Sie müssen schnell würfeln. Wenn Sie eine Sechs würfeln, sind Sie dran! Dann können Sie sich was von der Schokolade abschneiden.»

Merkel räuspert sich, steht auf und sagt mit entschlossener

Stimme: «Frau Schöneberger, ich kann das nicht, und ich will das auch nicht.»

Barbara Schöneberger legt das Besteck zur Seite: «Aber unser Publikum will das, oder?»

Beifall heischend schaut sie uns an und fuchtelt mit den Armen um Zustimmung. Die Reaktion ist diffuses Gemurmel.

Schöneberger steht auf, tritt an den Rand der Bühne und schreit zu uns hinab:

«Wollt ihr, dass Angela Merkel beim Schokoladen-Spiel mitmacht?»

Jetzt antworten schon mehr Leute.

«Ich kann euch nicht hören. Lauter! Wollt ihr, dass wir das spielen?»

Immer mehr «Ja»-Rufe sind zu hören.

Rhythmisch wiederkehrend brüllt Schöneberger ins Mikrofon: «Angie! Angie! Angie!»

Sie macht ihre Sache gut. Bald hat sie den ganzen Saal angesteckt. Alle brüllen mit ihr «Angie! Angie! Angie!». Selbst ich murmele leise mit.

Schöneberger setzt sich wieder hin. «Gut, dann würfel ich jetzt für Sie, Angela.»

Sie würfelt.

«Oh, eine Sechs! Jetzt aber schnell!»

Schöneberger springt auf, schlingt den Schal um Merkels Hals, setzt der Ex-Kanzlerin die Mütze auf, schiebt ihr die Sonnenbrille ins Gesicht, zieht ihr die Fausthandschuhe über und drückt ihr Messer und Gabel in die Hand.

Ab hier überschlagen sich die Ereignisse. Fotografen und Kameraleute stürzen herbei, um näher am Geschehen zu sein. Merkel lässt alles fallen, reißt sich Schal und Mütze vom Kopf und will die Bühne verlassen.

Schöneberger will sie abhalten, Leibwächter stolpern herbei,

Merkel kommt ins Straucheln und schlägt der Länge nach hin. Man hilft ihr auf und leitet sie von der Bühne. Das Saallicht geht an. Schöneberger schreit ins Mikro: «Bleiben Sie! Bleiben Sie», und ich weiß nicht, ob sie Merkel oder uns meint.

Die Leute drängen zu den Ausgängen, und wenige Minuten später stehe ich allein im Kaisersaal. Auf der Bühne liegen der umgestürzte Tisch und die Stühle, allerlei verstreute Utensilien und die von Merkel zurückgelassene Handtasche.

Ich widerstehe dem reportertypischen Impuls, in die Handtasche hineinzuschauen, und klopfe an Merkels Garderobe, um ihr die Tasche zurückzugeben. Ein Leibwächter öffnet, Merkel bittet mich hinein.

Wir haben uns dann noch eine Zeit unterhalten, was jedoch emotional belastend war. Ich kann einfach nicht gut damit umgehen, wenn Frauen weinen.

Auf jeden Fall bin ich mit einer Interviewzusage abgereist, zwar nicht, wie geplant, für ein Gespräch mit Schöneberger, aber für eins mit Merkel.

FRANK THELEN

Vor dem versammelten Team hält unser Redaktionsleiter eine Lobrede auf mich, aber statt den Moment zu genießen, wünsche ich mich weit weg.

Minutenlang rühmt und preist er meine Interviews. Sie würden ein Bild der Gesellschaft zeichnen, wie es kein soziologischer Essay leiste. Die Gespräche seien beispiellos und würden völlig neue Sichtweisen auf unser Land und das Zusammenleben eröffnen.

Mir ist die Ehrung unangenehm, ich habe sie nicht verdient. Der Ruhm gebührt, wenn überhaupt, meinen Gesprächspartnern und -partnerinnen, murmele ich.

Unser Chef wehrt den Einwand ab: «Nein, nein. Das warst schon du, der zu den Leuten gefahren ist und mit ihnen gesprochen hat. Ich weiß das am besten. Ich habe jedes Mal deine Reisekosten abgezeichnet.»

Alle lachen.

Kurz überlege ich, ob es eine versteckte Kritik an meiner letzten Spesenabrechnung war, aber es sollte wohl nur ein Witz sein.

Endlich macht er mit dem nächsten Thema weiter, mich beschäftigen jedoch andere Gedanken. Die von mir interviewten Personen bilden keineswegs die Gesellschaft in ihrer Gesamtheit ab. Das liegt daran, dass ich mich vorrangig mit Prominenten treffe, und es liegt daran, dass ich manchen Themen ausgewichen bin.

Es hat beispielsweise einen Grund, warum ich kein Wirtschaftsjournalist geworden bin. Ich durchdringe das Geflecht von Theorien, Kennzahlen und Unternehmerdaten nicht. Gespräche mit Wirtschaftslenkern, Börsenexperten und Investoren ermüden mich, und deswegen rede ich nur selten mit ihnen.

Je mehr ich nachdenke, desto klarer wird mir: Ich darf Themen nicht ausweichen, nur weil ich keinen Zugang zu ihnen habe. Im Gegenteil: Gerade dann muss ich sie angehen!

Mein nächstes Interview sollte ich deshalb mit einer Persönlichkeit aus der Welt der Ökonomie führen, am besten mit einem Vertreter der boomenden «New Economy». Sofort fällt mir Frank Thelen ein, ein wichtiger Kopf der deutschen Start-up-Szene.

Der Seriengründer und Tech-Investor ist vor allem durch die Fernsehshow «Die Höhle der Löwen» bekannt. Dort wetteifern Erfinder und Unternehmensgründer um Risikokapital und externes Know-how für ihre innovativen Geschäftsideen. Thelen saß lange in der Jury und investierte in das eine oder andere dort vorgestellte Unternehmen.

In einem beruflichen Online-Netzwerk schreibt Thelen über sich: «Technologie ist meine Passion. Ich bin überzeugt, sie ist unsere größte Chance, unseren Planeten zu erhalten und ein nachhaltiges Leben zu führen. Als einer der führenden Business-Influencer und Innovations-Experten Deutschlands teile ich regelmäßig meine Einblicke in neue Technologien, den Stand der europäischen Wirtschaft, die Start-up-Szene, Digitalisierung und

Politik. Ich bin ein großer Fan von Disruption. Und von Elon Musk.»

Politisch steht Thelen der FDP nahe, für die er im Bundestagswahlkampf mit anderen Unternehmern 500 000 Euro spendete. Gegenüber der *Bild*-Zeitung begründete er dies mit dem Wirtschaftsverständnis der Partei: «Ich setze mich für eine Regierung aus Union und FDP ein. Das kann erreicht werden, aber jede Stimme ist wichtig. Regierungskonstellationen ohne Beteiligung der FDP würden meiner Einschätzung nach unserer Wirtschaft und somit auch unserer globalen Verhandlungsposition schaden.»

Mittlerweile hat Thelen einen Aktienfonds aufgelegt mit dem Fokus auf «disruptiven Technologien». Darunter versteht er Dinge wie Kryptowährungen, Robotik, Big Data, E-Commerce, Cloud-Computing, Bio-Technologie und Elektro-Mobilität.

Spontan lasse ich meine Redaktion eine Interviewanfrage an Thelen senden. Einen Tag später habe ich die Zusage auf dem Handy. Sie stammt von Thelen persönlich. Er sei nächste Woche wegen einer Fernsehaufzeichnung in Köln und könne sich mit mir dort treffen. Netterweise schickt er einen Navigationslink für den Treffpunkt mit. Es ist der Bereich vor dem Dom – die sogenannte Domplatte.

Eine Woche später reise ich mit dem Zug nach Köln. Ich folge der Beschilderung und stehe überwältigt in der Bahnhofsvorhalle. Der Blick auf die mehr als 700 Jahre alte Kathedrale ist atemberaubend!

Ich verlasse den Bahnhof und betrete über eine Freitreppe die große Fußgängerplattform vor dem Dom. Da kommt mir Frank Thelen entgegen. Er trägt eine Cargohose mit tief sitzenden aufgenähten Taschen, einen überdimensionierten Hoodie und eine Kappe mit einem aufgestickten Totenkopf-Logo in Neonfarben. Unter dem Arm hält er ein riesiges Longboard.

«Na, da staunen Sie, was? Sie hatten mich bestimmt mit Oberhemd und Blazer erwartet», lacht er. «Aber ich bin nach wie vor gerne als Skater unterwegs.»

Er stellt das Sportgerät ab und streckt mir seinen Arm zum «High five» entgegen. Reflexhaft schlage ich ein.

«Es freut mich, dass Sie diesen Termin möglich gemacht haben, Herr Thelen», beginne ich, aber er unterbricht mich: «Warum so förmlich? Ich bin Frank. In der Start-up-Szene duzen wir uns alle.»

Genau genommen bin ich kein Teil der Start-up-Szene, denke ich, aber nicke und frage ihn, wohin wir uns für unser Interview zurückziehen wollen.

Er lacht: «Rückzug kommt in meinem Vokabular nicht vor, nur Angriff! We will never surrender! Hahaha!»

Bevor wir uns zusammensetzen, wolle er mir sein neuestes Projekt vorstellen und deutet auf den Dom. «Das nächste Unicorn!»

Ich schaue ihn fragend an.

«Die katholische Kirche skaliert wie irre, hat aber ein signifikant negatives Momentum. Die haben ihr Start-up total an die Wand gefahren. Ich hätte da viele Ideen für ein Brand-Rebuilding. Ich erkläre dir unseren Research-Prozess am besten drinnen und gebe dir ein paar spannende Insights. Du wirst sehen: Das wird das *Next Big Thing!*»

Wir drängeln uns an der Warteschlange vorbei. Thelen drückt einer verdutzten Aufsicht sein Longboard in die Hand, und schon stehen wir im Innenraum des Kölner Doms.

«Ich mach jetzt mal einen Elevator Pitch, als hätte ich dich eben im Aufzug getroffen und würde dir die Idee in der Zeit unserer gemeinsamen Aufzugfahrt vorstellen.»

Ich weiß um die Bedeutung des Ausdrucks, aber das tut nichts zur Sache. Also nicke ich zustimmend.

«Maria und Josef haben das erste Start-up gegründet. Nicht in der Garage wie Bill Gates und all die anderen, sondern in einem Stall. Wie cool ist das denn?» Er schaut mich begeistert an.

Jeder große Durchbruch sei mal als verrückte Eingebung gestartet. Entscheidend sei, dass man von der Idee überzeugt und wie die beiden Entrepreneure Maria und Josef bereit sei, die Extra-Meile zu gehen.

«Co-Praying-Space, Kirchensteuer als frühes Abo-Modell, Kreuz als cooles Logo mit Jesus als starkem Influencer ... Da haben sich ein paar Leute richtig gute Gedanken gemacht, aber viel liegen lassen. Die Kirche muss die Transformation zu Digitalisierung, Homeoffice und Blockchain einleiten. Selbst der liebe Gott arbeitet doch längst remote. Hahaha.»

Unvermittelt drückt Thelen auf seine Fitness-Armbanduhr und joggt in Richtung vorderes Kirchenschiff. Ich habe Mühe, ihm zu folgen. Später werde ich im Internet nachlesen, dass es sich um eine Länge von über hundert Metern handelte.

Nach Atem ringend erreiche ich Thelen. Er deutet auf ein monumentales Kruzifix mit dem ans Kreuz geschlagenen Jesus. «Schau dir das an, sensationell! Was für ein Testimonial! Metrosexuell, braun gebrannt, das Tuch lässig um die Hüfte geschwungen. Ein Mann, der sie alle haben kann! Männer und Frauen! Man müsste nur den Querbalken entfernen, dann wäre es perfekt.»

Ich schaue verständnislos.

«Dann liegt er lässig auf seinem Longboard. Das ermöglicht gewinnbringende Kooperationen. Ich sehe den Claim schon vor mir: *Das Jesus-Longboard – schneller als der Heilige Geist.*»

Versonnen lässt er den Satz nachhallen, wird aber sofort wieder ernst: «Der Schriftzug INRI muss weg, und zwar as soon as possible. Was für ein Bullshit. Das versteht doch keiner, da muss was Englisches mit einer freshen Typo hin! Ein Wort wie *Fuckable* oder so was in der Art. Wenn du die Kids erreichen willst, musst du deren Sprache sprechen.»

Er sprudelt voller Ideen: «Die Aufschrift muss sich auf dem Lendenschurz wiederfinden. Ist doch cool: *Die Fuckable-Shorts made by*

Jesus! Die kannst du im Merch-Shop anbieten. Alles Geld, das man mitnehmen kann, nein, muss!»

Ich nicke beeindruckt.

«Apropos Geld. Da muss dringend umgesteuert werden. Der Klingelbeutel als analoges Crowdfunding war mal eine gute Idee, aber da muss unbedingt ne App her. Ich will während des Gottesdienstes ne Push-Nachricht auf mein Handy bekommen und dann per Bitcoin bezahlen können. Das Ganze muss Spaß machen. Für jeden Zehner, den man zahlt, muss es eine kleine Trophäe geben. Was weiß ich ... einen Becher Messwein oder eine Dornenkrone als Emoji. Das Stichwort lautet *Gamification*, you know?»

Gemächlich schlendern wir Richtung Altar.

«Ein großes Thema sind Hochzeiten. Die Kirche hat sich von Anfang an auf ein richtig gutes Produkt fokussiert, über Tausende von Jahren Expertise gesammelt und bietet Brautpaaren die beste Customer Experience. Doch obwohl sie in dem Segment Marktführer ist, landet das Geld bei ihren Wettbewerbern, bei Hochzeitsplanern, Brautmodengeschäften, Fotografen und der Gastronomie. Das müssen wir disrupten, da muss ein Change her, sowohl von der Supply- als auch der Demand-Side. Der Dom ist riesengroß und bietet genügend Ausstellungsfläche. Warum ihn in einem ersten Schritt nicht für Hochzeitsmessen nutzen? Die Location hat doch Zugkraft! Und in einem zweiten Schritt setzen wir auf Synergien und bieten den Brautpaaren mit einer zeitgemäßen Contentstrategie das komplette Paket an: Trauung, Fotos, Catering, Party ... die ganze Wertschöpfungskette, alles aus einer Hand und an einem Ort! Bam!»

Thelen hat sich in Rage geredet und ballt die Faust. Um uns herum tönt es aus verschiedenen Richtungen «Pssst» und «Leise!».

In unverminderter Lautstärke erklärt Thelen, dass es zur Disruption dazugehöre, dass einige Ewiggestrige sich von ihr gestört und bedroht fühlen würden. Ein Visionär wie er ließe sich jedoch nicht mittels Tone Policing in seinem kreativen Schaffen einschränken.

«Nach der Hochzeit kommt die Taufe. Ein kleines Lebewesen ist nichts anderes als ein menschliches Start-up, und wir sorgen für einen reibungslosen IPO, also Gang an die humane Börse. Der Kunde wünscht sich von uns am meisten Happiness, und da delivern wir derzeit nicht. Warum nicht zwischendurch *Gender Reveal Partys* mit rosa und blauen Luftballons ausrichten, wie es uns die Amerikaner erfolgreich vormachen?»

Thelen schaut mich fragend an, erwartet aber anscheinend keine Antwort und redet weiter: «Was für den Lebensbeginn gilt, gilt auch für das Lebensende. Die Kirche muss die angesagte Plattform rund um das Sterben werden. Sterben muss sein schlechtes Image verlieren. Sterben muss wieder hip werden. Deutschland braucht eine Totenkultur, die entertaint, happy macht und vermarktbar ist. Warum nicht die Totenmaske seines Partners als Print auf dem Sweatshirt? Warum nicht den Totenschädel des Angehörigen als schmuckes Tattoo auf der Wade? Warum nicht das Gesicht des Verstorbenen als Lasergravur auf der Motorhaube? All das eröffnet unzählige und gewinnbringende Kooperationen mit anderen Unternehmen und erweitert unser Portfolio.»

Mittlerweile sind wir am Altar angelangt.

Thelen kommt auf das gastronomische Konzept der Kirche zu sprechen: «Völlig outdatet! Kannst du dir ein Restaurant vorstellen, in dem es für die Gäste nur fade Hostien gibt, aber der Wirt sich feinen Wein gönnt? Nein? Ich auch nicht!»

Hier müsse ein Umdenken her. Die Idee mit den Hostien sei gut, aber heutzutage sei Vielfalt angesagt. Thelen würde daher ein Fingerfood-Buffet vorschlagen, voller belegter Hostien mit Anchovis, Kaviar, geräuchertem Lachs, Roastbeef oder Schinken. Natürlich, so fügt er an, müsse man auch an die Veganer denken und Hostien mit Kräuteraufstrich anbieten.

«Ein Hostien-Brunch, das wäre es. Werktags 20, am Wochenende 25 Euro, zuzüglich der Getränke, versteht sich. Dazu etwas chillige Loungemusik im Hintergrund. Das nenne ich eine Vision mit Strahlkraft!»

Außerdem müsse ein professionelles Lichtkonzept her: «Das ist alles viel zu duster, das ist überhaupt nicht lebensbejahend, geschweige denn konsumanregend.»

Er deutet auf eine Kirchenbank. Ich zwänge mich in die Reihe und nehme ächzend Platz.

Er schaut mich triumphierend an: «Ha, merkst du? Absolut hart und unbequem! Wie willst du damit Leute in einen spirituellen Club locken? Das Gestühl muss komplett raus und durch ergonomisch geformte Relaxliegen mit Fernbedienung ersetzt werden. So eine habe ich bei mir im Office. Ist saubequem und stammt von einem Start-up, in dem ich strong investiert bin. Kann ich dir nachher nen Rabattcode für geben.»

Ein kritisches Thema bei der Kirche sei das Personal. Da habe es die letzten Jahrhunderte immer wieder Stress gegeben. «Du kannst heutzutage keine Teufelsaustreibungen oder Hexenverbrennungen mehr machen – höchstens als Show-Event. Dann musst du es aber auch multimedial vermarkten als TV-Show mit passendem Merch. Und dieses ganze Missbrauchsthema ist im höchsten Maße geschäftsschädigend. Sorry, aber solche Leute haben in der Company nichts zu suchen.»

Der Fehler beginne beim Recruiting. «Wer mit Bananen winkt, bekommt nur Affen, und wer mit einem Zölibat winkt, bekommt das entsprechende Personal.»

Das Prinzip gelte auch im Kleinen. Er deutet auf einen Mann, der an einer Säule lehnt. Thelen steuert auf den Mann zu: «Das ist ein gutes Beispiel für das, was ich meine. Eine Aufsichtsperson im Dienst der Kirche, aber absolut unprofessionell. Die Hände in den Taschen, keine Körperspannung, gelangweilter Blick, dazu in, nun ja …», Thelen zupft am Pullover des Mannes, «fragwürdigen Privatklamotten. So wird das nichts. Da hat man beim Recruiting geschlafen. Der Mann ist überhaupt nicht enabled, da fehlt jedes innere Commitment.»

Wir gehen weiter. Aus dem Augenwinkel sehe ich, wie der von Thelen angesprochene Mann auf eine Frau und ein Kind zusteuert und sie bei der Hand nimmt. Es ist offensichtlich ein Tourist: «Kommt schnell raus. Hier laufen merkwürdige Leute herum.»

Thelen ist weiterhin beim Thema «Human Resources». Um den Arbeitsplatz attraktiver zu machen, müsse man ein System von Anreizen und Belohnungen schaffen.

«Das Team braucht eine Rückzugsmöglichkeit. So was ist schnell eingerichtet und kostet fast nichts. Der Platz ist doch da. Ich schlage die Krypta vor. Die Heiligengräber und Altäre würde ich in einem externen Storage einlagern und stattdessen einen Billardtisch und einen Kicker aufstellen. Dazu regelmäßig frisches Obst, gekühlte Getränke zum Selberzapfen, einen hochwertigen Kaffeevollautomaten in Barista-Qualität, jede Woche eine Massage, und schon sind alle glücklich! Wenn du es rund haben willst, organisierst du zweimal jährlich ein Offline-Team-Event und gehst mit den Jungs und Mädels über die Slackline, zum Bungee-Jumping oder über glühende Kohlen. Das ist Teambuilding par excellence, und alle sind dem Herrgott näher. Hahaha.»

Außerdem müsse ein Collaboration-Tool installiert werden für «voll automatisiertes Engagement» und die «Skill-basierte Vernetzung der Mitarbeiter». Schüchtern frage ich nach, was er damit meint, aber er kann es mir nicht erklären. «Sorry, ich würde die Information gerne mit dir sharen, aber dafür fehlen dir die Basics.»

Mir schwirrt der Kopf, und ich bereue, dass ich zu Beginn unserer Dom-Exkursion mein Diktiergerät nicht eingeschaltet habe. Hoffentlich kann ich zu Hause all das Erlebte sortieren, denke ich.

Mittlerweile ist Thelen die Holztreppe einer mit Schnitzereien verzierten Kanzel hochgeklettert und winkt von oben. Geistesgegenwärtig zücke ich mein Handy und mache ein Foto.

Thelen greift sich das Mikrofon. Seine Stimme hallt durch den Dom: «Die Digitalisierung war erst der Anfang. Jetzt startet die größte Revolution der Menschheitsgeschichte. Bitcoins, autonome Fahrzeuge, 3D-gedruckte Häuser, Fleisch aus dem Labor – was nach Science-Fiction klingt, ist bereits Realität. Wir stehen an der Schwelle eines neuen Zeitalters: Auf der Basis der Digitalisierung werden Technologien wie künstliche Intelligenz, 3D-Druck, 5G, Quantencomputer und synthetische Biologie unsere Welt tiefgreifend verändern. Ihr braucht jedoch keine Angst zu haben, denn ich, Frank Thelen, erlöse euch von dem Übel und führe euch sicher in die Zukunft!»

Thelen steigt wieder von der Kanzel. Um uns herum tuscheln die Leute, vereinzelt kommt Applaus auf, und er muss sogar einige Autogramme geben.

Ein Mann will unbedingt mit Thelen reden. Er habe in den Thelen-Fonds investiert und große Teile seines eingesetzten Kapitals verloren.

«Das Geld ist nicht verloren, es hat nur ein anderer», korrigiert ihn Thelen. «Das sind normale Korrekturen an den Märkten. Unsere Strategie ist für langfristige Anleger gedacht. Du solltest die Sache über einen langen Anlagehorizont verfolgen und dich vor allem beim nächsten Mal besser informieren.»

«Aber ich habe dir doch vertraut, Frank, und jetzt ist das Geld weg.»

«Jedes Investment in Aktien hat sein Risiko. Sieh es als Learning. Abgesehen davon ist das eine gute Möglichkeit, zu billigen Preisen nachzukaufen. Das senkt deinen durchschnittlichen Einstandspreis. Das ist Mathe aus der Unterstufe, das versteht doch jedes Kind. So, jetzt muss ich aber los.»

Er zieht mich Richtung Ausgang, holt sich sein Longboard zurück, und wir stehen erneut vor dem Kölner Dom. Thelen drückt mir sein Sportgerät in die Hand, macht sich eine E-Zigarette an und pustet mir lustvoll den Dampf entgegen.

«Ist ein Produkt aus *Die Höhle der Löwen*. Gibt beim Kauf eine Dampfer-App dazu und die Liquids im Jahres-Abo. Kostet uns alles nur Cents und skaliert wie irre, der Shit.»

Thelen deutet über die Domplatte: «Das wird übrigens alles für Fußgänger gesperrt. Da kommt ein riesiger Parkplatz für Flugtaxis hin!»

Mir entfährt ein entsetztes «Oh My God!».

Thelen zuckt zusammen und schaut mich scharf an. Für einen Moment denke ich, er will mich schlagen, aber er hält mir die Hand zum High Five hin.

«Genial, das ist es. Warum bin ich da nicht selbst drauf gekommen? Wir suchen seit Ewigkeiten nach einem neuen Brand-Namen für den Kirchen-Relaunch, und nun ist er da: *Oh My God!* Das ist richtig gut!»

Thelen strahlt mich an, und auf einmal geht alles sehr schnell. Er müsse zu seinem Team und die freudige Nachricht überbringen. Als Dank werde er mir eine Kappe mit dem OMG-Logo zusenden lassen.

Er steigt auf sein Longboard und fährt in eleganten Slalomschwüngen davon. Ich schaue ihm nach. In der Ferne sehe ich noch gelegentlich Dampf aufsteigen.

ANGELA MERKEL

Die Quartalszahlen sind raus. Wir sind im Print und im Netz geschrumpft, und alle rätseln über die möglichen Ursachen. Sicher, das Mediennutzungsverhalten hat sich geändert, aber das betrifft auch unsere Mitbewerber, die teilweise deutlich im Plus sind. In der Redaktionskonferenz sind sich alle einig: Wir brauchen eine Geschichte, die uns nach vorne bringt. Eine Story, die zündet, die sich am Kiosk verkauft und die neue Abonnements generiert.

Reihum bittet unser Redaktionschef um Vorschläge. Irgendwann bin ich dran. «Was sagt das Ein-Mann-Ressort für Interviews? Ist da was in der Pipeline?»

«Nicht so richtig, alles noch nicht spruchreif», druckse ich herum.

«Angela Merkel hatte dir doch ein Interview zugesagt. Was ist daraus geworden?»

«Ich bin mir nicht sicher, ob das ernst gemeint war», entgegne ich ausweichend. «Merkel befand sich zu der Zeit in einem psychischen Ausnahmezustand.»

Ich erwähne die Buchpräsentation, die so tragisch aus dem Ruder gelaufen war, und erzähle von dem unangenehmen Moment in Merkels Garderobe, als sie hemmungslos weinte und ich mich so ohnmächtig und hilflos fühlte.

«Du hast uns damals aber auch erzählt, dass du Merkel emotional aufgefangen hast und dass sie dir zum Abschied ein Interview zugesagt und ihre Handynummer gegeben hat.»

«Ja, aber darauf würde ich sie ungern festnageln ...»

«Das verlangt doch keiner. Abgesehen davon ist Frau Merkel volljährig und wird dir sagen, ob sie dazu bereit ist oder nicht. Nur anrufen und fragen musst du sie schon selbst.»

Diesem Argument kann ich nichts entgegensetzen und nicke. Trotzdem ist mir die Angelegenheit unangenehm, und so zögere ich das Telefonat einige Tage hinaus.

Nach etlichen Rückfragen und Erinnerungen überwinde ich mich, greife zum Handy und rufe Merkel auf ihrer privaten Handynummer an. Ich habe Glück, nach dem dritten Klingeln nimmt sie ab und ist sofort orientiert. Natürlich könne sie sich an «jenen Abend» erinnern, aber darüber wolle sie nicht mehr sprechen. Sie habe das Ereignis aus ihrem Gedächtnis gestrichen. Warum ich anrufen würde?

Stockend erzähle ich von ihrem damaligen Angebot, mir bei Gelegenheit für ein Exklusiv-Interview zur Verfügung zu stehen.

«Das gilt nach wie vor», antwortet sie und fügt halb singend hinzu: «Versprochen ist versprochen und wird auch nicht gebrochen!»

Die nächste Zeit sei sie verplant:

«Ich habe das Golfspiel für mich entdeckt und stehe schon frühmorgens auf dem Platz. Das ist eine Leidenschaft, die ich mit meinem ehemaligen Kollegen Donald Trump teile.»

Es sei ihr jedoch wichtig, darauf hinzuweisen, dass es die einzige Leidenschaft sei, die sie mit Trump teile, fügt sie an. Ich wüsste sicher, dass der US-amerikanische Ex-Präsident eine ganze Reihe von Golfclubs besitze. Während seiner Amtszeit habe er mehr Zeit auf dem Golfplatz in Palm Beach verbracht als im Oval Office in Washington.

«Mir gehört mittlerweile auch ein Golfplatz, aber der liegt nicht in Kalifornien oder Florida, sondern in Templin in der Uckermark.»

Ich bin verblüfft, das hatte ich nicht gewusst.

«Wie denn auch, das weiß bislang keiner», antwortet die ehemalige Kanzlerin trocken, aber nicht unfreundlich.

Sie fragt mich, ob ich mich mit Golf auskennen würde.

«Nun ja, ich ... ein Bekannter hat mich mal mitgenommen, aber das war, also, nun ja ...»

Peinlich berührt denke ich an meine kläglichen Versuche auf der Driving Range zurück. Ich hatte mir an einem «Tag der offenen Tür» einen Korb mit Übungsbällen geholt und nicht einen einzigen der Bälle sauber getroffen. Die meisten sprangen nach links oder rechts, hoppelten über den Rasen oder blieben schlicht liegen, weil ich daneben geschlagen hatte. Das Bild der davonfliegenden Grassoden habe ich jetzt noch vor Augen.

«Na, dann üben Sie mal fleißig und kommen danach in Templin vorbei. Dann spielen wir eine Runde!», lacht Merkel. Ob sechs Wochen Vorbereitungszeit ausreichen würden?

Ich frage mich, wie ich es in dieser kurzen Zeitspanne schaffen soll, die Grundzüge des Golfens zu erlernen, stimme aber zu. Die Gelegenheit, sich mit einer Ex-Kanzlerin zu einer exklusiven Golfrunde zu treffen, darf sich ein Reporter nicht entgehen lassen.

Wir beenden das Telefonat. Hektisch suche ich im Internet nach dem nächstgelegenen Golfplatz und melde mich für einen Platzreifekurs an, der in Deutschland Voraussetzung ist, um Golf spielen zu dürfen.

Die nächsten Wochen lerne ich, was «lose Naturstoffe» und «bewegliche Hemmnisse» sind, wie man Pitchmarken repariert und wann ein Ball «unspielbar» ist. Ich pauke Regeln zum korrekten Verhalten auf dem Platz, mache mich mit der «Zählweise nach Stableford» vertraut und lerne Vokabeln wie *Bogey*, *Birdie* und *Eagle*.

Jetzt geht es an die Abschlussprüfung. Obwohl ich das offizielle Regelbuch benutzen darf, schwitze ich Blut und Wasser, erreiche aber knapp die notwendige Punktzahl. Danach muss ich in Anwesenheit eines Prüfers neun Löcher in einer vorgeschriebenen Anzahl von Schlägen bewältigen. Trotz enormer Nervosität und einiger spektakulärer Fehlschläge gelingt mir auch der praktische Teil der Prüfung.

Nun benötige ich die passende Ausrüstung. Als Journalist ist mein Budget begrenzt, und so bestelle ich mir online ein markenloses Einsteigerset. Es besteht aus einem Golfbag mit den wichtigsten Eisen, einem Putter, einem Sandwedge, einem Driver und einem sogenannten Hybridschläger. Dazu kommt Zubehör wie ein Golftrolley, ein kleines Handtuch, ein großformatiger Regenschirm, ein Handschuh und Bälle. Außerdem muss ich mir rasenschonende Golfschuhe mit Spikes besorgen. Um an das Merkel-Interview zu gelangen, habe ich neben meiner Zeit etwa eintausend Euro investiert. Eine Ausgabe, die ich, obwohl sie ausschließlich aus beruflichen Gründen erfolgte, nicht erstattet bekomme und noch nicht mal von der Steuer absetzen kann.

Endlich ist es so weit, und ich fahre mit dem Zug in den Norden Brandenburgs nach Templin. Im Abteil ernte ich wegen des voluminösen Golfbags abschätzige Blicke und erreiche nach mehrmaligem Umsteigen mein Ziel.

Am Bahnhof rufe ich Merkel an. Sie hatte angeboten, mich mit dem Auto abzuholen. Keine fünf Minuten später ist sie da.

«Oh, Sie haben eigene Schläger mitgebracht? Hätten Sie nicht machen müssen. Davon haben wir reichlich», begrüßt sie mich.

Ich erkenne Merkel fast nicht wieder. Statt ihres typischen Kanzlerinnen-Outfits aus dunkler Hose und farbigem Jackett trägt sie einen altrosafarbenen Trainingsanzug, der bei jeder Bewegung leise raschelt.

Ich lege meine Golftasche in den Kofferraum eines etwas in die Jahre gekommenen Mittelklasse-Fahrzeugs und nehme Platz.

Während der Fahrt fragt sie mich, wie viel Zeit ich mitgebracht habe: «Wollen wir eine Runde spielen, oder reicht es für mehrere Runden?»

Im Kopf überschlage ich den Zeitbedarf: Eine volle Golfrunde mit 18 Löchern dauert etwa drei Stunden. Zwei Runden mit einer Pause zwischendurch wären demnach sechseinhalb bis sieben Stunden. Ich schaue auf meine Uhr. Abgesehen vom beträchtlichen Zeitbedarf weiß ich nicht, ob ich zwei Runden konditionell durchstehe.

«Vielleicht eine Runde und anschließend noch eine halbe ...», antworte ich zögerlich.

Merkel lacht: «An mir soll es nicht liegen. Ich habe schon mal vier Runden hintereinander geschafft.»

Ich bin perplex. Das wären nach meiner Rechnung zwölf Stunden reines Spiel, die Pausen nicht miteingerechnet.

Mittlerweile sind wir an einem idyllischen See am Rand von Templin angelangt. Ich wuchte mein Golfbag aus dem Auto und folge Merkel den schmalen Weg zum Wasser hinunter. Dort gibt es eine Liegewiese und einen aufgeschütteten Badestrand.

«So, da sind wir!», strahlt mich Merkel an und öffnet die Pforte eines Jägerzauns, der einen Minigolfplatz umgrenzt.

Einen Minigolfplatz!

Abrupt lasse ich die schwere Golftasche mit den vielen Schlägern fallen.

Merkel muss mir meine Verblüffung angemerkt haben:

«Eine häufige Reaktion, wenn man Minigolf spielt, ist ja ein

Schmunzeln oder ein süffisantes *Ah ja*. Das kenne ich gut. Das habe ich in den ersten Jahren meiner Kanzlerschaft fast täglich erlebt.»

Wir gehen zu einer kleinen Hütte, die gleichzeitig als Kasse, Schläger-Ausgabe und Eisverkauf fungiert.

«Gestatten Sie mir diesen einen Satz: Für mich persönlich ist Minigolf die Kombination aus Leidenschaft und Ekstase», schwärmt sie. «Kein anderer Sport bietet die Vereinigung von Konzentration, Präzision und Emotion auf einem derart hohen Niveau! Das sage ich Ihnen hier an dieser Stelle und mit all der notwendigen Offenheit, zu der ich fähig bin.»

Wir verstauen meine Sachen und gehen zur ersten Bahn. Sie schaut mich an: «Ich freue mich darauf, Ihnen heute im Rahmen dieses Hierseins Rede und Antwort zu allen Themen zu stehen, die uns beschäftigen, die Sie beschäftigen ...»

Sie öffnet die große Handtasche, mit der ich sie bereits im Fernsehen auf einem G20-Treffen gesehen habe. Die Tasche ist randvoll gefüllt mit Minigolfbällen.

«Man unterscheidet bei den Bällen nach allgemeinem Verständnis, eingeübter Praxis und dem aktuellen Reglement zwischen Sprunghöhe, Gewicht und Härtegrad. Dazu kommen die verschiedenen Größen von 37 bis 43 Millimeter und Oberflächen, ob glatt lackiert, roh oder rau geschliffen. Ich besitze mehrere Hundert davon und bin im Kenntnisstand der physikalischen Eigenschaften jedes einzelnen Balles.»

Ich schaue sie erstaunt an.

Sie will es mir beweisen: «Ich schließe die Augen, und Sie greifen in die Tasche, nehmen sich irgendeinen Ball und lassen ihn fallen. Anhand des Klangs vom Aufprall werde ich Ihnen anschließend sagen, um was für einen Ball es sich handelt.»

Ich wühle in der Handtasche, nehme einen beliebigen Ball und lasse ihn über einer Gehwegplatte fallen.

«Das ist ein Reisiger 10 mit einem Gewicht von 43 Gramm und einem Durchmesser von 38,5 Millimeter. Er hat eine Härte von 100 und wird bevorzugt für die Bahn 16 verwendet.»

Ich kann die Angaben nicht nachprüfen, habe aber keinen Anlass, ihre Worte anzuzweifeln.

«Das Rollverhalten ist stark von der Umgebungstemperatur und der Temperatur des Balles abhängig. Manche führen deshalb beheizbare Balltaschen mit sich. Aber als Frau hat man da natürlich andere Möglichkeiten. Ich sage nur: Körpertemperatur!»

Sie schiebt den Bund ihrer Hose beiseite, wühlt zwischen den Kleidungsschichten und hält mir stolz drei Bälle hin: «Fühlen Sie mal! Ganz warm.»

Zum Glück kommen in dem Moment zwei ältere Herrschaften auf uns zu.

«Oh, welche Freude! Da sind ja Eberhard und Monika.»

Merkel fordert die beiden spontan zu einem Team-Duell heraus:

«Ich würde euch gerne einladen, in einem belastbaren Bündnis und in Opposition zu mir und dem mir beigeordneten Mitspieler in einen ergebnisoffenen Wettbewerb einzutreten, der am Ende des Tages sowohl substanzielle Ergebnisse nach sich zieht als auch das von uns allen dringend erwartete Signal des Aufbruchs an die kommenden Generationen sendet, unserem Beispiel im Rahmen von Respekt, sportlicher Fairness und gegenseitiger Wertschätzung zu folgen. Für ein Land, in dem wir gut und gerne leben!»

«Was hat sie gesagt, Monika?»

«Dass die beiden gegen uns spielen wollen, Eberhard!»

Das Paar ist einverstanden, und wir stellen uns gegenseitig vor. Monika und Eberhard sind seit Kurzem berentet und gehören zu den Stamm-Besuchern von Merkels Minigolfplatz.

Nachdem die Formalitäten geklärt und unsere Gegner mit Minigolfschlägern und Bällen ausgestattet sind, beginnt Merkel bei

Bahn eins. Sie nimmt einen Ball, schlägt und erzielt auf Anhieb ein As.

Nun bin ich dran. Etwas nervös lege ich den Ball in das Abschlagfeld.

Merkel stupst mich mit ihrem Minigolfschläger an: «Wettbewerbsfähigkeit ist kein Selbstzweck, das muss man einmal in aller Deutlichkeit sagen. Nur wenn Sie Ihre Hausaufgaben machen und den Willen haben, die Zukunft zu gestalten, kann es gelingen, alle Chancen und Möglichkeiten auch wirklich zu nutzen und wahrzunehmen, die für die Gestaltung eines erfolgreichen Spiels notwendig sind.»

Ich verstehe nicht, was sie mir damit sagen will, und kann mich nur mühsam konzentrieren. Trotzdem benötige ich nur drei Schläge für die Bahn.

Unsere Gegner brauchen jedoch beide zusammen nur drei Schläge und haben die Bahn damit für sich entschieden.

Merkel raunt mir aufmunternd zu: «Es ist noch sehr viel Arbeit zu leisten, aber wo ein Wille ist, ist auch ein Weg. Die eigentliche Frage, die heute wirklich zur Debatte steht, lautet aber: Wem können die Menschen mehr vertrauen, dass es mit den nächsten Bahnen weiter gut geht, dass das, was auch im internationalen Umfeld an Sorgen und Schwierigkeiten vorhanden ist, von uns gut gelöst wird?»

Sie muss mir meine Verwirrung ansehen und redet beruhigend auf mich ein: «Wir haben das bislang gut gemeistert, alles in allem. Und wir brauchen auch unser Land und diesen Platz nicht schlechtreden. Aber das heißt nicht, dass wir nicht weitermachen müssen.»

Sie nimmt ihre Handtasche und geht zur nächsten Bahn: «Vielleicht haben Sie ja, wie ich gerade auch, in den letzten Minuten gespürt, dass es eine Zeit rasanter Beschleunigung und Veränderungen ist. Wir sollten uns daran erinnern: Alles, was noch nicht gewesen ist, ist Zukunft, wenn es nicht gerade jetzt ist.»

Merkel schlägt ab, der Ball rollt langsam und in gerader Linie am Loch vorbei, stößt hinten an die Bande und kullert zurück ins Loch.

Sie flüstert mir zu: «Ich habe einen Deutschmann 083 mit einer Sprunghöhe von 31 Zentimetern und einem Gewicht von 78 Gramm benutzt. Über die Frage, wie ich mich bezüglich der nächsten Bahn entscheide, werde ich zum gegebenen Zeitpunkt Bericht erstatten oder gegebenenfalls eine diesbezügliche Aussage machen.»

Sie schaut mich ernst an und wird wieder lauter:

«Wir haben ganz klar gesagt, wir müssen jetzt zeigen, die gesamte kurz- und mittelfristige Spielplanung muss überschaubar sein, und damit kommen Stabilität und Verlässlichkeit auch in diese Dinge hinein. Trotz aller schwieriger Entscheidungen sage ich: Dieses ist notwendig! Notwendig für unser Spiel und für die Zukunft unseres Landes.»

Mit ihren Worten macht sie es mir nicht unbedingt leichter. Ich spüre, wie der Druck wächst, und benötige diesmal vier Schläge. Erwartungsgemäß geht auch diese Bahn an unsere Konkurrenten verloren.

Nun sind wir an einer Bahn mit einem Mittelhügel angelangt. Ich soll den Anfang machen.

Merkel sieht mich an: «Auch wenn, das will ich ganz deutlich sagen, es bislang ernste Stunden waren und ich es auch für eine durchaus ernste Situation für unser Land halte, bin ich optimistisch, dass wir das schaffen können, wenn wir das jetzt auch so umsetzen, wie wir es geplant haben. Wenn wir uns nur lang genug zurückerinnern, werden wir feststellen, dass uns das zu früheren Zeiten jedes Mal in harter Arbeit gelungen ist. Daran müssen wir nun anknüpfen!» Sie reicht mir einen Ball: «Maier Classic 3, 39 Gramm mit einer Sprunghöhe von 18 Zentimetern.»

Ich brauche sechs Schläge und bekomme einen Strafpunkt hinzugerechnet. Damit ist klar, dass die Bahn verloren ist.

Merkel schaut mich streng an:

«Nun gilt es, umfassend, ohne Ansehen der Personen, die Ursachen aufzuklären. Die Menschen erwarten von uns, dass sie auf die bestehenden Fragen eine Antwort bekommen. Es ist immer richtig und wichtig in Demokratien, das, was die Menschen beunruhigt, mit einer Antwort zu versehen!»

Sie macht eine Pause und fügt an: «Auch sonst bietet unser Land großartige Voraussetzungen, die wir nun endlich nutzen und wahrnehmen sollten.»

Mir ist die Sache äußerst unangenehm, denn mir ist klar, dass Merkel mit dem «wir» mich meint.

«Wir müssen die Leitplanken unseres Handelns neu ausrichten, um Schaden vom Land abzuwenden. An der Tatsache gibt es nichts zu beschönigen, und jetzt sind Sie dran. Nehmen Sie einen *Birdie Italo Bomba* und spielen Sie schön langsam!»

Ich setze meinen Ball auf dem Abschlag auf.

Bevor ich schlage, wendet sich Merkel noch mal an mich: «In erster Linie ist es das gemeinsam geteilte Verständnis von Grundwerten, das unser Team im Innersten zusammenhält. Dieses Fundament, das gibt uns auch die Kraft, die Gemeinschaftsaufgabe trotz aller Widrigkeiten, trotz aller unterschiedlichen Meinungen als eine solche Gemeinschaftsaufgabe anzusehen.»

Nach 18 Bahnen werden die Punkte zusammengerechnet. Wir haben verloren.

Merkel will unbedingt weitermachen. Man müsse «fragen, was wir gemeinsam besser machen können – ohne uns dabei dauernd mit Schuldigkeiten aufzuhalten». So kämpfen wir uns durch die zweite Runde, die wir aufgrund einer Serie genialer Asse von Merkel und einiger glücklicher Schläge von mir knapp gewinnen.

Nun steht der Entscheidungssatz an.

Wir sitzen auf einer Bank und essen schweigend ein Eis. Merkel ist sich sicher: «Wenn man Verschiedenes denken will, braucht man vor dem Reden eine Phase des Schweigens.»

Ich traue mich nicht, ihr laut zuzustimmen, und nicke nur.

«Wir haben nach bestem Wissen und Gewissen gehandelt. Der Ball liegt nun im Feld des Gegners. Wir tragen Verantwortung für dieses Land. Scheitern wir, dann scheitert Europa!»

Ruckartig steht sie auf, und wir beide spielen das beste Minigolf unseres Lebens.

Nach dem letzten Schlag würde ich sie gerne vor Freude umarmen, spüre jedoch, wie sie sofort zurückweicht.

Wir setzen uns wieder auf unsere Bank und stoßen mit einem Gläschen lauwarmer Orangenlimonade an.

Beim Abschied fällt ihr ein Zitat eines großen Staatsmanns ein, der einmal treffend gesagt habe:

«Nach erfolgter Ankunft und Inaugenscheinnahme der Örtlichkeit gelang mir die Erringung des Sieges.»

Auf der Rückfahrt gehen mir ihre letzten Worte nicht aus dem Sinn, und ich füttere die Suchmaschine damit. Es ist ein Beispielsatz für Amtsdeutsch, der in Behördenseminaren zur Veranschaulichung überladener Sprache verwendet wird.

Zurückübersetzt ergibt es ein Zitat des römischen Feldherrn Gaius Julius Caesar. Das lateinische Original lautet: «Veni, vidi, vici» (Ich kam, sah und siegte).

JOCHEN SCHWEIZER

Unsere Volontärin ist am Wochenende das erste Mal Fallschirm gesprungen. In der Kaffeeküche erzählt sie, wie es dazu kam. Zum Geburtstag habe sie einen Gutschein für einen sogenannten Tandemsprung geschenkt bekommen. Darunter verstehe man eine Art Gemeinschaftssprung mit einem erfahrenen Fallschirmspringer, dem sogenannten «Tandemmaster».

Mit leuchtenden Augen und sich überschlagender Stimme berichtet sie von der Fahrt zum Flughafen, von der Einweisung am Boden, vom Flug mit der kleinen Propellermaschine und der Angst vor dem Ausstieg in viertausend Metern Höhe.

Der Cocktail aus Adrenalin und Endorphin scheint immer noch zu wirken: «Das ist pure Energie und mit nichts zu vergleichen! So intensiv habe ich mich noch nie gespürt.»

Ich höre ihr mit einer Mischung aus Faszination und Grusel zu. Mir gefällt, was sie erzählt, und ich bewundere ihren Mut, aber für mich käme ein derartiges Abenteuer nicht infrage.

Als kleiner Junge musste ich im Rahmen des Schwimmunterrichts vom Dreimeterbrett springen, und noch heute träume ich vom angsterfüllten Moment auf dem Sprungturm und dem sich daran anschließenden Sturz in die endlos scheinende Tiefe.

Als ich wieder in meinem Büro sitze, macht mein Computer «Ping», und ich habe eine Nachricht im Postfach.

Unsere Volontärin schickt mir das Video ihres Sprunges.

«Musst du dir ansehen!!!», schreibt sie im Begleittext, und hinter die drei Ausrufezeichen hat sie allerlei glückstrahlende und mit Herzen versehene Emojis gesetzt.

Interessiert klicke ich den Link an und starte das kleine Filmchen. Es ist eine gelungene Erinnerung an ein aufregendes Erlebnis, professionell geschnitten und mit passender Musik unterlegt. Der Film ähnelt einem Gute-Laune-Werbeclip für Fallschirmspringen, ist aber auch Werbung für meine junge Kollegin, die bei der Aktion im Mittelpunkt steht. Sie macht ihre Sache gut, obwohl das Flattern ihrer Gesichtshaut beim freien Fall etwas verstörend wirkt.

Am Ende des Films erscheint das Logo der Firma «Jochen Schweizer». Darunter steht in Blockbuchstaben der Werbeslogan: «Genug geträumt, jetzt wird erlebt.»

Jochen Schweizers Geschäftsmodell ist mir grob bekannt. Die Firma hat sich auf den Verkauf von Geschenkgutscheinen und die Vermarktung von «Erlebnissen» spezialisiert. Ich informiere mich im Internet über den Mann und gerate augenblicklich in einen Recherche-Sog. Die Vita des umtriebigen Firmengründers liest sich wie das Drehbuch zu einem Film.

In jungen Jahren hat sich Schweizer als Kajakfahrer, Extremsportler und Stuntman betätigt. Später machte er das Bungeespringen in Deutschland bekannt beziehungsweise entdeckte es als lukrative Verdienstquelle. Das florierende Geschäft geriet zwischenzeitlich in eine Krise, doch Schweizer weitete die Anzahl der buchbaren Erlebnisse aus, setzte auf moderne Marketingmethoden und schaltete externe Vertriebspartner ein. Mittlerweile hat ein Privatfernsehanbieter für viele Millionen die Mehrheitsanteile des Unternehmens erworben. Schweizer hält aber weiterhin Anteile und ist das prominente Aushängeschild der Firma.

Südlich von München hat sich der erfolgreiche Erlebnis-Spezialist mit der «Jochen Schweizer Arena» vor wenigen Jahren einen Traum erfüllt. Dort kann man sich im Windkanal in die Höhe pusten lassen, auf einer stehenden Welle reiten, sich in einen Hochseilklettergarten wagen, senkrecht an einer Hauswand hinunterlaufen und auf diversen Seilrutschen seinen persönlichen Höhen- und Geschwindigkeitsrausch ausleben. Schweizer will Privatkunden und Unternehmen erreichen. Deshalb gibt es einen gesonderten Veranstaltungsbereich, der für Firmenfeiern, Produktpräsentationen oder Tagungen gebucht werden kann.

Ich will mehr über den Menschen Jochen Schweizer erfahren und stoße schnell auf Dinge, die ich vorher nicht gewusst hatte.

Der vitale Geschäftsmann sitzt in Start-up-Jurys, tritt in TV-Shows auf, verfasst Lebensratgeber und ist als Life-Coach, Keynotespeaker und Motivationsredner unterwegs. Aus letzteren Betätigungen ist mittlerweile ein eigener Geschäftszweig geworden.

Ich komme nicht umhin, eine Faszination für Jochen Schweizer und das von ihm geschaffene Erlebnis-Imperium zu empfinden, und erzähle unserem Redaktionschef davon.

Der antwortet: «Wenn dich etwas fasziniert, fasziniert es auch die Leser und Leserinnen. Worauf wartest du also noch?»

Gesagt, getan. Am selben Tag frage ich bei Jochen Schweizers Pressestelle wegen eines Interviews mit dem prominenten Firmen-Patriarch an.

Einige Tage später kommt die Rückmeldung samt Terminvorschlag. Schweizer werde mich am Münchner Hauptbahnhof abholen und mit mir nach Taufkirchen fahren, um mir dort seine Erlebnis- und Veranstaltungsarena zu zeigen.

Zwei Wochen später stehe ich am vereinbarten Ort und halte wie verabredet ein Pappschild mit dem Namen «Jochen Schweizer» hoch. Es würde mehr Sinn machen, wenn das Schild meinen Namen tragen würde, hatte ich eingewandt. Darauf hatte man am anderen Ende der Leitung gelacht und geantwortet, ich würde den Namen an dem Tag noch öfter hören. Der Chef sei ein «Marketing-Genie».

Im Vorfeld habe ich nach Bildern von Jochen Schweizer gesucht, und so erkenne ich ihn von Weitem. Ein sportlicher Typ in den Sechzigern mit prägnanter Brille, Vollbart und Glatze und eigenwilliger Bekleidung. Schweizer trägt eine dunkle Hose, ein glänzendes Satinhemd in Anthrazit und darüber ein überlanges Jackett mit einem Stehkragen, den man wegen seiner asiatischen Anmutung auch als Mandarin-Kragen bezeichnet.

Er reicht mir die Hand und drückt so fest zu, dass ich vor Schmerzen zusammenzucke.

«Ja, das ist Power», lacht Schweizer. «Die hat man, oder man hat sie nicht.»

Bereits bei der ersten Begegnung könne er feststellen, ob es ein Mensch im Leben zu etwas bringen würde. «Wer einen lauwarmen und labberigen Händedruck hat, geht auch lauwarm und labberig durchs Leben, junger Mann!»

Die Worte hallen in mir nach, ich habe jedoch keine Zeit zum Grübeln und folge ihm durch den Bahnhof.

Wir stehen vor einer mehrspurig befahrenen Straße.

«Mein Auto steht dort drüben!»

Schweizer zeigt auf die gegenüberliegende Seite, doch der dichte Straßenverkehr lässt mich nichts erkennen.

Er schreit gegen den Straßenlärm an und fragt, wie ich in meinem Leben zu Chancen stehen würde.

Ich weiß nicht, worauf er hinauswill, und flüchte mich in Allgemeinplätze.

Schweizer redet weiter: «Wer die Chance sucht und was erreichen will in seinem Leben, der muss sich in die Unsicherheit begeben. Er muss lernen, die Unsicherheit zu akzeptieren!»

Er macht eine Pause und sieht mir tief in die Augen: «Sind Sie bereit, eine Chance wahrzunehmen und dabei eine eventuelle Unsicherheit hinzunehmen?»

Ich antworte, dass ich mir nicht sicher sei.

«Gut, dann ergreifen Sie Ihre Chance! Und damit Sie nicht denken, dass ich Angst habe, begleite ich Sie.»

Schweizer zieht erst mir eine schwarze Schlafmaske über die Augen und dann sich selbst.

«Wir können jetzt beide nichts sehen und werden gemeinsam über diese viel befahrene Straße gehen!»

«Nein!», schreie ich panisch.

«Ich hatte früher auch Angst, aber ist es nicht das, was uns Menschen ausmacht? Wir müssen unsere Emotionen kontrollieren! Ängste behindern und begrenzen uns, das zu tun, wozu wir geboren sind: frei zu sein!»

Er macht eine Pause und schreit mich an: «Wollen Sie frei von Angst und offen für neue Erfahrungen sein? Wollen Sie etwas Außergewöhnliches erleben? Dann machen Sie heute den ersten Schritt und werden Sie frei!»

Jochen Schweizer tastet nach meiner Hand und tritt mit mir auf die Fahrbahn der viel befahrenen Straße. Augenblicklich setzt ohrenbetäubendes Hupen ein. Ich höre bremsende Autos, quietschende Reifen und wildes Geschimpfe.

«Bleiben Sie im Fokus. Wir gehen weiter!»

Instinktiv habe ich mir die Schlafmaske vom Kopf gerissen und sehe Autos und Lastwagen auf uns zurasen.

Schweizer ist trotz blickdichter Maske die Ruhe selbst. Für eine

Umkehr ist es zu spät, denke ich, hake ihn unter und gehe schrittweise weiter. Zwischendurch müssen wir stehen bleiben, weil wild hupende Fahrzeuge an uns vorbeirasen oder direkt vor uns zum Stehen kommen. Zuletzt muss ich ihn rüde zurückreißen, weil ihn sonst ein LKW überfahren hätte.

Wie durch ein Wunder haben wir es lebendig auf die andere Straßenseite geschafft. Ich setze mich auf den Bürgersteig und spüre das Adrenalin durch meinen Körper rauschen.

Jochen Schweizer ist begeistert: «Sehen Sie, das Leben gleicht einem Bungeesprung ins Ungewisse, ganz gleich, ob es sich dabei um einen neuen Lebensabschnitt oder eine neue berufliche Herausforderung handelt. Wir haben davor zu Recht großen Respekt. Doch wenn wir etwas erreichen wollen, müssen wir den ersten Schritt machen. Wir müssen die Unsicherheit akzeptieren, wenn wir etwas gewinnen wollen.»

Lobend ergänzt er: «Sie haben heute den ersten Schritt dazu getan, wenn auch mit meiner Unterstützung. Dazu gratuliere ich Ihnen.»

Kraftlos nicke ich und stehe auf.

Meine Beine zittern, doch zum Glück ist es nicht weit bis zu seinem Parkplatz. Auf dem Weg dorthin fällt mir ein Fußgängerüberweg samt Zebrastreifen und Ampel ins Auge, den wir hätten benutzen können, aber ich habe keine Kraft, Schweizer darauf anzusprechen.

«Da sind wir!», sagt Schweizer und öffnet die Tür eines schwarzen Geländewagens. Es ist ein Range Rover Sport SVR 5.0 mit einem 575 PS starken Fünfliter-V8-Kompressortriebwerk, wie er mir stolz erklärt.

«Das Biest beschleunigt in viereinhalb Sekunden von null auf hundert!»

Ich nehme auf dem Beifahrersitz Platz und bin beeindruckt vom edlen Ambiente und dem luxuriösen Interieur. Mit einem klapprigen Geländewagen meiner Vorstellung hat das alles nichts zu tun.

Schweizer lässt mich wieder aussteigen und öffnet die Heckklappe. Ich muss zweimal hingucken: Im Kofferraum liegt ein gusseiserner Gullydeckel.

«Fassen Sie mit an!»

Gemeinsam wuchten wir die schwere Kanalabdeckung aus dem Fahrzeug.

Mit einem etwa zehn Meter langen Abschleppseil bindet Schweizer das Ungetüm an der Anhängerkupplung an.

Nun will er, dass ich mich bäuchlings auf den Gullydeckel lege. Er würde mich dann mit dem Auto ein kurzes Stück über den Parkplatz ziehen. Er nennt es «Asphaltsurfen».

Schweizer tritt bestimmt und überzeugend auf und verspricht ein Erlebnis, das ich nicht vergessen werde:

«Chancen sind wie Sonnenuntergänge! Wer zu lange wartet, verpasst sie!»

Weil ich den Interviewtermin nicht gefährden will, tue ich ihm den Gefallen, lege mich auf die eiserne Platte und halte mich mit beiden Händen am Abschleppseil fest.

Schweizer setzt sich ins Auto. Er fährt langsam an, und ich werde mitgezogen. Durch die geöffnete Fahrertür ruft er mir zu: «Angst beginnt im Kopf. Mut auch!».

Im gemächlichen Tempo fährt er einen Kreis: «Das macht Spaß, oder? Sollen wir weitermachen?»

Auf keinen Fall, denke ich und muss husten, da ich zu viele Abgase eingeatmet habe.

«Prima, das freut mich. Dann halten Sie sich gut fest. Heute ist der erste Tag Ihres restlichen Lebens!»

Schweizer stellt eine rotierende orangefarbene Warnleuchte auf das Autodach, schließt die Fahrertür und fädelt sich in den Straßenverkehr ein.

Mittlerweile hocke ich auf dem Gullydeckel, klammere mich an das Abschleppseil und hoffe inständig, dass er die nächste Parkgelegenheit ansteuert, um mir lachend mitzuteilen, er habe sich einen kleinen Spaß mit mir erlaubt.

Dem ist nicht so. Mit geschätzten 100 Stundenkilometern jagt er durch die Stadt. Der Gullydeckel unter mir springt bei jeder Bodenunebenheit ein Stück in die Höhe und schlägt Funken. Ich schreie wie von Sinnen und sehe, wie Passanten begeistert ihre Handys zücken.

Der einsetzende Nieselregen macht es mir schwer, mich auf dem Gullydeckel zu halten. Besonders unangenehm sind die Kurven, bei denen ich jedes Mal vom Kanaldeckel rutsche und ein Stück über den Asphalt schleife. Mittlerweile fehlt mir ein Schuh, und meine Hose hängt in Fetzen. Ich bin klatschnass vom Angstschweiß und der regennassen Straße.

Ich habe jedes Zeitgefühl verloren und konzentriere mich nur noch auf das Überleben. Aus dem Augenwinkel erkenne ich ein Autobahnschild und denke, er wird doch nicht ..., aber genau so kommt es. Schweizer jagt mit mir im Schlepptau auf der Überholspur über die Autobahn. Hinter uns ein Sprühnebel aus Funken.

Ich schließe die Augen. Für einen Moment zieht mein Leben an mir vorbei, und ich denke, so ist es also, wenn man stirbt.

Als ich meine Augen öffne, beugt sich Schweizer über mich. «Wir sind angekommen!»

Ich klammere mich immer noch panisch an Gullydeckel und Abschleppseil.

«Es ist vorbei. Sie können loslassen.»

Mit sanftem Druck öffnet Schweizer meine Finger, löst das Seil von der Anhängerkupplung und legt es mit dem Gullydeckel zurück in den Kofferraum seines Range Rovers.

Ich liege wie ein Embryo zusammengekrümmt auf dem Asphalt und muss erst wieder zu mir kommen.

Schweizer hilft mir auf: «Das ist ein Erlebnis, an das Sie sich lange zurückerinnern werden.» Feierlich ergänzt er: «Das kann Ihnen keiner nehmen!»

Ich blicke an mir herab. Ich starre vor Dreck. Überall Schürfwunden, die Handflächen aufgerissen.

Schweizer schlägt mir auf den Rücken: «Lappalien! Das verheilt alles. Als Kajakfahrer musste ich mal mein eigenes Knie durchbrechen, um dem sicheren Tod zu entgehen. Das war schlimm!»

Wir betreten die Arena – er sportlich federnd und forschen Schrittes, ich schlurfend und humpelnd.

Meine Erscheinung ist mir peinlich, aber die Mitarbeiter dort scheinen nicht überrascht.

Wir ziehen uns in einen Tagungsraum zurück. Schweizer meint, ich müsse erst mal wieder zu Kräften kommen, und bestellt mir einen «Jochen Schweizer Protein Powershake aus Aronia, Wildheidelbeeren, Erdbeeren und Guarana – vegan, laktose- und glutenfrei.»

Er fragt, ob ich wissen wolle, wie er zu einem solch erfolgreichen Unternehmer geworden sei.

Erschöpft nicke ich.

«Zuallererst musst du ins Machen kommen. Ein großer Philosoph, ich glaube, es war Aristoteles oder Johann Wolfgang von Goethe, hat einmal gesagt: *Erfolg hat drei Buchstaben: Tun.*»

In Gedanken zähle ich nach. *Erfolg* hat nicht drei Buchstaben, sondern sechs, aber ich bin zu schwach, um nachzufragen.

«Heute bin ich Unternehmer, aber Sie sind auch Unternehmer.» Er macht eine Pause.

«Meine Damen und Herren: Jeder, der mir in diesem Raum zuhört, ist ein Unternehmer, nämlich der Unternehmer seines eigenen Lebens.»

Ich blicke mich um, kann aber weder Damen noch Herren erkennen. Wir sind weiterhin alleine.

«Als Unternehmer muss man etwas unternehmen. Man unternimmt etwas, weil man etwas erreichen will. Und man erreicht etwas, weil man etwas unternehmen will. Aber nicht jeder, der etwas unternimmt, ist ein Unternehmer, und nicht jeder Unternehmer unternimmt etwas, verstehen Sie?»

Das Scheitern gehöre zum Leben, entscheidend sei der Umgang damit, erklärt er: «Die Antwort ist *Reset your mind*. Ich kann meinen Mind resetten, mich in meiner eigenen Kompetenz erleben, und dann gilt *Delete and fast forward*.»

Ich sehe, wie ein Tropfen Blut auf den Boden fällt. Es ist mein Blut.

Schweizer macht weiter:

«Jedes noch so kleine Unternehmen hat eine Unternehmensplanung. Diese Unternehmensplanung, neudeutsch *Business Plan* genannt, fußt auf der Unternehmerplanung, und die Unternehmerplanung fußt auf der Lebensplanung des Unternehmers, die auf der Unternehmensplanung fußt.»

Schweizer schaut mich triumphierend an: «Klingt einfach, ist auch so, funktioniert aber nicht immer.»

Nachdem ich keine weiteren Fragen mehr habe, bietet Schweizer mir an, mich mit dem Auto zum Bahnhof zu bringen.

Erschrocken lehne ich ab und bestelle mir lieber ein Taxi.

Zum Abschied drückt Schweizer mir noch mal die Hand und schaut mir tief in die Augen: «Fortschritt und Veränderung resultieren immer aus Begeisterung oder Leiden. Das sind die beiden treibenden Faktoren. Und jetzt treten Sie hinaus in die Welt und wenden Sie das Erlernte an!»

Zwei Wochen später erhalte ich Post von der Firma Jochen Schweizer. Es ist eine Rechnung. Ich bin verwundert, denn ich bin dort kein Kunde.

Ich schaue mir die Aufstellung an. Es beginnt mit einem «Erlebnis-Mix Urbanes Leben» zum Pauschalpreis von 300 Euro. «Zum Abschluss überqueren Sie mit einem erfahrenen Traffic-Experience-Instructor mit geschlossenen Augen eine belebte Hauptstraße. Ein unvergessliches Erlebnis und Nervenkitzel pur!»

Der zweite Posten der Rechnung nennt sich «Asphalt-Surf-Seminar» und umfasst eine «Leihgebühr für das Sportgerät, die Kosten für das Transportfahrzeug und den Stundensatz für einen ausgebildeten Asphalt-Surf-Piloten». Alles in allem sind das 400 Euro.

Die dritte Position ist ein Einzel-Coaching durch Jochen Schweizer persönlich, das mit 500 Euro beziffert ist.

Zum Schluss kommt eine Gebühr für die «Arena-Nutzung samt Verpflegungspauschale (Protein-Shake)», die mit 50 Euro vergleichsweise bescheiden ausfällt.

Inklusive Mehrwertsteuer sind das 1487,50 Euro. Eine Summe, die ich niemals zahlen kann.

Ich gehe mit den Unterlagen zu meinem Redaktionschef und erzähle ihm von der Misere.

«Die Frage ist nicht, ob du das alles gar nicht wolltest. Die Frage ist, ob du das in Anspruch genommen hast.»

Ich druckse herum: «Na ja, auf gewisse Weise schon, aber ...»

Er unterbricht mich: «Wer etwas in Anspruch nimmt, muss es auch bezahlen. So funktioniert unsere Wirtschaft. So funktioniert unser Rechtssystem.»

Ich erkläre ihm, dass ich die Angebote privat niemals in Anspruch genommen hätte, und frage ihn, ob der Verlag etwas davon übernehmen könne.

Er lehnt ab, es tue ihm leid: «Ich glaube dir, dass du das nicht wolltest, aber die Buchhaltung wird es bezweifeln. Und ehrlich gesagt, kann ich sie verstehen. Ich würde es auch bezweifeln. Du hättest dir das vorher von mir abzeichnen lassen müssen.»

Nun habe ich nur noch eine Chance, denke ich. Also schicke ich Jochen Schweizer eine Kurznachricht und schildere das Problem.

Keine fünf Minuten später ist die Antwort da. Es tue ihm leid, aber ihm seien die Hände gebunden. Er könne mir jedoch 20 Prozent Rabatt auf ein Erlebnis meiner Wahl einräumen. Ich möge einfach auf die Webseite gehen und mir etwas aussuchen.

FRAUKE LUDOWIG

Ich presse mich in meinen Sitz, fixiere krampfhaft den Horizont, antworte auf keine Fragen und unterdrücke das Gefühl, mich übergeben zu müssen. Wahrscheinlich bin ich der schlechteste Beifahrer der Welt.

Wir sind dienstlich unterwegs. Es geht nach Köln. Dort stellt der Fernsehsender RTL seine Zahlen für das vergangene Geschäftsjahr vor und verrät, wie er sich die mediale Zukunft vorstellt.

Für dieses Event hat unser Redaktionsleiter jemanden aus der Wirtschaftsredaktion abgeordnet. Stefan beobachtet die Transformation des Konzerns schon seit Längerem, kennt alle Unternehmensdaten und ist zahlensüchtig. Ich soll ihn begleiten.

«Wir haben dir einen Interviewtermin mit RTLs Boulevard-Beauftragter Frauke Ludowig besorgt. Die interviewt sonst immer nur selbst. Das drehen wir um. Jetzt kannst du sie mal befragen.»

Ich bin wenig begeistert von der Idee. Frauke Ludowig beherrscht das Geschäft mit den Promi-Interviews wie keine andere und hat in den vergangenen Jahren ziemlich jeden nationalen und internationalen Star vor der Kamera gehabt.

Seit Jahrzehnten moderiert und leitet sie Deutschlands erfolgreichstes Boulevardmagazin: *RTL Exclusiv*. Sie fährt zu den Oscars nach Los Angeles, schreitet routiniert rote Teppiche ab, berichtet über königliche Hochzeiten, Geburten und Beerdigungen und moderiert Galas, Modenschauen und Preisverleihungen.

Ludowig ist Deutschlands Celebrity Queen und beherrscht ihr Handwerk aus dem Effeff. Der Fernsehsender hat das erkannt und vertraut ihr immer mehr Aufgaben an. Sie bekleidet die Position der «Kreativ Direktorin VIP» und übernimmt die Berichterstattung über andere RTL-Unterhaltungsformate wie die Tanzshow «Let's Dance» oder die Datingshow «Der Bachelor».

Ausgerechnet dieser erfahrenen Fragestellerin soll ich meine Fragen stellen, ihr womöglich irgendwelche Geheimnisse entlocken? Das erscheint mir unwahrscheinlich bis vermessen.

Unser Redaktionsleiter will mir den Druck nehmen: «Im Auto ist noch Platz, Aufwand und Kosten halten sich damit in Grenzen. Wir haben also nichts zu verlieren.»

Irgendwann ist die Autofahrt beendet, und wir sind in Köln angelangt. Kreidebleich steige ich aus dem Fahrzeug. Der Kollege fährt einen Tesla, dessen sportliche Beschleunigungen im Stadtverkehr ich nicht gut vertrage. Er lacht und schlägt mir auf den Rücken: «Du siehst aus wie der Tod. Hast du solche Angst gehabt?»

Ich antworte nicht. Ich habe mich damit abgefunden, dass manche Menschen nicht nachvollziehen können, dass ich Autofahrten nicht vertrage. Es ist schon vorgekommen, dass mir schlecht geworden ist, obwohl ich selbst am Lenkrad saß. Wie soll man das jemandem erklären?

Ich bedanke mich für die Mitfahrgelegenheit und verabschiede mich. Er ruft mir hinterher, ich solle Frau Keludowig von ihm grüßen. «Verstehst du? Frau Keludowig! Hahaha!»

Ich höre seine Worte, aber sie erreichen mich nicht. Ich habe nicht einmal mehr die Kraft, mich umzudrehen, und schleppe mich wortlos weiter.

Irgendwann erreiche ich den Empfang und melde mich an.

Zum Glück bleiben mir noch ein paar Minuten bis zur verabredeten Zeit, sodass ich mich frisch machen kann.

In der Toilette erschrecke ich über mein Spiegelbild. Mir steht der kalte Schweiß auf der Stirn. Ich wasche mich, nehme ein paar Schlucke aus dem Wasserhahn und mache mich auf in Richtung Aufnahmestudio.

Vor dem Eingang fängt mich Frauke Ludowig ab: «Guten Abend und herzlich willkommen, hier ist *Exclusiv*, ich bin Frauke Ludowig.»

Ob ich der Journalist sei, der sie interviewen wolle? Es sei ihr eine große Ehre, strahlt sie mich warmherzig an.

«Ganz meinerseits», hüstele ich verlegen und folge ihr in den Backstagebereich des Studios.

Wir gehen durch schmale Flure und gelangen schließlich in ihre Garderobe.

Zwei Schminkplätze, ein Kleiderständer, eine Couch, stapelweise Schuhe, an der Wand unzählige Autogrammkarten mit persönlichen Widmungen, allerlei Kuriositäten wie ein überdimensionales goldenes Sparschwein – der Raum ist brechend voll, aber vielleicht gerade deshalb so gemütlich.

Ludowig setzt sich an einen der Schminkplätze: «Wenn Sie nichts dagegen haben, lasse ich mich für die Sendung fertig machen, während wir unseren kleinen Plausch haben, ja?»

Natürlich habe ich nichts dagegen. Ich finde es sogar überraschend sympathisch und uneitel von ihr, mich an dem Verwandlungsprozess von der Alltags-Frauke zur Fernseh-Frauke teilhaben zu lassen.

Sie bietet mir den Platz neben sich an. Ich setze mich und bin irritiert. Wir kommunizieren nicht direkt miteinander, sondern über unsere Spiegelbilder.

Ludowig nimmt mir die Nervosität und beginnt das Gespräch. Sie freue sich auf die Sendung, sie hätte «mega Themen» und sei glücklich, bei der Arbeit jeden Tag auf Herzensmenschen zu treffen.

Das Prominews-Geschäft sei ein ehrliches Handwerk: «Es ist weitaus leichter, eine Nachrichtensendung mit harten, seriösen Themen zu machen, als mit seichten Geschichten eine gewisse Relevanz zu erzeugen.»

Nun sei es aber an der Zeit, dass ich meine Fragen stelle.

Verstohlen schaue ich auf meinen Notizzettel. Ich habe mir drei Begegnungen mit internationalen Stars herausgesucht, von denen Ludowig bereits in anderen Interviews berichtet hat.

Zunächst erkundige ich mich nach dem Treffen mit dem Schauspieler Kevin Costner. Dieser soll seinerzeit frisch getrennt gewesen sein und sie nach Kräften angebaggert haben.

Ludowig kann sich noch gut an die Begegnung mit Costner zurückerinnern, obwohl diese mittlerweile Jahrzehnte zurückliegt:

«Er flirtete wie ein Weltmeister! Ich war damals schon glücklich liiert, und so musste er seine Jagd später fortsetzen! Ich hatte damals übrigens meine weißen Courtyard Sneaker an. Durch die Kombination von superweichem Obermaterial, einer weich unterpolsterten Decksohle und hochflexiblen Laufsohle entsteht das besonders komfortable Laufgefühl. Die Schuhe gibt es im gut sortierten Fachhandel oder über den Link auf meiner Webseite.»

Ich schaue sie irritiert an.

Sie ergänzt: «Ich finde, weiße Sneaker dürfen in keinem Kleiderschrank fehlen, oder sehen Sie das anders? Nun aber zur nächsten Frage!»

Ich blicke auf meinen Notizzettel und frage sie nach ihrer Begegnung mit dem Star-Tenor Luciano Pavarotti.

«Ich bin ja geübt im Warten, aber Pavarotti strapazierte meine Geduld aufs Äußerste. Ganze 15 Stunden musste ich Däumchen drehen und Schäfchen zählen. Zum Glück hatte ich mein Handy dabei. Kennen Sie die Solitaire-Grand-Harvest-App? Bei Langeweile ein super Zeitvertreib, bei Stress holt mich das Spiel aber total ab und kann mich währenddessen gut ablenken und Kraft tanken lassen. Und es macht soooo Spaß! Probieren Sie es aus und laden Sie sich das Spiel kostenfrei im Appstore herunter. Zum Schluss führte ich übrigens noch ein wunderschönes Gespräch mit dem Startenor, bei dem er mir charmant und versöhnlich die Hand hielt.»

Ich gucke auf meinen Zettel und spreche sie auf die Begegnung mit «Rolling Stones»-Gitarrist Keith Richards an. In den Medien konnte man damals lesen, dass er ihr zur Begrüßung seine Zunge in den Mund geschoben habe. Ich will wissen, was daran wahr ist.

Ludowig lacht: «Ich war froh, dass er zuvor kein Mettbrötchen mit Zwiebeln verzehrt hatte.» Richards habe vielmehr nach Campari-Orange geschmeckt, und seine Zunge habe ausgesehen wie die von Cooper, ihrem australischen Goldendoodle. Und apropos: Ob ich wüsste, dass es Hundefutter gibt, das auch der Hundebesitzer essen kann?

Sie redet weiter: «Ja, das gibt es wirklich. Denn bei *Coopers Delite* sind alle Nassfuttermenüs in 100 Prozent Lebensmittelqualität, also auch zum menschlichen Verzehr geeignet. Im Moment gibt es sogar ein spezielles und limitiertes Startermenü – und mit dem Code FRAUKE20 können Sie jetzt zwanzig Prozent auf Ihren Einkauf sparen. In dem fein abgestimmten Alleinfuttermenü steckt alles drin, was der Hund für ein gesundes, langes Hundeleben an unserer Seite braucht! Probieren Sie es aus!»

Ich habe kein Haustier, nicke aber höflich.

Da klopft es an der Tür. Ein Assistent bringt den aktuellen Sendeplan. Das gibt mir die Möglichkeit, das Thema zu wechseln.

Ich frage sie nach dem Geheimrezept für ihren Erfolg.

«Ach, Geheimrezept ...», wehrt sie bescheiden ab. «Das ist Handwerk und Fleiß. Letztendlich unterscheidet sich unser Journalismus gar nicht so sehr von dem Rest des Journalismus. Geben Sie mir doch mal die Zeitung da vorne.» Sie deutet auf ein auf dem Tisch liegendes Lokalblättchen.

«Diese Regionalzeitung hat sicher tolle Themen, scheitert aber an der Aufbereitung. Lesen Sie mir einfach ein paar Meldungen vor, und ich sage Ihnen, was wir daraus machen würden.»

Ich blättere in der Zeitung: «Nun ja, es gibt wohl einen neuen Schützenkönig ...»

«Wie langweilig! Da muss was hin wie: *Aufruhr bei den Royals. Neuer König schießt sich in die Herzen seiner Untertanen. Alter König sinnt auf Rache.*»

«Die Feuerwehr hat einen neuen Schlauch bekommen.»

«Für sich genommen schrecklich fade. Das muss man einbetten in eine Liste: *Die zehn längsten Feuerwehrschläuche der Welt.* Da macht man ne tolle Bilderstrecke draus. Da war nur jemand zu faul zum Googeln ... Weiter, was noch?»

«Die Polizei hat einen Falschparker abschleppen lassen.»

«Luxuskarosse beschlagnahmt. Gehörte sie einem Oligarchen? Wie weit reicht der Arm des Kreml?»

«In der Fußgängerzone ist ein Blumenkübel entwendet worden.»

«Meisterdieb lässt Polizei alt aussehen und entwendet unersetzlichen Floralpokal.»

Sie sagt, wir könnten ewig so weitermachen. Es komme darauf an, mit dem richtigen Blick auf die Dinge zu schauen und die dahinterliegende Wahrheit zu ergründen. Dann sei es egal, ob es sich um vermeintlich kleine oder große Nachrichten handele.

Ich frage sie, was sie in Zeiten einer Nachrichtenflaute mache.

Sie lacht. «Dafür haben wir unsere Geheimwaffe.» Sie deutet auf ein Regal mit Keksdosen, die mit «Royals 1–4» beschriftet sind.

Ich schaue sie fragend an.

Sie stellt die Dosen vor mich hin.

«Greifen Sie in Dose eins und holen Sie einen der Zettel heraus. Aber schauen Sie nicht hin.»

Wie gewünscht hole ich einen der Papierstreifen heraus. Er ist handbeschrieben mit «Das Schweigen hat ein Ende!».

«So, und jetzt greifen Sie in die zweite Dose und bestimmen den Protagonisten. Aber nicht hinschauen!»

Ich greife in den zweiten Behälter, wühle blind in den Papierschnipseln und fördere «Königin Maxima der Niederlande» zutage.

«Jetzt kommt das, was wir den *Spannungsauslöser* nennen.» Ludowig zeigt auf die Dose mit der Nummer drei.

Ich wiederhole den Vorgang und fische den Textschnipsel «mit schockierendem Geständnis» heraus.

«Jetzt kommen wir zum Abschluss. Wir nennen ihn den *Dranbleiber*. Damit gehen wir in die Werbepause.»

Ich greife in die letzte Dose und angele mir einen Papierstreifen mit dem Text «Manchmal gebe ich mir selbst Autogramme!»

Aufgedreht legt Frauke Ludowig die Zettel der Reihe nach vor mir hin. «So, und jetzt lesen Sie vor!»

Ich trage vor: «Das Schweigen hat ein Ende! Königin Maxima der Niederlande mit schockierendem Geständnis: *Manchmal gebe ich mir selbst Autogramme!*»

Sie strahlt mich an. «Da haben Sie den Teaser. Ist babyleicht und macht Spaß, oder? Jetzt bin ich dran.»

Sie wühlt in den Dosen und breitet vier zufällig herausgesuchte Zettel auf dem Tisch aus: «Überraschende Beichte! Königin Letizia von Spanien gibt es endlich zu: *Ich besorgte mir die Krone im Ein-Euro-Shop.*»

Ludowig ist wie im Rausch: «Gleich noch mal!»

Sie wühlt in den Zetteln und legt einen neuen Teaser zusammen: «Die Wahrheit hinter der Fassade! Fürst Albert von Monaco bekennt heikle Jugendsünde: *Ich duschte heimlich nackt!*»

Sie will, dass ich mich auch noch mal an einer Promi-News versuche, aber ich habe das dahinterliegende Prinzip längst verstanden. Weil sie sich so freut, tue ich ihr trotzdem den Gefallen:

«Wer hat im Palast gelauscht? Haakon von Norwegen offenbart düsteres Geheimnis: *Mein Schloss in Frankreich ist nur ein Vorhängeschloss!*»

Ludowig ist ganz außer sich und klatscht aufgeregt in die Hände. «Was für tolle Themen! Allesamt sendetauglich!»

Ich bin durcheinander.

«Das sind doch aber, nun ja, recht spezielle Vorgaben. Woher bekommen Sie das entsprechende Video- und Bildmaterial dazu? Sie müssen doch zu dem Teaser einen Film produzieren.»

Ludowig lacht: «Ach, das nehmen uns die Stars mittlerweile selbst ab. Wir holen uns einfach Bilder oder Videoausschnitte von den Instagram-Seiten der Promis und bauen die mit etwas Musik und einem Off-Text zusammen. Fertig ist der Beitrag!»

Instagram ist ein gutes Stichwort. Ich frage sie, ob sich durch die sozialen Medien etwas für sie geändert habe und ob sie ihren Instagram-Account selbst bespielen würde.

«Selbstverständlich», antwortet sie, das bereite ihr ein Riesenvergnügen. Die sozialen Medien würden es ihr ermöglichen, den unmittelbaren Kontakt zu ihren Zuschauern und Zuschauerinnen zu pflegen. Dieser menschliche Austausch sei durch nichts, aber auch rein gar nichts zu ersetzen.

Vorsichtig merke ich an, dass ich auf ihrem Instagram-Account nur Werbung entdeckt habe, entweder für sich selbst oder für Schuhe, Kleidung, Kreditkarten, Lebensmittel, Brillen, Schmuck und Beautyprodukte.

Sie schaut mich überrascht an. «Sehen Sie das so? Nun ja. Das sagt mehr über Sie aus als über mich.»

Von ihrer Seite aus seien das Empfehlungen, wie man sie guten Freunden und Freundinnen angedeihen lasse.

«Ich empfehle nur Produkte, von denen ich wirklich überzeugt bin!» Eigentlich sei das dann gar keine Werbung, aber sie wolle nicht streiten, und überhaupt sei es nun Zeit für das allseits beliebte «Deal oder Spiel»-Gewinnspiel.

Sie zeigt auf das etwa einen Meter hohe goldene Sparschwein mit der Aufschrift «Mega-Jackpot».

«Im Moment liegen 200 000 Euro in unserem Mega-Jackpot, und Sie brauchen nur eine einzige Frage zu beantworten, um zu gewinnen: *Wie bezeichnet man eine Speise mit einem hohen Flüssigkeitsanteil, der man oft Suppeneinlagen beifügt? A: Suppe oder B: Puppe?*»

Verwirrt blicke ich mich um und frage, wem sie die Frage stelle.

«Na, Ihnen natürlich! Wem sonst?»

Nach etwas Zögern antworte ich: «Suppe. Also A.»

«Nicht so schnell!», antwortet Frauke Ludowig. «Sie müssen erst Ihre Teilnahmegebühr entrichten. Das macht 50 Cent.»

Ich wühle im Portemonnaie, reiche ihr ein 50-Cent-Stück und schaue sie erwartungsvoll an.

Ludowig fordert mich auf, ihr meine Antwort zu verraten.

«Aber das habe ich doch eben schon getan.»

«Ja, aber da hatten Sie noch nicht die Teilnahmegebühr entrichtet und waren nicht spielberechtigt.»

«Okay, dann also A, Suppe.»

Ludowig schaut mich an und erwidert routiniert: «Wir bedanken uns für Ihre Teilnahme. Leider haben Sie nicht gewonnen. Ihr Geld wandert jetzt in den Jackpot. Versuchen Sie es ein anderes Mal wieder!»

Sie wirft die Münze in das Sparschwein.

«Wollen Sie Ihr Glück noch mal versuchen? Sie waren verdammt nah dran.»

«Na gut», seufze ich und gebe ihr weitere 50 Cent.

«Wir bedanken uns für Ihre Teilnahme. Leider haben Sie nicht gewonnen. Ihr Geld wandert jetzt in den Jackpot. Versuchen Sie es ein anderes Mal wieder!»

«Aber ich habe die Lösung doch gar nicht genannt.»

«Ach ja, richtig. Dann sagen Sie jetzt Ihre Lösung!»

«Die Lösung ist A, Suppe.»

Ludowig schaut mich einen kurzen Moment an, und ich glaube schon, gewonnen zu haben.

«Sorry, wieder nix. Wir bedanken uns für Ihre Teilnahme. Leider haben Sie nicht gewonnen. Ihr Geld wandert jetzt in den Jackpot. Versuchen Sie es ein anderes Mal wieder!»

Erneut füttert sie das goldene Sparschwein mit meinem Geld.

Mir kommt die Sache seltsam vor, und so frage ich sie, ob bei dem Gewinnspiel alles mit rechten Dingen zugehe.

Sie schaut mich empört an. Natürlich! Außerdem hätte ich mit Betreten der Garderobe automatisch den Teilnahmebedingungen zugestimmt. Sie reicht mir einen Plastikordner mit 55 eng beschriebenen Din-A4-Seiten in verschiedenen Sprachen.

Ich entschuldige mich für meine Frage, aber die Atmosphäre bleibt angespannt, sosehr ich mich auch bemühe.

Mir bleibt nichts anderes übrig, als das Interview zu beenden und mich zu verabschieden. Kurz danach stehe ich draußen.

Ich schaue auf die Uhr. Theoretisch könnte ich auf meinen Kollegen warten und mit ihm im Auto zurückfahren, aber schon bei der Vorstellung wird mir flau im Magen.

Also nehme ich auf eigene Kosten ein Taxi, kaufe mir am Bahnhof ein Zug-Ticket und trete die Heimreise an.

Während der Zugfahrt installiere ich aus Langeweile das von Frauke Ludowig empfohlene kostenlose Handygame, und sie hat recht: Es ist tatsächlich recht kurzweilig. Leider realisiere ich erst nach einer halben Stunde, dass mir Euro 37,50 für sogenannte In-App-Käufe abgebucht wurden.

Zu Hause angekommen, will ich mich von der anstrengenden Reporterreise erholen, lege mich auf die Couch und schalte zur Entspannung den Fernseher ein.

Auf RTL läuft *Exclusiv*. Frauke Ludowig kündigt den nächsten Beitrag an:

«Das Schweigen hat ein Ende! Königin Maxima der Niederlande mit schockierendem Geständnis: Manchmal gebe ich mir selbst Autogramme!»

HORST LICHTER

Mit meinen Interviews bin ich in der Redaktion keinem festen Ressort zugeteilt, was Vor- und Nachteile hat. Einerseits kann ich frei schalten und walten und bin unabhängig in der Wahl meiner Gesprächspartner, andererseits fehlt mir das Zugehörigkeitsgefühl zu einer Abteilung und der damit verbundene Austausch mit den Kollegen und Kolleginnen. Umso mehr freue ich mich über die Einladung zur alljährlichen Feier der Kulturredaktion.

Wie jedes Jahr geht es in ein nahe gelegenes Restaurant. Die Treffen verlaufen normalerweise recht unspektakulär. Es wird gegessen und getrunken, gewitzelt und gelacht, getratscht und gelästert. Trotzdem erfahre ich hier mehr Verlagsinterna und Hintergrundinformationen als in einem ganzen Jahr in der Redaktion. Zu vorgerückter Stunde werden die Gespräche privater, so auch dieses Jahr.

Meine Sitznachbarin Silvia, die ich sonst nur als Verfasserin von anspruchsvollen Theaterkritiken kenne, ist wieder alleinstehend. Von einem Tag auf den anderen sei ihr Freund bei ihr ausgezogen. Hinterlassen habe er «einen Berg Schulden, einen Berg Schmutzwäsche und einen Berg alter Radios.»

Auf dem Handy zeigt sie uns Bilder seines Zimmers. Es ist das Reich eines Bastlers mit Hang zum Messie-Syndrom. Überall stapeln sich historische Röhrenradios, antike Transistorradios und voluminöse Musiktruhen aller Zeiten, Provenienzen und Erhaltungszustände.

Die Grenzen zwischen Museum und Müllhalde sind fließend. Über den ganzen Raum sind Werkzeuge, defekte Teile, alte Gebrauchsanweisungen und schmutziges Geschirr verteilt.

Silvia klagt uns ihr Leid. Mehrfach habe sie ihren Ex-Partner aufgefordert, seinen «Plunder» abzuholen, aber er habe nicht reagiert. Er habe sie «geghostet», wie es auf Neudeutsch heißt, wenn es zu einem vollständigen und unangekündigten Kontakt- und Kommunikationsabbruch kommt.

Von allen Seiten hagelt es Ratschläge.

Ein Kollege empfiehlt, dem Verflossenen schriftlich eine Frist zu setzen und die Sachen anschließend in den Sperrmüll zu geben. Eine andere Kollegin protestiert. Vielleicht sei etwas von Wert dabei. Silvia solle alles auf den Flohmarkt bringen und die Einnahmen mit den Schulden verrechnen. Martin aus dem Literaturteil schlägt vor, die Radios auszuschlachten und in stylische Aquarien umzuwandeln: «Es gibt bestimmt reichlich Spinner, die sich so was gerne ins Wohnzimmer stellen würden.» Alle lachen.

Währenddessen halte ich Silvias Handy in der Hand und zoome mich näher in das Bild. An einem der Geräte entdecke ich ein Typenschild und gebe die Bezeichnung in die Suchmaschine ein. Es handelt sich um einen Rundfunkempfänger namens «*AEG Super 88WK*» aus dem Jahr 1938, der zur damaligen Zeit drei durchschnittliche Monatsgehälter gekostet haben soll. Ein großes Tischgerät in Holzoptik, das stolze 27 Kilogramm wiegt und vierstellige Liebhaberpreise erzielt.

Alle sind aufgeregt und wittern weitere Reichtümer. Wer weiß, was sich noch für Schätze in dem Chaos verstecken?

Wir sind uns einig: Silvia sollte sich einen Überblick verschaffen, was die Geräte wert sind, bevor sie über die nächsten Schritte entscheidet. Ein Gutachter muss her, der Wertloses aussortiert und für den Rest Schätzpreise festlegt.

Eine Kollegin hat eine Idee: «Geh damit ins Fernsehen zu *Bares für Rares*. Da sagen dir Experten, was die Sachen wert sind, und das verpflichtet dich erst mal zu nichts.»

Kurze Zeit später zahlen wir unsere Rechnung und beenden den unterhaltsamen Abend.

Vor dem Einschlafen geht mir die Episode um Silvias mögliche Radio-Reichtümer durch den Kopf. Ich kenne *Bares für Rares*, habe aber keine Folge vollständig gesehen. Im Bett klappe ich das Notebook auf, rufe die Mediathek auf und starte die aktuelle Folge der Trödelshow.

Die Sendung ist das erfolgreichste Fernsehformat der letzten Jahre und läuft im ZDF quasi in Dauerschleife. Das Sendekonzept ist bestechend: Ausgewählte Teilnehmer stellen mitgebrachte Kuriositäten, Raritäten oder Antiquitäten vor, von denen sie sich trennen wollen – ob profane Flohmarktkäufe, überraschende Dachbodenfunde oder unliebsame Erbschaftsstücke. Jeder Gegenstand wird von neutralen Experten zeithistorisch eingeordnet und geschätzt. Danach kann sich der Besitzer entscheiden, ob er ihn fünf miteinander konkurrierenden Händlern anbieten will. Im Idealfall überbieten sich die Interessenten bei der anschließenden Kleinst-Auktion, und die Verkäufer erzielen einen Preis weit oberhalb des Schätzpreises. Im negativen Fall gibt es nur wenig Angebote, und die Verkäufer verlassen mit weniger als dem Schätzpreis das Fernsehstudio oder behalten ihr Verkaufsobjekt.

Sender und Produzent hatten sich beim Start zunächst auf eine Staffel von sechs Folgen verständigt. Mittlerweile wurden weit mehr als eintausend Sendungen ausgestrahlt, und selbst bei Wiederholungen erzielt das Format vergleichsweise hohe Einschaltquoten.

Für den Erfolg der Sendereihe sind viele Faktoren verantwortlich, doch der womöglich entscheidende ist Moderator Horst Lichter. Mit seinem kunstvoll hochgezwirbelten Schnauzbart und der runden Nickelbrille sieht Lichter wie eine Kuriosität aus der Kaiserzeit aus. Seine Stärke: Die rheinische Frohnatur gibt sich authentisch und nahbar und ist der geborene Unterhalter.

In jungen Jahren betrieb der gelernte Koch ein Restaurant mit einem ungewöhnlichen Konzept. Lichter schlug die Speisenfolge vor, und die Leute bestellten, was Lichter vorschlug. Eine Speisekarte gab es nicht. Zur Beliebtheit des ungewöhnlichen Lokals trug die ungewöhnliche Location bei: eine ehemalige Autowerkstatt mit allerlei Autos, Motorrädern und kuriosen Sammelobjekten.

Lichter sprach sich schnell herum. Auch beim Fernsehen, von dem er schließlich für eine Kochshow mit einem Profi entdeckt wurde. Bei *Lafer Lichter Lecker* begegnete die Sterneküche des österreichischen Kochs Johann Lafer der bodenständigen Kochkunst von Lichter mit seinen Lieblingszutaten Butter, Sahne, Baileys und Eierlikör.

In der Hochblüte seines Fernsehschaffens war Lichter im deutschen Fernsehen nahezu omnipräsent und erschien in den unterschiedlichsten Formaten, ob bei *Kerners Köchen*, der *Küchenschlacht*, der *Kinder-Küchenschlacht*, *Lanz kocht*, seiner Talkshow *Aber bitte mit Sahne* und diversen Reisesendungen. Gleichzeitig entwickelte Lichter ein Bühnenprogramm mit einer Mischung aus Comedy und Kochen, mit dem er durch Deutschland tingelte.

Mit *Bares für Rares* verabschiedete sich Lichter von seiner Rolle als Kult-Koch und wurde der freundliche Trödel-Horst, der regelmäßig Einschaltquotenrekorde einfährt.

Je mehr ich über Lichter in Erfahrung bringe, desto mehr wird mir klar, dass ich diesen Mann interviewen will, nein, muss! Daher bitte ich unsere Redaktionsassistenz, mir einen Interviewtermin mit Horst Lichter zu besorgen.

Ein paar Tage später ruft mich sein Manager an. Lichter sei nächste Woche zur Aufzeichnung der *NDR Talk Show* in Hamburg: «Am besten treffen Sie sich am folgenden Tag und besuchen gemeinsam eine Ausstellung oder so was. Das liebt der Horst.»

Mir fällt sofort das *Museum für Kunst und Gewerbe* in der Nähe des Hauptbahnhofs ein, und so stehe ich einige Tage später vor dem *MK&G*, wie sich das Museum neuerdings nennt.

Ein Taxi kommt vorgefahren. Horst Lichter steigt aus. Er trägt einen braunen Wollmantel, darunter einen rot-grün-karierten Anzug mit Weste, Einstecktuch und Fliege, und lüftet zur Begrüßung den Hut: «Ich bin der Horst oder der Herr Lichter oder der Watauchimmer.»

Ich stelle mich vor und betrete mit ihm das Museum.

In der Garderobe geben wir Lichters Mantel ab. Die Frau hinter dem Tresen ist angesichts des prominenten Besuchs sichtlich aufgeregt.

«Mein Name ist Horst Lichter, wie ist der Ihrige?», begrüßt er die Frau in seinem typisch rheinischen Singsang.

«Sieglinde Mertens.»

«Ich sag mal Du zu dir, bin ja der Ältere! Gott, wat hast du für schöne Äugelschen, mein Sieglindelein. Hier haste dat Mäntelschen. Wat für ne schicke Frisur du hast. Wo du bist, da scheint die Sonne!»

Aus dem Augenwinkel sehe ich, wie die Angesprochene rot anläuft.

Lichter wendet sich an mich: «So, jetzt bin ich widda bei dich.

Du kommst woher, du arbeitest als was und du hast welche Hobbys?»

Ich bin überrumpelt und stottere irgendetwas von Journalismus und Sport.

Lichter lässt nicht locker: «Gibt es Interessen, die man sich so täglich macht? Wie bist du denn hobbyistisch unterwegs?»

Ich bin im Zwiespalt. Einerseits bin ich derjenige, der die Fragen stellt, andererseits will ich nicht unhöflich sein. Das unangenehme Gefühl hält an, bis wir die Musikinstrumentensammlung erreichen und seine Fragen in den Hintergrund treten.

In einem dunklen Raum stehen verschiedene antike Tasteninstrumente, die mit Lichtstrahlern kunstvoll in Szene gesetzt werden.

Lichter atmet laut hörbar aus: «Leck mich en de Täsch!»

Er geht auf eines der Instrumente zu. Es handelt sich um einen handbemalten Salon-Konzertflügel aus dem Jahr 1897.

«Uiuiui, ein buntet Klavier'schen. Wat für ein Träum'schen.»

Liebevoll streichelt er über das Holz, öffnet den Deckel und spielt die ersten Töne von «Alle meine Entchen».

Sofort erscheint eine Museumswärterin. Unmissverständlich, aber nicht unfreundlich bittet sie darum, die Exponate nicht zu berühren, und deutet dabei auf eine entsprechende Hinweistafel.

Lichter lässt vom Klavier ab und wendet sich der Frau zu:

«Hallöschen, meine Bezaubernde. Wen hamm wir denn da?»

Die Aufseherin schaut ihn an, dann mich, dann wieder ihn.

Sie deutet auf ihr Namensschild: «Hannelore Müller. Ich bin hier angestellt.»

«Dat wissen wir doch, Hannelörchen. Aber willze dich nicht erst mal vorstellen, wer du bist und watte hier machst.»

«Ja, wie gesagt. Ich arbeite hier. Und jetzt wünsche ich Ihnen noch viel Spaß hier im Museum.»

Sie dreht sich um und will weggehen, doch Lichter hält sie fest:

«Warte, mein Täubchen. Nun flieg doch nicht so schnell davon. Sag uns zuerst: Wie viel Geld willze haben?»

Die angesprochene Frau stutzt, um dann scharf zu entgegnen:

«Was für eine Unverschämtheit. Das muss ich mir nicht gefallen lassen. Ich rufe jetzt meinen Kollegen.» Sie greift zu ihrem Sprechfunkgerät.

Lichter beschwichtigt sie:

«Nicht aufrejen, mein Engelchen, damit hab ich doch nicht dich gemeint, sondern dat jute Stück hier.» Er deutet auf den Flügel. «Wat würdest du denn gerne dafür haben wollen? Was ist der Wunsch deines Herzens als Wunsch fürs Portemonnaie?»

Sie schaut ihn verwirrt an.

Lichter redet weiter: «Vielleicht willze uns vorher verraten, woher du den Klimperkasten hast? Der ist dir doch sicher nicht zujeflogen, oder?»

«Nun ja, ich arbeite hier und ...»

«Dat wissen die Zuschauer doch längst. Wir wollen wissen, was für eine Geschichte sich damit verbindet. Hat deine Großmutter immer darauf gespielt, als sie an den Oppa jedacht hat, der im Krieg jeblieben ist? Hat dein Urgroßvater den im Sperrmüll gefunden? Und was hat die gnädige Frau Mutter gesagt, als er mit dem Piano aufgekreuzt ist? Oder haben euch den fahrende Herrschaften vorbeigebracht, die darf man ja nicht mehr anders nennen.»

«Ich kann Ihnen auch nur sagen, was auf dem Schild steht.»

Die Bedienstete greift zu ihrer Lesebrille und liest den Text vor: «Die Firma Grotrian Steinweg war eine der führenden deutschen Klavierfabriken in der zweiten Hälfte des 19. Jahrhunderts. Ihre Klaviere wurden von berühmten Künstlern wie Clara Schumann gespielt.»

«Hallöchen, Herr Gesangsverein, dat ist doch schon mal was», entgegnet Lichter. «Dann kommen wir jetzt zum Wichtigsten: Wo hasse dat her? Warum willze dat verkaufen? Und wat willze dafür haben?»

Die Aufseherin fängt an: «Ich will das nicht verkaufen, weil …»

«Aber warum denn nicht, meine Bezaubernde? Hier steht dat doch nur rum und macht keinem Menschen eine Freude. Deshalb: Wie hoch ist der Wunsch, den man gern dafür finanziell nach Hause tragen würde nachher? Ich würde mal mit einem Startgebot von hundertdreißig Euro anfangen. Dafür kannst du mit deinem Schatz so richtig lecker essen gehen. Wat meinst du? Wäre das was, was dein entzückendes kleines Herz erfreuen würde?»

Die Aufseherin setzt neu an: «Ich will das Klavier nicht verkaufen, weil ich es gar nicht verkaufen kann. Es gehört nicht mir, sondern dem Museum.»

Lichter schaut sie freundlich an: «Okay, das verstehe ich. Dann erhöhe ich noch mal auf zweihundert Euro. Das ist ein kompletter Satz neue Autoreifen. Wäre doch schon toll, oder?»

Zum wiederholten Male lehnt die Aufseherin ab.

Lichter hat eine neue Idee. Er dreht sich und deutet auf die anderen Exponate im Raum.

«Wat hälze davon, wenn du mir einen Preis für dat ganze Konvolut machst? Ich sag mal zwölfhundert Euro für alles zusammen. Dafür kannze mit deinem Schatz eine ganze Woche nach Mallorca fahren. Und jeden Abend lecker essen gehen, ist bei dem Preis auch drin. Desto schneller du Ja sagst, desto schneller haste das Geld, und umso schneller du das Geld hast, umso schneller kannze dat ausgeben. Na, wie wär's?»

Die Aufseherin dreht sich wortlos um und geht.

Lichter ruft ihr nach: «Vielen Dank, bleib so, wie du bist, und komm gut nach Hause, Schatz!»

Lichter schüttelt den Kopf: «Seltsame Leute hier. Na ja, jede Jeck is anders.»

Wir bummeln weiter durch die Ausstellung, da weckt ein anderer Gegenstand sein Interesse. Es handelt sich um einen in der Ecke stehenden Feuerlöscher.

Wie sich herausstellt, sammelt Lichter nicht nur Kaffeekannen, getöpferte Igel und Eierlikörgläser, sondern auch Feuerlöscher. Voller Ehrfurcht nimmt er das Gerät in die Hand: «Ein Gloria-Pulverlöscher, Baujahr 2017, mit einer Löschmittelmenge von zwei Kilogramm für die universelle Anwendung in den Brandklassen A, B und C. Mit dem kannst du drei bis vier Meter weit spritzen! Bis zu elf Sekunden lang. Eine echte Rarität!»

Er geht damit zur Museumswärterin: «Was wäre denn der Wunsch des Preises, den man hierfür entgegennimmt?»

Es schließt sich eine unerquickliche Diskussion an, in der Lichter damit argumentiert, dass der Feuerlöscher nicht benötigt werde, da das Museum über eine vollautomatische Sprinkleranlage verfüge, und die Frau irgendwann den Wachdienst ruft.

Umständlich kläre ich das Missverständnis auf, und wir beschließen, uns im Museumsrestaurant zu stärken. Lichter will «ein lecker Kakäuchen» trinken und vielleicht noch etwas essen.

Die *Destille* ist nach Lichters Geschmack: Bistrotische mit Caféhausbestuhlung, unzählige Ölschinken, alte Messinglampen und ein überdimensionales Küchenbuffet, auf dem allerlei Antik-Trödel dekoriert ist.

Wir nehmen Platz und schauen in die Speisekarte. Lichter seufzt: «Ich muss nicht erst ne Woche ne Beziehung zu so nem Tier aufbauen, bevor ich dat braten kann. Ich muss auch nicht so Bio-Gemüse haben oder so Bio-Fleisch, wo wahrscheinlich das Ferkelchen mit Birkenstock-Sandalen durchn Stall rannte und zu Tode massiert wurde. Dat muss lecker sein und jut is.»

Gerade als ich vorsichtig andeuten will, dass ich Vegetarier bin, spricht Lichter eine Dame vom Nebentisch an: «Schöne Hühnerbrüstchen haben Sie da, meine Gnädigste. Nicht falsch verstehen. Die auf dem Teller meine ich natürlich. Wat haben Sie denn gedacht? Hahaha.»

Die Frau wirkt wie versteinert. Lichter wendet sich wieder mir zu:

«Mein Freund, der Johannes Lafer, das ist einer, der muss Fleisch schon gar nicht mehr einkaufen, zu dem kommen die Tiere von allein, um den lukullischen Freitod zu sterben. Bei mir ist dat anders. Ich hab nie für Sterne gekocht, sondern für Menschen. Ich wollte dat immer so haben, dat man hinkommt und sagt, boh, wat lecker, gib mir nochn Tellerchen.»

Ich nicke.

Lichter spricht zwei junge Frauen an, die die ganze Zeit zu uns rüberschauen: «Kommt bei misch bei, wenn ihrn Selfie haben wollt!»

Zögernd stehen die Frauen auf und kommen zu uns. Lichter zwirbelt den Schnauzbart nach oben.

«So, jetzt nehmt ihr den Horst fein in die Mitte.»

Inspiriert von den unterschiedlichen Hautfarben der beiden Frauen sagt Lichter stolz: «Wat fürn leckeret Marzipantörtchen an meiner einen Seite und wat für ne leckere Nougatpraline auf meiner anderen Seite.»

Darauf schiebt die Frau am Nachbartisch ihren Teller zur Seite, steht auf und fragt, ob sie «richtig gehört» habe. Die Bezeichnung «leckere Nougatpraline» sei sexistisch und rassistisch.

Andere Gäste stimmen ihr zu. Lichter protestiert. Er habe die Frau keineswegs beleidigen wollen. Das könne man daran sehen, dass er Nougat lecker finden würde. Außerdem könne ein Kompliment nicht beleidigend sein, denn sonst sei es ja eine Beleidigung und kein Kompliment.

Das halbe Restaurant diskutiert über die Angemessenheit der

Lichter'schen Formulierungen, es werden Fotos gemacht und Zeugenanschriften ausgetauscht. Da geht die Tür auf und die Museumswärterin betritt den Speisesaal.

Sie lässt sich kurz erklären, was geschehen ist. Währenddessen zupft Lichter an ihrem Jackett herum. Er würde alte Dienstuniformen sammeln. Diese sei schon recht heruntergekommen. Die Museumswärterin möge ihm trotzdem einen Preis dafür machen. Vielleicht sei er interessiert.

Auf einmal wird es sehr laut, und wir werden hinauskomplimentiert. Es möge uns keineswegs einfallen, jemals wiederzukommen, wir hätten Hausverbot.

Ich rufe ein Taxi für Lichter und höre, wie er beim Einsteigen den Taxifahrer fragt, ob ein Kompliment eine Beleidigung sein könne.

Gerädert fahre ich zurück zum Verlag. Dort hat man Neuigkeiten für mich. Silvia von den Theaterkritiken hat gekündigt und ist mit Martin aus dem Literaturteil zusammengezogen. Sie bauen antike Röhrenradios zu stylischen Aquarien um und exportieren sie für Rekordsummen in die Arabischen Emirate. Das einzige Problem sei der fehlende Nachschub. Ob ich Horst Lichter um Unterstützung bitten könne.

FYNN KLIEMANN

Unser Redaktionsleiter hat verblüffende Nachrichten. Drei von uns dürfen für eine Reisereportage in ein «fernes und doch ganz nahes» Land reisen. Zwei Kolleginnen und ich zählen zu den Auserwählten.

Er hält drei identische Briefumschläge in der Hand und schaut uns verschmitzt an.

«Ihr wollt bestimmt wissen, wo es für jeden von euch hingeht, oder? Das entscheidet das Los!»

Wir sollen uns einen Umschlag aussuchen, den darin befindlichen Zettel herausholen und unser Zielland laut vorlesen.

Meine Kollegin macht den Anfang: «Das Miniatur-Wunderland in Hamburg».

Alle lachen.

Unser Redaktionschef ist auf einmal ganz ernst:

«Ihr lacht, aber für gute Geschichten braucht man nicht ins Flugzeug zu steigen. Gute Geschichten warten direkt vor unserer Haustür. Die Geschichte der Zwillingsbrüder Braun, die eine Spielzeug-Eisenbahn zu Deutschlands meistbesuchter Attraktion gemacht haben, ist eine davon.»

Meine andere Kollegin öffnet ihren Briefumschlag. Für sie geht es nach Günzburg im Freistaat Bayern – und zwar ins dortige «Legoland». Sie soll mit Mitarbeitern und Besuchern des Freizeitparks sprechen und ihnen das Geheimnis um die Magie des Spielzeug-Klassikers entlocken.

«Wie kommt es, dass die schlichten Klemmbausteine trotz Internet und Videokonsole nichts von ihrer Beliebtheit eingebüßt haben? Das finde ich spannend. Das will ich von dir wissen. Das wollen unsere Leser und Leserinnen von dir wissen.»

Ich bin an der Reihe. Mein Sitznachbar stößt mich an: «Miniatur-Wunderland, Legoland ... Für dich gehts bestimmt nach Sylt, ins Westerland.»

Alle lachen.

Ich öffne den Umschlag. Auf dem Zettel steht «Kliemannsland».

Unser Redaktionsleiter erklärt: «Ich kann nicht voraussetzen, dass jeder weiß, was das *Kliemannsland* ist. Wenn ich nicht Vater von zwei Kindern im youtubefähigen Alter wäre, wüsste ich es auch nicht.»

Er lacht, aber ich meine, in seinem Lachen Anteile von Schmerz erkannt zu haben.

«Das *Kliemannsland* ist eine Erfindung des YouTubers und Allroundgenies Fynn Kliemann. Es handelt sich um einen ehemaligen Bauernhof im nördlichen Niedersachsen, den Kliemann zu einer Mischung aus Abenteuerspielplatz, Kreativwerkstatt und Community-Treff umgebaut hat. Ein spannender Ort, ein spannender Typ.»

Unser Chef wendet sich ausdrücklich an meine beiden Kolleginnen und mich:

«So, jetzt wisst ihr Bescheid. Reist in eure Länder und nehmt Kontakt mit den dortigen Ureinwohnern und Regenten auf.»

Er lacht. Wir lachen mit, wenn auch etwas angestrengt.

Mittlerweile sind zwei Wochen vergangen. Nach einer abenteuerlichen Anreise mit Bahn und Bus stehe ich in der niedersächsischen Kleinstadt Zeven. Kliemanns Hof liegt neun Kilometer entfernt im beschaulichen Dorf Rüspel.

Ich steige in ein Taxi und nenne dem Fahrer Ort, Straße und Hausnummer. Ohne, dass ich das Ziel genannt hätte, weiß er sofort, wo es hingehen soll:

«Oh, zu Fynn Kliemann. Kenn ich von Jutup.»

Mit etwas Verzögerung begreife ich, dass er YouTube meint.

Der Taxifahrer gerät ins Schwärmen. Wenn er die Zeit zurückdrehen und noch mal neu anfangen könnte, würde er es dort tun. Begeistert erzählt er mir von den Anfängen Kliemanns. Vieles davon habe ich vorher selbst in Erfahrung gebracht.

Kliemann ist gelernter Mediengestalter und Mit-Inhaber einer Onlineagentur. Außerdem ist er erfolgreicher Musiker, Filmemacher, Entertainer, Schauspieler, Immobilieninvestor, Künstler und Unternehmer mit eigenem Modelabel. Über die exakte Anzahl seiner Firmen und Beteiligungen scheint er den Überblick verloren zu haben. In einem Interview sprach er von «mehr als acht» GmbHs.

Seine Karriere begann Kliemann mit dem Erwerb des abgelegenen Bauernhofs. Dort konnte er nach Herzenslust schrauben, basteln und schweißen, ohne jemanden zu stören. Um seinen Freunden und Bekannten die Ergebnisse seiner Basteleien zu zeigen, drehte er kleine Filmchen, die er auf YouTube hochlud. Das sprach sich auf der Video-Plattform rasch herum. Wenn Kliemann zu Hammer, Meißel und Flex greift, schauen sich das mittlerweile Tausende, manchmal Hunderttausende von Menschen an.

Zwischendurch startet Kliemann immer wieder spektakuläre

Kreativ-Projekte, bei denen auch die Finanzierung und betriebswirtschaftliche Umsetzung kreativ ist. Wenn Kliemann malt, musiziert oder bastelt, werden daraus allermeist kommerziell erfolgreiche Aktionen.

Unterdessen haben wir das *Kliemannsland* erreicht. Taxifahrer Günther, mittlerweile sind wir beim Du angelangt, steigt mit mir aus. Er will sich das Gelände anschauen und Kliemann um ein Selfie bitten.

Der kommt uns auf einem Einrad entgegengeradelt. Er trägt einen schwarzen Kapuzenpulli mit dem Schriftzug «Two Finger Records», eine orangefarbene Mütze mit dem Logo seiner Modemarke «Oderso» und eine Hose, die den Blick auf seine rosafarbenen Socken freigibt. Lässig hat er sich eine brennende Zigarette hinter das Ohr geklemmt. Er jongliert eine laufende Kettensäge, eine lodernde Fackel und einen Benzinkanister.

Er dreht sich zu ein paar Leuten im Hintergrund um und schreit: «Schaut her! Könnt ihr sehen, was ich mache? Filmt das! Schneidet die ganze Kacke mit. Das ist voll authentisch.»

Auf einmal geht alles schnell.

Kliemann stürzt, Kettensäge, Fackel und Kanister fallen zu Boden.

«Au! Fuck! Bastard! Fuck! Kack! Arsch! Piss! Ey, ohhh, Aua!»

Blitzartig breitet sich das Benzin auf dem Boden aus, die Zigarette fällt herunter, und Kliemann steht in Flammen. In wilder Panik läuft er Richtung Gartenteich und springt mit einem Bauchklatscher ins Wasser. Für drei Sekunden ist es vollkommen still auf dem Hof, dann taucht Kliemann wieder auf. Er ist von oben bis unten mit Schlamm bedeckt. Auf seinem Kopf sitzt ein Frosch und macht «Quak».

Kliemann brüllt über den Hof: «Hast du das drauf, Brian?» Als nicht sofort eine Antwort kommt, brüllt er erneut: «Ob du das drauf hast, habe ich gefragt!»

Das Benzin hat sich mittlerweile großflächig ausgebreitet. Die Flammen züngeln über den Boden. Beißender Treibstoffgestank breitet sich aus. Nach und nach erscheinen ein paar Leute, die erstaunlich ruhig, wenn nicht gelangweilt wirken. Es entsteht eine etwas träge Diskussion darüber, wie man das Feuer löschen soll. Manche plädieren für «brennen lassen», manche wollen «vielleicht doch irgendwann mal» die Feuerwehr rufen.

Kliemann ergreift die Initiative: «Dahinten liegen noch ein paar Säcke mit Streusalz. Die dürfen wir im Winter nicht mehr verwenden wegen öko und so. Die nehmen wir als Löschsand. Los gehts, Kette bilden!»

Günther und ich sind Teil der Löschaktion. Vorne steht Kliemann, reißt die Säcke auf und kippt das Salz in die Flammen. Alles zischt und qualmt. Plastikbeutel wehen über den Hof.

Irgendwann ist der Brand gelöscht, und alle applaudieren.

Kliemann begrüßt uns. «Hey, Taximann. Danke für deinen Support! Fahr deine Karre an die Seite und lass dir im Hofcafé ne Tasse Kaffee und ein Stück Kuchen geben. Geht auf mich, bist eingeladen!» Ich möge ihn in die Werkstatt begleiten.

«Echt fieser Tag heute. Gestern war alles chillig, aber heute geht das nur Bam Bam Bam. Überall bimmelts und bammelts, und jeder will irgendwas und so. Als ob dir einer mit Anlauf in die Fresse springt.»

Ich fühle mich mitschuldig und bitte ihn um Verzeihung.

Kliemann schaut mich warmherzig an:

«Du bist doch nicht gemeint, Alder.»

Er blickt an sich herunter und lacht:

«Ich sehe aus wie das Ungeheuer aus dem Sumpf – halb Mensch, halb Krokodil. Voll geil, oder? Aber langsam sollte ich den Schmodder wieder loswerden.»

Sein Blick irrt über das Gelände und bleibt an einer grünen Plastik-Regentonne hängen. Er geht hin und fasst ins Wasser.

«Brrrr. Arschkalt. Da geh ich nicht rein. Ich bin doch nicht bescheuert.»

Er ruft ein paar Helfer zusammen.

«Neues Projekt, Leute! Wir bauen einen Tauchsieder für die Regentonne. Wie ein Wasserkocher in der Küche, nur eben in groß und für draußen. Ole und Spike holen bitte die Messingrohre für die Heizspirale. Ich schweiße, und Brian filmt den Scheiß.»

Hektische Betriebsamkeit bricht aus. Es wird gewerkelt und hantiert, geschraubt und geklopft, gelötet und geschweißt. Eine halbe Stunde später ist alles fertig.

«So, jetzt ist der Moment gekommen. Jetzt ist die Suppe warm. Ich spring da von der Leiter aus mit nem Köpper rein! Alle Mann herschauen!»

In letzter Sekunde gelingt es einem Helfer, die improvisierte Heizspirale aus der Tonne zu ziehen. Kopfüber und vollständig bekleidet stürzt sich Kliemann von der Leiter in die Tonne und vollzieht unter Wasser geschickt eine Drehung.

Er taucht auf und strahlt uns an:

«Jetzt werden meine Klamotten auch sauber. Das spart jede Menge Waschmittel und Energie. Voll ökologisch, das Ganze!»

Langsam bildet sich um die Regentonne eine Pfütze.

«Scheiße, das Ding leckt. Das muss die Heizspirale gewesen sein. Die hat ein Loch ins Plastik gebrannt.»

Kliemann klettert aus der Tonne.

«Schmeißt das Ding auf den Müll dahinten. Halt, nein! Lasst die Tonne einfach da stehen. Wenn die getrocknet ist, repariere ich das mit etwas Gaffer-Tape und Spachtelmasse. Wenn wir da zwei Räder und einen Mofa-Motor anbauen, könnte das ein geiles Gefährt werden. Hab ich gerade voll Bock drauf.»

Zunächst wolle er sich jedoch umziehen.

«Du kannst ne Tasse Kaffee mit deinem Kumpel trinken.»

Ich will ihm erklären, dass es sich nicht um einen Freund, sondern einen mir unbekannten Taxifahrer handelt, doch Kliemann ist bereits verschwunden.

Im Café erkenne ich Günther kaum wieder. Er trägt eine Schürze mit dem Kliemannsland-Logo und hat eine weiße Serviette über den Arm gelegt. Förmlich fragt er mich, was ich zu trinken und zu essen gedenke.

Ich bin irritiert.

Günther sagt, er habe sich in der Zwischenzeit nützlich machen wollen. Außerdem liebe er diesen Ort.

Ich nehme Platz. Er bringt mir eine Tasse Schokolade und ein Stück Apfelkuchen.

«Die Äpfel stammen von unserem eigenen Hof», sagt Günther, und er klingt dabei, als ob er sie selbst geerntet hätte.

Wenige Zeit später erscheint der frisch umgezogene Finn Kliemann.

«Erst mal n Bier reindübeln.»

Wie er da so sitzt, mit wilden Haaren und unternehmungslustig funkelnden Augen, kommt er mir vor wie Huckleberry Finn beziehungsweise wie Mark Twains Jugendfreund «Tom Blankenship», der die Romanvorlage für den Jugendbuchklassiker lieferte.

Fynn Kliemann lacht.

«Ja, das könnte passen, dann aber nicht *Huckleberry Finn* mit I, sondern *Huckleberry Fynn* mit Ypsilon.»

Er schaut versonnen über sein Bierglas.

«*Huckleberry Fynn Kliemann*, geil! Ich seh den Schriftzug mit nem Retro-Font schon vor mir. Ich mail das gleich mal an meine Jungs und Mädels vom Merch. Die sollen das auf nen Hoodie flocken und das in den Shop packen. In spätestens zwei Stunden haben wir dafür zehn Vorbestellungen! Wirst sehen.»

Währenddessen habe ich gegoogelt und lese Kliemann die entsprechende Passage aus Mark Twains Autobiografie vor: «In Huckleberry Finn habe ich Tom Blankenship genau so gezeichnet, wie er war. Er war unwissend, ungewaschen und unzureichend ernährt, er hatte aber ein so gutes Herz wie nur irgendjemand. Seine Freiheit war schrankenlos. Er war der einzige wirklich unabhängige Mensch in der Gemeinde – ob Knabe oder Mann; folglich war er gelassen ohne Unterlass und wurde von uns anderen beneidet. Wir mochten ihn; wir genossen seine Gesellschaft. Und da uns der Umgang mit ihm von unseren Eltern verboten war, verdrei- oder vervierfachte das den Wert, und so suchten wir seine Gesellschaft häufiger als die jedes anderen Jungen.»

Kliemann blickt mich an: «Das klingt nett, aber ich würde mich eher mit Tom Sawyer vergleichen.»

Ich wechsele das Thema und frage ihn, wie viele Menschen für ihn arbeiten würden.

«Ach, insgesamt sind das bestimmt an die 40 oder 50 Leute über alle Firmen verteilt. Aber arbeiten ist der falsche Ausdruck. Wer hier ist, macht das, weil er das will und weil das sein Leben ist.»

Da steht auf einmal Günther, der Taxifahrer, am Tisch. Er wolle nicht stören, druckst er herum.

«Hau raus, Alter», ermuntert ihn Kliemann.

Günther fasst sich ein Herz und fragt, ob Kliemann ihn auf dem Hof gebrauchen könne. Er könne sich nichts Schöneres als ein Leben im Kliemannsland vorstellen. Außerdem habe er eine Handwerker-Ausbildung und sei vielseitig einsetzbar.

«Alter, das ist voll nett von dir. Aber momentan ist keine Stelle ausgeschrieben. Das muss ja auch alles bezahlt werden.»

Günther gibt nicht auf. Er wäre bereit, ein oder zwei Jahre kostenlos für Kliemann zu arbeiten. Er habe ausreichend Ersparnisse angesammelt.

«Bitte! Bitte! Bitte! Das ist mein größter Herzenswunsch.»

Er setzt sich neben uns und erzählt von seinen Ideen. Man könne das herumliegende Bobbycar mit einem Rasenmähermotor hochrüsten, das Karussellpferd auf den Gabelstapler montieren und die Schubkarre auf zwei E-Roller schweißen. Und dann alle drei Fahrzeuge in einem Rennen um den Gartenteich gegeneinander antreten lassen.

Kliemann schaut ihn mit leuchtenden Augen an:

«Voll geil, Alter, aber ich kann dich hier auch nicht unbezahlt arbeiten lassen. Wenn sich das herumspricht, hab ich wieder einen Riesen-Shitstorm an der Backe. Dann heißt es, dass ich die Leute ausbeute. Das würde mich angreifbar machen. Es gibt da höchstens eine Lösung, aber nein. Das kann ich dir nicht vorschlagen.»

Kliemann will aufstehen, aber Günther fleht ihn an.

«Bitte sag, was du dir gedacht hast!»

«Nein, das kann ich nicht. Das wäre zwar in deinem Sinn, aber die Leute würden das missverstehen.»

«Doch, bitte, sag es! Ich verspreche dir, das werden sie nicht. Ich werde es ihnen erklären.»

Kliemann seufzt und lehnt sich zurück:

«Wir könnten das natürlich so regeln, dass wir deine Beschäftigung als Seminar zur Lebensverwirklichung mit Kost und Logis deklarieren. Das heißt, du kannst hier arbeiten und würdest uns dafür jeden Monat einen bestimmten Betrag zahlen. Das müsste natürlich ein marktüblicher Preis sein, sonst meckert wieder irgendjemand. Ich sag mal 2500 Euro jeden Monat. Das wäre eine faire Sache für beide Seiten, aber hast du so viel Geld zur Verfügung? Das muss sich ja auch für dich rechnen.»

Günther ist wie im Rausch. Natürlich würde es das, ruft er begeistert. Das sei ihm sein Lebensglück wert – «locker».

Kliemann zaubert ein Notebook hervor und beide vertiefen sich über einem Vertragsformular. Ich will nicht indiskret sein, verlasse das Café und bummele über das Gelände.

Wenige Minuten später höre ich das Geräusch von berstendem Fensterglas.

Kliemann steht mit einem Golfbag vor dem Hofcafé. Er hat sich

Günthers Taxi als Ziel ausgesucht. Ein Ball nach dem anderen schlägt eine Delle ins Blech. Gelegentlich erwischt es eine Autoscheibe.

Günther steht daneben und filmt das Ganze mit dem Handy.

Zwischendurch spricht Kliemann in die Kamera: «Leute, das Video von der Aktion versteigere ich heute Abend im Rahmen einer kleinen Kunstauktion als NFT. Bietet aber nur darauf, wenn ihr es geil findet, und nicht, weil ihr auf die Wertsteigerung spekuliert, die sicher eintreten wird.»

Mittlerweile hat Kliemann das Handy übernommen und filmt Günther, wie er das Taxi mit Benzin überschüttet und anzündet.

«Das wird das zweite NFT. Ich nenne es *Burning Taxi*, und das Startgebot liegt beim Gebrauchtwert des Daimlers. Das ist nur fair. Wir nehmen übrigens auch Krypto.»

Kurze Zeit später hören wir das an- und abschwellende Signal eines sich nähernden Feuerwehrautos. Ein Löschzug der Freiwilligen Feuerwehr Zeven erscheint auf dem Hof.

Kliemann filmt weiter: «Geil, das wird der dritte Teil! Voll die NFT-Trilogie. Das wird episch.»

Blitzschnell haben die Feuerwehrleute einen Schlauch entrollt und den Brand gelöscht. Kliemann hat zwei Paletten Dosenbier aus einem Nebengebäude geholt und unter den jungen Männern verteilt. Alle sitzen um das kokelnde Wrack, unterhalten sich und sind guter Dinge. Ein Helfer hat einen Grill aufgebaut. Auf dem Rost brutzeln Bratwürste vor sich hin.

Günther sitzt neben Kliemann und redet auf ihn ein. Er habe eine herumstehende Pistenraupe entdeckt. Die könne man mit den Überresten des Taxis zu einer Taxi-Raupe zusammenschweißen und damit «durch den Ort knattern».

Kliemann ist begeistert von der Idee, will aber lieber Gitarre spielen.

«Nimm das mit dem Handy auf. Das Album wird *Taxi-Songs*

heißen. Davon koffern wir garantiert 100 000 Stück für 24,95 raus. Den Deal machen wir aber direkt mit dem Presswerk. Ich lass mich nicht von irgendeiner Plattenfirma verarschen, die da ihre Flossen drin hat.»

Mittlerweile ist es Abend geworden. Nach einigen weiteren Paletten Dosenbier haben die Feuerwehrleute beschlossen, Günthers Fahrzeug mit Benzin zu übergießen und erneut anzuzünden. Alle sitzen um das brennende Wrack, reden und lachen. Gelegentlich sieht man, wie eine leere Bierdose ins Feuer fliegt.

Es könnte gemütlich sein, doch der beißende Rauch der brennenden Autoreifen verursacht bei mir immer wieder Hustenanfälle, und so verabschiede ich mich.

Günther bietet mir an, einen seiner Taxi-Kollegen zu rufen, aber ich lehne ab. Es sind etwa zwei Stunden zu Fuß bis zum Bahnhof in Zeven. Das entspricht der Zeit, die ich brauche, um all das Erlebte zu verarbeiten, denke ich mir und wandere los.

Auf halber Strecke erinnere ich mich an den Moment, als ich mit Fynn Kliemann über Huckleberry Finn sprach. Ich frage mich, warum er mir als sein wahres Vorbild die Romanfigur Tom Sawyer nannte.

Zu Hause angekommen hole ich Mark Twains Klassiker der Jugendliteratur aus dem Bücherschrank und bleibe bei dem Kapitel hängen, in dem Tom Sawyer von seiner Tante verdonnert wurde, an einem Sommertag einen langen Zaun zu streichen. Seinen Freunden verkaufte er die Strafarbeit als den schönsten Genuss auf Erden, sodass sie nicht nur seine Arbeit übernahmen, sondern ihn dafür mit ihren wertvollsten Schätzen bezahlten.

Die Episode endet mit folgenden Worten:

«Und als der Nachmittag zur Hälfte verstrichen, war aus Tom, dem mit Armut geschlagenen Jungen mit leeren Taschen und leeren Händen, ein im Reichtum förmlich schwelgender Glücklicher geworden. Er besaß außer den Dingen, die ich oben angeführt, noch zwölf Steinkugeln, eine freilich schon etwas stark beschädigte Mundharmonika, ein Stück blaues Glas, um die Welt dadurch zu betrachten, ein halbes Blasrohr, einen alten Schlüssel und nichts damit aufzuschließen, ein Stück Kreide, einen halb zerbrochenen Glasstöpsel von einer Wasserflasche, einen Bleisoldaten, ein Stück Seil, sechs Zündhütchen, ein junges Kätzchen mit nur einem Auge, einen alten messingnen Türgriff, ein Hundehalsband ohne Hund, eine Messerklinge, vier Orangenschalen und ein altes, wackeliges Stück Fensterrahmen. Dazu war er lustig und guter Dinge, brauchte sich gar nicht weiter anzustrengen die ganze Zeit über und hatte mehr Gesellschaft beinahe, als ihm lieb war.»

Nachtrag: Weil ich die intensiven Eindrücke möglichst frisch verarbeiten will, sage ich alle privaten Termine ab, versage mir jeden Medienkonsum und sitze einen Tag und eine Nacht an der Reportage. Übernächtigt, aber stolz präsentiere ich unserem Redaktionsleiter die ausgedruckten Seiten.

Ohne einen Blick darauf zu werfen, fragt er, ob ich noch nichts gehört hätte von «der Sache mit Fynn Kliemann». Er erzählt mir irgendwas von ominösen Maskendeals, zerknirschten Geständnissen und verärgerten Sponsoren.

Ich verstehe nur die Hälfte und verlasse verstört das Büro.

Das Einzige, an das ich mich erinnere, sind seine Worte, als er die Reportage in kleine Teile riss und in den Papierkorb warf: «Die Geschichte brauche ich mir gar nicht durchzulesen. Die kann man ungelesen in die Tonne kloppen.»

DIETER BOHLEN

Auf dem Weg zum Verlag komme ich jeden Tag bei «Luigi» vorbei. Während der Wintermonate war das Eiscafé geschlossen und diente einem Händler als erweitertes Schaufenster für seine kratzigen Norwegerpullover, doch nun gibt es wieder hausgemachtes Eis, italienische Kaffeespezialitäten und fröhliche Gesichter.

Kurz vor Redaktionsschluss klopfen zwei Kolleginnen bei mir an. Ob ich Lust hätte, sie für einen Kaffee zu Luigi zu begleiten.

Ich blicke aus dem Fenster. Es ist einer dieser ersten Frühlingstage mit blauem Himmel und Sonnenschein. Die Arbeit stapelt sich bei mir, aber ich kann nicht widerstehen und sage zu. Eine halbe Stunde später sitzen wir vor dem Eiscafé inmitten der pulsierenden Fußgängerzone.

Die Zeit der Winterjacken, Wollmützen und Stiefel scheint vorbei. Die ersten mutigen Männer laufen im kurzärmligen Hemd oder Poloshirt herum. Die Frauen haben ihre Blusen und Sommerkleidchen aus dem Schrank geholt. Kinder rennen im T-Shirt über den Platz.

Vor jedem von uns steht ein überbordender und üppig dekorierter Eisbecher. Im Hintergrund schmachtet der unvermeidliche Eros Ramazotti sein «Se bastasse una bella canzone» aus den Lautsprechern. Wir fühlen uns wie im Urlaub, beobachten den urbanen Trubel und plaudern über Gott und die Welt. Meine Kolleginnen nippen an ihren winzigen Espresso-Tässchen, ich an meiner Cola.

Ich liebe den Duft von Kaffee, trinke aber keinen.

Die Zeit vergeht wie im Flug. Als wir aufbrechen wollen, bringt uns Luigi drei Limoncello. Weil ich auch keinen Alkohol trinke, reiche ich mein Glas an die Kolleginnen weiter. Darauf stellt Luigi ein viertes Glas des typisch italienischen Zitronenlikörs auf den Tisch.

«Damit die Damen sich nicht streiten mussen», fügt er augenzwinkernd und unter der für ihn typischen Vernachlässigung des «Ü»s hinzu.

In der Eisdiele hat jemand die CD gewechselt. Statt der üblichen Italo-Hits dröhnt Achtzigerjahre-Pop von *Modern Talking* aus den Boxen.

Lachend singen meine Kolleginnen den Refrain mit: «*Cheri Cheri Lady, Goin' through emotion, Love is where you find it, Listen to your heart.*»

Sie bezeichnen sich als Modern-Talking- und Dieter-Bohlen-Fans. Sie wüssten alles über den «Pop-Titan» und sein Œuvre!

Wegen seines provozierenden Auftretens in der Öffentlichkeit und seiner rüden Ausdrucksweise würden ihn viele Menschen unterschätzen, aber Bohlen sei nicht dumm, habe Betriebswirtschaftslehre studiert und einen Universitätsabschluss als Diplom-Kaufmann, erklären sie mir.

Detailreich erzählen sie mir von Bohlens Werdegang.

Nach dem Studium begann er bei einem Hamburger Musikverlag und arbeitete als Komponist und Songschreiber für viele Interpreten. Bei dieser Gelegenheit lernte er den Schlagersänger Thomas Anders kennen, mit dem er das Popmusik-Duo *Modern Talking* gründete. Bis zum endgültigen Bruch habe die Gruppe weltweit mehr als einhundert Millionen Tonträger verkauft.

Mit dem Aufkommen der Castingshows Anfang der 2000er-Jahre startete Bohlen eine weitere Karriere. Er wurde Juror der RTL-Sendung *Deutschland sucht den Superstar*. Von den Kandidaten gefürchtet, von den Zuschauern geliebt, beurteilte er den Gesang und das Auftreten der Teilnehmer in der für ihn typischen Direktheit. Seine Urteile waren oft vernichtend, demütigend und unter der Gürtellinie, aber die Kandidaten wussten, worauf sie sich einließen. So lautete jedenfalls die Verteidigungslinie, wenn wieder einmal ein Teilnehmer öffentlich bloßgestellt wurde.

Über achtzehn Staffeln war Bohlen Hauptjuror und prominentes Zugpferd der Sendung. Später kam die RTL-Castingshow *Das Supertalent* hinzu.

Bohlen unterhielt ausgezeichnete Kontakte zu den Boulevardmedien, die er mit allerlei Details und intimen Geständnissen aus seinem Privatleben versorgte.

Seine mit Unterstützung einer *Bild*-Journalistin verfasste Autobiografie verkaufte sich hunderttausendfach. Dort plauderte er über diverse On-Off-Liebeleien, lästerte über Promis und Gesangspartner und erzählte Anekdoten aus dem Showbusiness.

Zwei Jahrzehnte war Bohlen das prominente Gesicht von RTL, bis der Sender sich überraschend entschied, die Zusammenarbeit zu beenden. Trotzdem gibt es wohl immer noch Millionen von Fans, die ihrem Idol auf den sozialen Medien folgen und schauen, was ihr Dieter gerade macht. Meine beiden Kolleginnen gehören mit zu diesem Kreis, aber auf eine ironische Art, wie sie nun betonen.

Wir rufen Bohlens Instagram-Auftritt auf. Der neueste Post zeigt ihn in seinem Haus auf Mallorca.

«Du musst da hin und mit ihm sprechen! Wir wollen wissen, wie es ihm geht und was er gerade macht. Bitte! Bitte! Bitte!»

Ich runzele die Stirn und murmele etwas von fehlender Relevanz.

«Ach was, fehlende Relevanz ...», wischen sie meinen Einwand weg. «Wenn es danach geht, hättest du die Hälfte der Leute nicht interviewen dürfen.»

Das Argument ist nicht von der Hand zu weisen, denke ich, bin aber nach wie vor unwillig. Also verweise ich auf den finanziellen Aufwand und die klimaschädlichen Aspekte des Flugs: «Ich kann doch nicht für ein einziges Interview mal eben nach Mallorca fliegen.»

«Das lass gerne unsere Sorge sein», lautet die Antwort.

Mittlerweile ist es kühl geworden. Wir verabschieden uns und brechen in unterschiedliche Richtungen auf.

Tage später – ich habe den Vorgang längst vergessen – stürmen die beiden Frauen in mein Büro und legen triumphierend ein Stück Papier auf den Schreibtisch.

Es ist ein Flugticket nach Mallorca!

Hinter meinem Rücken haben sie mit unserem Redaktionsleiter gesprochen und ihn für die Idee begeistert. Nächste Woche sei ich auf der Insel: «Bei Dieter»!

Meinen Einwand bezüglich der Klimaschädlichkeit des Kurztrips könnten sie entkräften. Sie hätten privat die CO_2-Kompensation für den Flug übernommen: «Nun hast du keine Ausrede mehr!»

Mein anfänglicher Widerstand schmilzt dahin, und ehrlich gesagt bin ich sogar etwas gerührt von ihrem Engagement. Außerdem habe ich längst Gefallen an der Idee gefunden, was ich jedoch nicht zugeben mag.

Dieter Bohlen ist eine schillernde Figur des Pop-Business, dem nichts in die Wiege gelegt wurde und der sich alles hart erarbeiten musste. Es wäre hochinteressant zu erfahren, wie er im Alter auf sein Leben zurückblickt und welche Ratschläge er jungen Leuten für ihr Leben und ihre Karriere mitgeben kann.

Einige Tage später lande ich in Palma de Mallorca und verstehe angesichts der milden Luft und der vielen Palmen und Blumen jeden Deutschen, der in den kalten Monaten auf die Insel flieht.

Ein Taxi bringt mich in den Südwesten Mallorcas nach Santa Ponça. Hier hat der Popstar sein Luxusanwesen. Der Fahrer kutschiert mich durch die Villengegend und setzt mich vor einem riesigen Tor ab. Ich klingele, und wenige Sekunden später öffnet sich wie von Geisterhand die überdimensionierte Eingangspforte. Ich betrete einen tropischen Garten mit Palmen, Sträuchern und bunten Blumen.

Dieter Bohlen kommt mir entgegen. Er ist braun gebrannt und trägt einen Bademantel, dessen strahlendes Weiß nur vom Weiß seiner Zähne übertroffen wird.

Mit breitem Grinsen und norddeutschem Akzent begrüßt er mich: «Da bist du ja. Meeeega!»

Er führt mich durch den Garten zu einer überdachten Bar. Wir nehmen Platz.

Er brüllt durch den Garten: «Carina!!!»

Augenblicklich erscheint seine Frau: «Ja, Dieter?»

«Mach mal ne Pause vom Nixtun und mix uns zwei leckere Cocktails, also für mich und den Sängerknaben hier.»

Ich will ihr die Hand zur Begrüßung geben, doch Bohlen schlägt mir erbost auf die Finger: «Willst du wohl deine Pfoten von meiner Frau lassen?»

«Ich wollte keineswegs ...», setze ich zur Entschuldigung an, aber er unterbricht mich.

«Hahaha! War doch nur Spaß. Abgesehen davon hättest du das nicht überlebt. Ich kann das nicht ab, wenn jemand mein Auto, meine Frau oder andere Sachen von mir begrabbelt.»

Carina verschwindet hinter dem Tresen und gibt verschiedene Zutaten in einen Mixbecher.

Bohlen schaut mich an.

«Immer wieder werde ich gefragt: Dieter, wie kriegt man so viel Kohle? Wie kriegt man so viele Frauen? Wie kriegt man so viele Autos? Und wie machst du das, immer in den Medien zu sein? Die Zeit scheint jetzt einfach reif für ein paar Antworten. Frage eins bis drei wären schnell geklärt. Man muss ein bisschen Talent haben und natürlich arbeiten, arbeiten, arbeiten, arbeiten – dann kommt irgendwann auch die Kohle. Und wenn du Kohle hast, haste irgendwann auch Frauen und natürlich auch Autos. Und nun kommen wir zu Punkt vier. In die Medien kommen ist nicht so, wie man sich das vorstellt. Man sitzt nicht den ganzen Tag zu Hause und überlegt sich irgendwelche komischen Geschichten und ruft dann die Zeitung an. Geschichten erzählt nur das Leben. Wer keine Personality hat, kommt auch nicht in die Medien.»

Mir ist, als ob ich seine Worte schon mal gehört habe. Später zu Hause werde ich feststellen, dass sein Hörbuch mit exakt diesen Sätzen beginnt.

Carina überreicht uns die Cocktails. Ich tue so, als ob ich daran nippen würde, denn ich traue mich nicht zu verraten, dass ich keinen Alkohol trinke.

Genussvoll zieht Bohlen die Flüssigkeit durch den Strohhalm: «Megalecker! Wie Carina selbst, nicht?»

Er schaut mich fragend an. «Kannst ruhig zugeben, dass du sie geil findest!»

Ich zucke nervös, was er als Zustimmung missversteht: «Siehst du, war doch gar nicht so schlimm. Immer schön ehrlich bleiben!»

Er greift sich sein Handy. Es sei höchste Zeit für die tägliche Social-Media-Story. Er habe mehr als drei Millionen Follower. Die würden auf ein Lebenszeichen von ihm warten. Er spricht in die Kamera:

«Leute, das Leben hier auf den Malediven ist gar nicht so schlecht. In Deutschland hört man ja die ganze Zeit von allen Medien nur Inflation, Krieg, Corona, die Welt geht unter und was alles noch. Aber das Leben kann einfach auch prima sein. Seht mich an: Tolle Luft, die Sonne scheint einfach für jeden, und das ist toll. Das wünsche ich euch auch allen. Denkt dran, die Welt ist schön, nur die Medien machen sie manchmal so böse. Tschüss, und vergesst das Lachen nicht. Haha! Vergesst das Lachen nicht. Hahaha!»

«Malediven?»

«Klaro, denkst du, ich sag denen, wo ich wirklich bin? Bin ich bescheuert, oder was?»

Jetzt wolle er mit mir ins Studio. «Dafür bist du doch hergekommen, oder?»

Er stürmt voran ins Haus, ich folge ihm. Im hinteren Trakt der Villa befindet sich ein vollausgestattetes Tonstudio. Ich soll mir einen Kopfhörer aufsetzen. Er steht auf der anderen Seite hinter der Glasscheibe.

Offenbar denkt er, ich sei für Tonaufnahmen gekommen. Ich nehme meinen Mut zusammen und kläre den Irrtum auf.

Es stellt sich heraus, dass Bohlen mit der Ankunft eines hoffnungsvollen Gesangstalents gerechnet hatte, den ihm die Plattenfirma vorbeischicken wollte. Einen «Medienfuzzi» wie mich hätte er doch niemals in sein Privathaus gelassen, sondern sich außerhalb mit ihm verabredet.

Mir ist die Angelegenheit schrecklich unangenehm, und ich biete ihm an, augenblicklich das Haus zu verlassen.

«Nix da!», protestiert Bohlen. Er habe sich darauf eingestellt, Aufnahmen zu machen, und ich schulde ihm meine Mitarbeit. «Punkt!»

«Aber ich kann nicht singen», entgegne ich.

«Mach dir da mal keine Sorgen, das kann keiner, das macht alles

Onkel Dieter.» Lachend ergänzt er: «Ich würde auch fünf Kilogramm Hackfleisch in die Charts bringen.»

Er wirkt auf einmal nachdenklich: «Wir brauchen einen Song, der nicht irgendeine Geschichte, sondern deine Geschichte erzählt.»

Für ein paar Minuten setzt er sich an einen Tisch, kritzelt etwas, streicht und verbessert, bis er fertig ist. Er reicht mir das Papier. «Hier, das ist dein Song. Wie heißt du?»

Ich will antworten, aber er unterbricht mich: «Interessiert mich einen Scheiß, wie du heißt. Du heißt jetzt Roy!»

Er singt mir den Text vor, ich soll ihn einfach nachsingen. Ich beginne:

«I am Roy, the Newspaper Boy.»

Er unterbricht mich: «Moment, ich muss dich beschimpfen und erniedrigen, sonst kann ich nicht arbeiten.»

Er hat eine vollgeschriebene Karteikarte mit der Überschrift «Beschimpfungen mit Tierbezug» in der Hand und liest ab:

«Wenn ich meinem Hund ne Currywurst in den Hintern schiebe, dann macht der auch solche Geräusche. Wenn ich dich zum Singen in den Park stelle, dann bringen die Vögel die Kirschen vom letzten Jahr zurück! Wenn im Schweinestall die Sau rumgrunzt, findet der Eber das ja auch geil, aber ICH deshalb noch lange nicht.»

Ich singe die nächste Textzeile «I have news for you», da hält Bohlen bereits eine neue Karteikarte mit der Überschrift «Kulinarische Beleidigungen» in der Hand.

«Ich hab vorher Schnitzel mit Gurkensalat gegessen, und der Gurkensalat war musikalischer als du. Die Stimme, die du hast, reicht vielleicht zum Eier-Abschrecken. Also wenn du bei mir im Keller singen würdest, würden die Kartoffeln freiwillig geschält nach oben kommen. Und nun weiter. Zeit ist Geld!»

Ich singe: «I am in love with you.»

Bohlen stoppt mich und greift zur Karteikarte «Sexuelle Anspielungen»:

«Ich glaube, dass du zu den Leuten gehörst, die keine Ahnung von Musik haben und denken, die Zauberflöte ist von Beate Uhse. Nicht jeder Mensch mit Stimme kann Sänger werden. Jeder Mann hat einen Steifen, aber nicht jeder spielt im Porno mit. Nun mach endlich weiter, das kostet alles Geld hier.»

Ich räuspere mich und sehne das Ende herbei:

«I am Roy, the Newspaper Boy. I have news for you.»

Da ich zwei Sätze gesungen habe, besteht Bohlen darauf, jeden einzeln zu bewerten. Er blickt auf eine Karte mit der Aufschrift «Fäkal-Humor»:

«Bei mir kommen solche Geräusche aus anderen Öffnungen. Das klingt, als wenn sie dir den Arsch zugenäht haben und die Scheiße oben rauskommt. Wenn das Wetter so wäre wie deine Stimme, würde es Scheiße regnen!»

Nach einer kurzen Pause macht er weiter mit «Sonstige Körperausscheidungen, Blut und Sekrete»:

«Eine Stimme zum Niederknien, aber nur, damit man sich nicht auf die Füße kotzt. Wenn ich mir morgens einen Pickel ausdrücke, dann hat das mehr Power als deine Stimme. Im Recall würdest du nicht länger überleben als ein Tampon im Piranha-Becken!»

Trotz seiner drastischen Kritik scheint er zufrieden mit meiner Gesangseinlage. Er drückt ein paar Knöpfe, die Aufnahme sei hiermit beendet. Nun gehe es darum, aus einem Langweiler wie mir eine Künstler-Personality zu machen.

Ob ich eine Geschichte anbieten könne, die kommunizierbar und vermarktbar sei? Ein frühkindliches Trauma, ein Todesfall in der Familie, ein Beziehungsdrama oder eine Krankheit mit womöglich tödlichem Verlauf?

«Nicht, dass ich wüsste», druckse ich herum und komme mir wie ein Versager vor.

Bohlen hat eine Idee. «Wir machen dich zum Transgender. Ist gerade schwer angesagt, dieses ganze Queer- und LGB-Dingens-Gedöns.» Außerdem würde es zu mir passen: «Siehst eh nicht wie ein echter Kerl aus, wenn ich ehrlich bin. Hahaha!»

Plötzlich legt Bohlen seinen Bademantel ab und steht splitternackt vor mir. Mit einem schnellen Griff schiebt er Penis und Hoden nach hinten und presst die Beine zusammen.

«Jetzt bin ich die Dietlinde. Hahaha. Mach auch mal, damit ich mir das besser bei dir vorstellen kann.»

Ich bekomme eine Panikattacke, renne wortlos aus dem Raum und setze mich im Garten auf eine Steinmauer.

Als ob nichts vorgefallen wäre, erscheint Bohlen kurze Zeit später. Er hat sich umgezogen und trägt eine hellblaue, sportliche Shorts und darüber ein Poloshirt, auf dem in großen Lettern «Camp David» und allerlei andere, schwer entzifferbare Worte stehen.

Er habe «Mega-Bock», Tennis mit mir zu spielen, also fahren wir zu einem nahe gelegenen Tennisclub, «seinem» Tennisclub, wie er stolz anfügt.

Blitzschnell hat er sich umgezogen und streckt mir einen Leihschläger aus Holz entgegen. Ich habe große Schwierigkeiten auf dem Platz und knicke mit meinen Halbschuhen einige Male unangenehm um. Außerdem fehlen meinem geliehenen Schläger ein paar Saiten.

Bohlen gewinnt mit 6:0 und 6:0. Er reicht mir über dem Netz die Hand und fletscht die Zähne: «Ich will Erfolg. Ich weiß, dass das eine hochexplosive Aussage ist, aber für mich ist Erfolg das Maß aller Dinge. Erfolg ist geil! Ende der Durchsage.»

Nach der Tennis-Partie geht es zu einer Kart-Bahn in der Insel-Mitte, mit dem Mountain-Bike in die Berge und zum Jet-Ski-Fahren ans Meer. In allen Disziplinen bin ich ihm hoffnungslos unterlegen.

Zum Abschied empfiehlt mir Bohlen, an meiner Fitness zu arbeiten. Außerdem soll ich was für meine Optik machen. «Hol dir mal ne Zehnerkarte fürs Solarium. Siehst ja aus wie ein Eimer weiße Farbe.»

Ich übernachte in einem Billighotel an dem Strandabschnitt, den man Ballermann nennt, und nehme am nächsten Morgen die Frühmaschine gen Deutschland.

Als ich mittags in der Redaktion eintreffe, stürmen meine beiden Kolleginnen auf mich zu.

Sie sind völlig außer sich: «Ihr seid auf Platz 38 in den Charts!»

Sie haken sich bei mir ein und singen: «I am Roy, the Newspaper Boy. I have news for you. I am in love with you. I am Roy, the Newspaper Boy.»

Ich müsse ihnen unbedingt erzählen, wie es beim Pop-Titan war, ob es stimmen würde, was Dieter im Fernsehen erzählt habe, dass ich seine Carina angegraben habe, und warum ich ihnen nicht verraten habe, dass ich transgender sei.

CHRISTIAN LINDNER

Wer weiß, wo Wermelskirchen liegt?», fragt unser Redaktionsleiter in die Runde. Alle schweigen.

Von hinten ist die Stimme eines Kollegen zu hören: «Wermelskirchen ist eine Mittelstadt in Nordrhein-Westfalen südöstlich von Remscheid im Rheinisch-Bergischen Kreis mit den Ortsteilen Dhünn und Dabringhausen im Naturpark Bergisches Land. Die Entfernung zu Köln beträgt rund 35, die zu Düsseldorf etwa 45 Kilometer. Die benachbarten Kommunen heißen Remscheid, Hückeswagen, Wipperfürth, Kürten, Odenthal, Burscheid und Solingen. Das Stadtbild wird durch altbergische Schiefer- und Fachwerkhäuser geprägt.»

Angesichts dieses enormen geografischen Detailwissens komme ich mir wieder einmal äußerst ungebildet vor und drehe mich anerkennend zu dem Kollegen um, der in dem Moment sein Handy in die Sakkotasche zurückschiebt.

«Nachdem ihr nun Bescheid wisst», fährt unser Redaktionschef fort, «bleibt die Frage, wer von euch dort hinfährt. Es ist ein Überraschungstermin. Gibt es irgendwelche Freiwilligen?»

Auffordernd wandert sein Blick durch den Raum. Er will partout nicht verraten, worum es geht.

Ehe er eines seiner gefürchteten Ratespiele daraus macht, die bei mir Anflüge von Fremdschämen auslösen, hebe ich den Finger.

Er strahlt mich an:

«Herzlichen Glückwunsch! Du reist nach Wermelskirchen und wirst dort unseren Finanzminister treffen.»

Kurz zucke ich zusammen, versuche aber, mir meinen Schreck nicht anmerken zu lassen.

Ich verstehe nichts von Finanzpolitik und bin weit entfernt davon, mich mit Lindner auf Augenhöhe über Dinge wie die aktuelle Neuverschuldung, Risikoaufschläge auf Staatsanleihen oder die Vor- und Nachteile restriktiver Fiskalpolitik zu unterhalten.

Doch darum geht es zum Glück nicht.

«Lindner kehrt nächste Woche für einen Vortrag an sein altes Gymnasium in Wermelskirchen zurück. Ich bin sicher, dass dabei Stoff für uns abfällt. Setz dich dazu, mach dir Notizen und rede mit ihm. Der Termin steht bereits.»

Langsam erwärme ich mich für die Idee. Die Zeitreise eines Ministers an seine alte Schulstätte könnte Material für ein Porträt liefern, das sich von den üblichen Texten über Politiker abhebt. Außerdem würde ich gerne das Bild des öffentlichen Christian Lindners mit der Wirklichkeit abgleichen; seine ikonischen Schwarz-Weiß-Fotos aus dem Wahlkampf mit den bunten Bildern der Realwelt in Übereinstimmung bringen.

Wie bei jedem Interview lese ich mich vorher ein.

Schon während seiner Schulzeit startete Lindner eine vielversprechende Karriere als Unternehmensberater. Auf den schulischen Erfolg wirkte sich das unternehmerische Engagement überraschenderweise nicht nachteilig aus. Auf seinem Abiturzeugnis stand später ein Notendurchschnitt von 1,3.

Im Alter von 14 Jahren soll Lindner seine Liebe zur FDP entdeckt und erste Kontakte zur Partei geknüpft haben. Das sollte sich wenig später auszahlen: Seinen Zivildienst leistete er als Hausmeister bei der FDP-nahen Friedrich-Naumann-Stiftung ab. Nicht aus Gewissens-, sondern aus rein praktischen Gründen, wie er später erklärte. Es habe ihm ermöglicht, weiter seiner unternehmerischen Tätigkeit nachzugehen.

Anschließend widerrief Lindner seine Kriegsdienstverweigerung, bewarb sich als Reserveoffizier und arbeitete sich bis zum Major der Reserve hoch. Parallel kletterte er bei der FDP die Karriereleiter hinauf: Mit 19 Jahren im Führungsgremium der FDP Nordrhein-Westfalen, mit 21 jüngster Abgeordneter im Düsseldorfer Landtag, mit 30 Generalsekretär der FDP, mit 34 ihr Bundesvorsitzender. Wie in Siebenmeilenstiefeln eilte Lindner von Erfolg zu Erfolg.

Unternehmerisch ist seine Bilanz durchwachsen. In jungen Jahren gründete er mit zwei Kompagnons eine Internetfirma, die rasch in die Insolvenz geriet. Ein großer Teil des millionenschweren Fremdkapitals soll als Gehälter an die drei jungen Geschäftsführer geflossen sein.

Im Jahr 2017 hatte er als FDP-Chef die Chance, in einem Jamaika-Bündnis aus Schwarz, Gelb und Grün Regierungsverantwortung und einen Ministerposten zu übernehmen, doch für viele überraschend kündigte er die Sondierungsverhandlungen auf. Sein Satz «Es ist besser, nicht zu regieren, als falsch zu regieren» wurde zum geflügelten Wort und für und gegen ihn verwendet. Einige preisten ihn für seine Konsequenz, andere warfen ihm Verantwortungslosigkeit vor. Vier Jahre später trat die von ihm geführte FDP in die Ampel-Koalition aus Rot, Gelb und Grün ein und Lindner übernahm den Posten des Finanzministers.

Lindner ist mit einer Journalistin verheiratet, hat keine Kinder und liebt Autos, Boote und die Jagd.

Diese Informationen sollen mir als grobe Orientierung genügen, denke ich und mache mich zwei Wochen später auf den Weg nach Wermelskirchen.

Wenige Minuten vor Vortragsbeginn betrete ich die Schule. Im Foyer weisen Schilder auf die Veranstaltung hin. Ich folge den Pfeilen und gelange in einen Innenhof mit einer Bühne und gut gefüllten Stuhlreihen. Zum Glück entdecke ich einen freien Sitz in der ersten Reihe und nehme Platz.

Ich blicke mich um. Hier scheint die komplette Oberstufe versammelt zu sein und hat sich fein zurechtgemacht – die Jungs im Sakko, die Mädchen im Kleid oder in Rock und Bluse. Es herrscht munteres Plaudern. Ich kann die Szenerie nur kurz auf mich einwirken lassen, da verdunkelt sich das Saallicht, und Christian Lindner betritt die Bühne.

Der Schüler neben mir beginnt enthusiastisch zu klatschen, der Saal stimmt mit ein.

Wie Lindner in seinem dunklen Anzug und dem weißen Hemd vor uns steht, könnte er einen deutschen James Bond abgeben. Die Haare liegen perfekt, er ist sonnengebräunt und schaut uns gut gelaunt und herausfordernd mit leuchtend blauen Augen an.

Nach einer herzlichen Begrüßung erklärt er den Ablauf des Abends. Im ersten Teil des Vortrags gehe es um seine Vita. Das schulde er seiner alten Schule und der anwesenden neuen Schülergeneration. Im zweiten Teil spreche er über das Thema seines Lebens: die Freiheit und deren größte Bedrohung, die Verbotskultur.

Wie angekündigt beginnt er mit Geschichten aus seiner Schulzeit und seiner Firmengründung in der 13. Klasse. Er könne jedem der anwesenden Oberstufenschüler und -schülerinnen nur Mut machen, beizeiten unternehmerisch tätig zu werden. Das Alter sei kein Hinderungsgrund:

«Wenn man im Gespräch überzeugt durch Leistung, gerade auch durch Kompetenz, die nicht akademisch domestiziert ist, dann sagt der Kunde: Wir haben den richtigen Fang gemacht!»

Mut und Tatkraft seien die Devise!

«Viele haben nicht das Selbstbewusstsein, auch gegenüber nem mitfünfzigjährigen Geschäftsführer zu sagen: *Das, was Sie bislang gemacht haben, das sind überkommene Strukturen. Die haben Ihnen in der Vergangenheit Erfolg gesichert, können ihn aber in der Zukunft nicht mehr garantieren. Sie müssen umdenken!*»

Das Äußere würde das Innere widerspiegeln.

«Wenn Schüler sehr aktiv sind, wenn sie leistungsbereit sind, sehr motiviert sind, wenn sie auch mal mit Krawatte in die Schule gehen, dann hat das Auswirkungen auf ein pädagogisches Klima, meint man.»

Die Schulzeit sei für ihn oft eine Qual gewesen.

«Wenn man in der Schule sitzt und man sitzt seine Zeit ab und weiß, dass man telefonieren, den Kunden besuchen oder Arbeit erledigen müsste, dann kommt man sich so vor, als sei die Zeit durch den Schredder gelaufen.»

Zum Schluss hat er ein paar allgemeine Ratschläge für die Schüler und Schülerinnen:

«Der eine wartet, dass die Zeit sich wandelt, der andere packt sie an und handelt. Meine Maxime: Ran an die Arbeit – Arbeit bewältigen! Probleme sind nur dornige Chancen.»

Stolz schaut er ins Publikum und wartet den Applaus ab.

Mein Sitznachbar dreht sich nach hinten zu einem Mitschüler und deutet auf sein Handy: «Lol, Alter. Das waren eins zu eins die Worte, die er in einem Interview mit 18 hier an der Schule rausgehauen hat. Eins zu eins. Kann man auf YouTube nachschauen.»

Wir sind beim zweiten Teil des Vortrags angelangt. Lindner hält eine flammende Rede über die Freiheit. Dabei handele es sich nicht nur um ein Wort: «Freiheit ist ein Lebensgefühl. Freiheit ist der zentrale Ausgangspunkt und Wert unserer Demokratie.»

Der Staat solle sich so wenig wie möglich in das Leben seiner Bürger einmischen. Verbote seien kontraproduktiv und freiheitseinschränkend.

Lindners Performance als Redner ist beeindruckend. Er hält den Blickkontakt, wandert lässig auf der Bühne hin und her und redet frei und ohne Manuskript.

Selbst als unabhängiger Beobachter fühle ich mich von seinem Plädoyer für die Freiheit abgeholt, empfinde sogar etwas wie Sympathie für ihn und klatsche zum Schluss begeistert mit.

Nun seien wir beim Fragenteil angelangt, erklärt Lindner. Um zu beweisen, dass Verbote der Freiheit entgegenstehen würden, habe er vor der Veranstaltung darum gebeten, ihm Verbote zu nennen, die auf den Prüfstand gehören. Er würde dann erklären, warum die Verbote unnötig seien. Einer der Schüler, er deutet auf meinen Sitznachbarn, habe Vorschläge gesammelt und eine Auswahl getroffen.

Der Schüler holt ein Ringbuch aus dem Rucksack, geht auf die Bühne und tauscht am Rand einige Worte mit Lindner aus. Die Atmosphäre scheint kurzzeitig angespannt, aber aus der Entfernung lässt sich das schwer einordnen.

Beide treten ins Rampenlicht zurück und nehmen in der Bühnenmitte auf zwei eilig herbeigeschafften Stühlen Platz.

Als Erstes sei der Themenkomplex «Auto und Verkehr» dran, moderiert der Schüler die Fragerunde an.

Er schaut in seine Kladde.

Jemand habe gefragt, ob man wirklich verbieten müsse, alkoholisiert Auto zu fahren, und ob dies nicht ein typischer Fall von Eigenverantwortung sei.

«Sie haben vollkommen recht. Außerdem schädigt ein derartiges Verbot unsere Volkswirtschaft. Keinem ist damit gedient, wenn wir den Spirituosenhandel mit unsinnigen Limitationen und Regularien seiner Wettbewerbsfähigkeit berauben. Wir brauchen mehr Vertrauen in das Individuum!»

Daran schließt sich die Frage an, wie Lindner zum Verbot von bleihaltigem Benzin stehe.

Die Antwort kommt wie aus der Pistole geschossen:

«Die Verteufelung von Chemie nimmt groteske Züge an. Ich weiß, in Ihrer Welt würde man die Autos am liebsten mit Mineralwasser betanken, und selbst dann würde sich irgendein grünes Analyselabor finden, das über den zu hohen Magnesium-Wert meckert.»

Nun leitet der Moderator zum Sachgebiet «Wirtschaft und Steuern» über und fragt Lindner, wie er zu Steuerhinterziehung stehe.

«Wenn wir wollen, dass in Deutschland Steuern gezahlt werden, dürfen wir Steuerhinterziehung nicht sanktionieren, denn die sorgt mittelbar für Steuerflucht in andere Länder. Und damit kann keinem gedient sein.»

Auf das Thema Geldwäsche angesprochen, reagiert er in scharfem Tonfall:

«Sie verwenden da ein Framing, das unterstellt, dass es *schmutziges* Geld gebe. Die Akteure im Markt mögen interessengeleitet handeln. Geld per se ist jedoch neutral und muss sich keiner moralischen Bewertung unterziehen. Alles andere ist ein Mythos der links-grünen Twitter-Bubble.»

Die nächste Frage widmet sich dem Mindestlohn und dem Verbot, diesen zu umgehen.

«Kaum etwas ist so arbeitnehmerfeindlich wie der sogenannte Mindestlohn. Er unterbindet den freien Wettbewerb der Beschäftigten untereinander und verbietet es ihnen, unternehmerisch nach den Gesetzen von Angebot und Nachfrage zu handeln. Diese Motivationsbremse muss weg!»

Wir sind beim Themenbereich «Natur und Umwelt» angelangt. Die erste Frage dreht sich um die Ganzjahresfütterung von Vögeln.

«Das Füttern von Vögeln ist eine verdeckte Subventionsleistung, die wir ablehnen. Solche Subventionen kosten viel, nützen meist nur wenigen und schaden dem Gemeinwohl. Wir müssen Anreize setzen, dass sich die Vögel eigenverantwortlich um ihr Futter kümmern.»

Er wird gefragt, ob es verboten gehöre, seinen Ölwechsel im Wald durchzuführen.

«Ich wüsste nicht, warum man ausgerechnet heute untersagen sollte, Altöl im Wald abzulassen. Wir sind Millionen Jahre ohne ein derartiges Verbot ausgekommen, und es sind immer noch genug Bäume für alle da. Hahaha!»

Jetzt gehe es um Fragen der körperlichen Integrität, führt der Moderator aus und nennt das Verbot von Organhandel. Lindner ist skeptisch:

«Die Marktwirtschaft hilft uns, schnell Lösungen für die Herausforderungen der Zukunft zu entwickeln. Das gilt insbesondere für den Handel mit Organen. Wer hier vonseiten des Staates eingreift, sorgt dafür, dass Menschen sterben.»

Auch das Verbot von Mord müsse auf den Prüfstand, denn Eingriffe in Grundrechte müssten verhältnismäßig sein.

«Wer diesen Grundsatz infrage stellt, betreibt autoritäre Politik. Außerdem, das mag dem einen oder anderen makaber erscheinen, aber es ist nun mal so, sorgt jeder Mord für zusätzliche Impulse im Bestattungsgewerbe.»

Der junge Moderator blättert in seinem Ringbuch. Was Lindner sagen würde, wenn jemand kurzärmlige Hemden und das Tragen von Sandalen verbieten wolle.

«Verbote von kurzärmeligen Hemden schaffen nicht einen einzigen zusätzlichen Quadratmeter mehr an Schrankplatz. Wir müssen andere Lösungen für bezahlbaren Schrankraum zuwege bringen, statt den Leuten ihre Hemden wegzunehmen. Und wegen der Sandalen mit Socken kann ich Ihnen versichern, dass dies nicht meinem Stil entspricht. Trotzdem halte ich nichts von Bekleidungsverboten, sondern verweise in diesem Zusammenhang gerne auf Voltaire: *Ich mag verdammen, dass du Sandalen mit Socken trägst, aber ich werde mein Leben dafür einsetzen, dass du sie tragen darfst.*»

Er lacht. Alle lachen mit.

Nun taucht die Frage auf, wie Lindner dazu stehe, wenn Politiker oder deren Mitarbeiter ihren eigenen Wikipedia-Beitrag fälschen.

Lindner ist plötzlich ernst, hoch konzentriert und scharf im Ton. «Sehen Sie, das Wort *Fälschen* gefällt mir in diesem Zusammenhang nicht. Es geht um die Rückeroberung der Deutungshoheit über die eigene Biografie, und ich kann darin nichts Schädliches erkennen. Und nebenbei bemerkt: Nichts repräsentiert den Erfinder- und Unternehmergeist der derzeitigen Generation mehr als die kreative Ausgestaltung von Erwerbsbiografien. Wenn wir die Zwanzigerjahre zu einem Gestaltungsjahrzehnt machen wollen, sollten wir dies nicht unterdrücken, sondern honorieren.»

Wir sind am Schluss angelangt. Unser Moderator bedankt sich bei Lindner für die erschöpfenden Auskünfte. Der Nachmittag habe allen Anwesenden großen Spaß gemacht, er bitte um einen Riesenapplaus für den prominenten Gast.

Nachdem der Beifall abgeebbt ist, versuche ich, zu Lindner zu gelangen, doch ein Leibwächter weist mich ab. Ratlos verlasse ich Saal und Schule. Lindner muss einen anderen Ausgang genommen haben, denn er steht bereits vor der Tür und drückt jedem der herausströmenden Schüler und Schülerinnen einen Briefumschlag in die Hand.

«Ein Flyer mit Informationen über mich und die Partei der Freiheit. Aber ich will Sie nicht in Ihrem Wahlverhalten beeinflussen. Hahaha. War gelogen, will ich natürlich schon. Hahaha.»

Auf einer Bank gegenüber hat es sich mein Sitznachbar mit einigen Freunden gemütlich gemacht. Einer der Jungs öffnet seinen Briefumschlag, und wie in Zeitlupe fallen ein Zwanzig- und ein Zehneuroschein zu Boden und wehen mir entgegen.

Ich hebe die Geldscheine auf und überreiche sie dem Eigentümer. Wie der Zufall es will, komme ich mit den Jungs ins Gespräch. Es stellt sich heraus, dass mein Sitznachbar sich Anfang der 13. Klasse als Eventmanager selbstständig gemacht hat und für die Organisation des Nachmittags zuständig war.

Ich frage ihn, wie es dazu gekommen sei.

Er habe es auf die Weise getan, wie Lindner es im Alter von 18 Jahren gemacht hätte. *Die Deutsche Welle* habe damals ein Porträt über Lindner drehen wollen. Darauf habe der junge Lindner ein Schulzimmer gemietet und seine Klassenkameraden als Statisten im Bild platziert. Ähnliches habe er Lindner als Dienstleistung angeboten und prompt die Zusage bekommen.

Ich bin perplex.

«Das heute waren aber keine Komparsen, oder?»

Er grinst mich an: «Denken Sie allen Ernstes, zu dem Termin wäre irgendjemand von uns freiwillig gekommen? Denken Sie im Ernst, jemand hätte sich freiwillig diese Klamotten angezogen? Denken Sie im Ernst, jemand hätte sich das alles unbezahlt angetan?»

«Und als Sie auf der Bühne waren und mit Lindner gesprochen haben?»

«Da habe ich das Honorar neu verhandelt. Für jeden von uns 30 statt der ursprünglich vereinbarten 10 Euro, und für mich eine Fulfillment-Prämie von 500 Euro. Sonst hätte ich alle vorzeitig nach Hause geschickt. Lindner hatte akuten Bedarf und konnte zu dem Zeitpunkt schwer Vergleichsangebote einholen. Er musste zustimmen. Das ist das Gesetz von Angebot und Nachfrage. So funktioniert unsere Marktwirtschaft.»

Ich bin fassungslos. Mein Blick wandert zwischen ihm und Lindner hin und her, der weiter damit beschäftigt ist, Briefumschläge zu verteilen. Ich frage ihn, ob er gar kein schlechtes Gewissen habe, dass er die Vereinbarung gebrochen und Lindners Notlage ausgenutzt habe.

In aller Ruhe zündet sich der Schüler eine Zigarette an und antwortet mit verstellter Stimme:

«Der eine wartet, dass die Zeit sich wandelt, der andere packt sie an und handelt. Meine Maxime: Ran an die Arbeit – Arbeit bewältigen! Probleme sind nur dornige Chancen.»

THOMAS GOTTSCHALK

Unsere Redaktionssitzungen sind trotz Tagesordnung und Protokoll lockere Zusammenkünfte im kollegialen Kreis. Dies ändert sich an den Tagen, an denen ausnahmsweise der Verlagsleiter anwesend ist. Dann wird aus dem Routinetermin ein Prüfungstermin, und unser Redaktionsleiter kompensiert seine Nervosität mit einem Übermaß an Ernst und Beflissenheit, spricht in gestelztem Schriftdeutsch und bittet uns umständlich um «Inkenntnissetzung des aktuellen Sachstands».

Das führt dazu, dass selbst triviale Themen weitschweifig und in ermüdender Ausführlichkeit vorgestellt und mit einer Bedeutung aufgeblasen werden, die sie nicht verdienen.

Als ich nach meinen nächsten Interviewvorhaben gefragt werde, verfalle ich automatisch in das gleiche Umständlichkeitsmuster, laviere mich aber irgendwie durch. Unser Redaktionschef nickt und leitet zum nächsten Ressort über. Augenblicklich fällt die Spannung von mir ab, und ich höre nicht mehr konzentriert zu. So bekomme ich nicht mit, warum alle auf einmal über Thomas Gottschalk reden.

Unser Verlagsleiter schwelgt in Erinnerungen. Es fallen die üblichen Stereotype. Die von Gottschalk moderierte Fernsehsendung *Wetten dass ..?* sei lange Zeit «das Lagerfeuer der Nation» gewesen, um das sich die ganze Familie versammelt habe. Er könne sich gut daran erinnern, wie er und seine Geschwister frisch gebadet und mit flauschigen Frottee-Schlafanzügen vor dem Fernseher gesessen und fasziniert dabei zugeschaut hätten, wie ein Baggerfahrer mit der Schaufel seiner Baumaschine ein Feuerzeug entzündet, Basketbälle im Korb versenkt oder Fischstäbchen in der Pfanne gewendet habe. Über Jahrzehnte habe Gottschalks Samstagabendunterhaltung die Nation geeint und in einen Zustand wohliger Glückseligkeit versetzt.

Jeder im Raum verbindet mit dem TV-Format angenehme Erinnerungen. Es ist, als ob jemand einen Kübel Nostalgie ausgekippt hätte. Gottschalks extravagante Kleidung, die prominenten Wettpaten, die Auftritte internationaler Stars, die Wahl des Wettkönigs, die regelmäßig überzogene Sendungsdauer – kein Aspekt bleibt unerwähnt. Und natürlich erinnern sich alle an die außergewöhnlichen Wetten.

«Wisst ihr noch, wie jemand eine Wärmflasche durch Aufpusten zum Platzen brachte? Wie irgendwelche Leute dreißig Bierkästen aufeinanderstapelten? Oder wie der LKW-Fahrer sein Fahrzeug auf vier Biergläsern parkte?»

Über einen Zeitraum von mehr als zwei Jahrzehnten und mehr als 150 Folgen moderierte Gottschalk die Show und habe damit «das Unterhaltungsfernsehen geprägt wie kein anderer vor oder nach ihm», schwärmt unser Verlagsleiter.

Gottschalk war schon vor langer Zeit nach Kalifornien übergesiedelt und hatte im sonnigen Malibu ein stolzes Anwesen erworben. Dort hätte er die Zeit nach seinem Ruhestand genießen können, doch es kam anders: Sein Domizil brannte ab, und er verliebte sich nach langen Ehejahren in eine andere Frau. So kehrte er – für viele überraschend – nach Deutschland zurück.

Hier geriet er sofort ins Zentrum des öffentlichen Interesses, wobei es Gottschalk den Medien mit seiner quirligen Fröhlichkeit und aufgeschlossenen Zugewandtheit leicht machte. Er wirbelte durch die Formate, bespielte die sozialen Medien, war zu Gast bei Shows, Talks und Panels und moderierte mit großem Erfolg die *Wetten, dass ..?*-Jubiläumsshow.

Das sei der Beweis, dass Gottschalk auch im fortgeschrittenen Alter generationenübergreifend beliebt sei, erklärt unser Verlagsleiter und schaut dabei unseren Redaktionschef an: «Ich will Ihnen nicht ins Tagesgeschäft funken, aber ein Gottschalk-Porträt würde sicher viele Abnehmer am Kiosk finden.»

«Natürlich!», stimmt dieser beflissen zu. «Wir setzen da noch heute unseren besten Mann drauf an.» Er deutet auf mich.

Ich fühle mich angesichts des Superlativs geehrt, aber für diese Art von Porträts gibt es in unserer Redaktion nur mich. Insofern ist die Auszeichnung zwar zutreffend, aber nur bedingt aussagekräftig.

In den nächsten Tagen muss unsere Redaktionsassistenz Himmel und Hölle in Bewegung gesetzt haben, um mir einen Termin bei Thomas Gottschalk zu organisieren. Und so kommt es, dass ich bereits kurze Zeit nach unserer Konferenz unterwegs nach Köln bin, in die Hauptstadt des Privatfernsehens.

Gottschalk und ich sind im Savoy Hotel verabredet, einer von außen trostlos wirkenden, aber hochklassigen Edel-Herberge direkt an einer viel befahrenen Straße. Das Savoy genießt bei Promis und Medienleuten einen legendären Ruf. Hier quartieren die Fernsehproduktionen ihre Stars und Sternchen ein. Hier schläft man Zimmer an Zimmer mit Bambi-Besitzern, Goldene-Kamera-Gekrönten und Oscar-Prämierten. Hier kann man an der Hotelbar im obersten Stock den Leuten begegnen, die man sonst nur vom roten Teppich kennt.

An eben jener Bar bin ich mit Gottschalk verabredet.

Ich betrete das Hotel, fahre mit dem Aufzug nach oben und bin positiv überrascht. Der Raum ist geschmackvoll dekoriert und stimmungsvoll ausgeleuchtet. Der Innenarchitekt hat ganze Arbeit geleistet: die Sitzmöbel in rotem Samt und Plüsch, Akzente in Gold und Glas, violette Leuchtstreifen, und an den Wänden großformatige und farblich in Szene gesetzte Fotografien von Marlene Dietrich, Romy Schneider und Maria Callas. Ich fühle mich wie in einer anderen Welt.

Thomas Gottschalk sitzt an der Bar und winkt mir zu, ich hätte ihn aber auch ohne diese Geste bemerkt. Er trägt ein goldschimmerndes Barock-Sakko, einen mit Pailletten besetzten Schottenrock samt geblümter Strumpfhose, an dem einen Fuß einen Gummistiefel mit Louis-Vuitton-Aufdruck, an dem anderen Fuß einen Westernstiefel im Cowboy-Stil. Passend dazu trägt er rosarote Handschuhe, eine neongrüne Fliege und einen Zweispitz, den man auch unter dem Namen Napoleons-Hut kennt. Vor ihm steht eine große Glasschüssel mit Gummibärchen.

Weil ich aufgeregt bin, stelle ich mich eine Spur zu förmlich vor und deute eine Verbeugung an.

Gottschalk begrüßt mich auf seine bekannt herzliche Weise:

«Ja, Grüß Gott, willkommen hier in ... Ja Servus, Herrschaftszeiten, wenigstens das hätte ich mir merken können.»

Ehe ich «Köln» antworten kann, redet er weiter und bietet mir das Du an:

«Den Herrn Gottschalk lassen wir mal schön stecken. Ich bin der Thommy, war der Thommy und werde, jedenfalls solange der Herrgott mir dies gestattet, auch weiter der Thommy sein.»

Ich will ihm ebenfalls das Du anbieten, komme aber nicht dazu, denn Gottschalk möchte etwas essen.

«Keine Ahnung, wie es Ihnen geht, aber ich bin hungrig.»

Wir wechseln vom Tresen an einen kleinen Tisch. Gottschalk winkt einen Kellner herbei.

«Bringen Sie mir ein Zi…, ein Zi…». Immer wieder bricht er ab. Der Ober schaut ihn ratlos an und fragt:

«Ziegenkäse? Zitronensorbet? Zimtkuchen?»

«Ach was, Herrschaftszeiten. Bringen Sie mir einfach ein Schnitzel nach ungarischer Art.»

Der Ober verschwindet.

Gottschalk rollt mit den Augen. Einmal habe er im WDR bei einer Talkshow das «Z-Wort» benutzt. «Da war was los, das kann ich Ihnen sagen! Die haben mich fast gelyncht. Kam mir vor wie ein Schwarzer in den Fängen des Ku-Klux-Klans.»

Ich erinnere mich an den Vorfall und die anschließende Diskussion, in die sich später der Zentralrat der Sinti und Roma eingeschaltet hatte. Ich frage ihn, ob es ihm leidtue, dass er mit seiner Wortwahl womöglich Menschen verletzt habe, und ob er die Notwendigkeit für eine Richtigstellung oder Entschuldigung sehen würde.

«Herrschaftszeiten, das muss mir doch nicht leidtun. Das sind Dinge, wo ich sage, ich habe nichts Böses auch nur ansatzweise damit gesagt oder gemeint. Und von den zwei Millionen Problemen, die unsere Welt hat, gehört das Problem, um das es ging, ungefähr auf Platz 987321. Die meisten, die sich darüber beschwert haben, waren ja nicht mal betroffen. Und die zwei, drei Hanseln, die sich betroffen gefühlt haben … ja, mei … Da halte ich mich lieber an die, die sagen: *Mir ist das völlig egal, an mir geht das vorbei, das beleidigt mich nicht.* Und wenn Sie mich schon so direkt fragen: Leid muss mir überhaupt nichts tun. Leid müssen einem Dinge tun, mit denen man bewusst Menschen beleidigt. Das habe ich aber nicht. Selbst im Fall von Dieter Bohlen, der mal wahrheitswidrig gesagt hat, ich würde ein Haarteil tragen, denn Kinder, Besoffene und Dieter Bohlen dürfen alles sagen.»

Ich wende vorsichtig ein, dass von Diskriminierung betroffene Personen bestimmte Bezeichnungen unter Umständen als Alltagsrassismus wahrnehmen würden.

«Ach, *Alltagsrassismus*. Wenn ich das schon höre. Was ist das schon wieder für ein Wort? Die sind doch nicht richtig im Kopf. Es gibt Probleme, die echte Probleme sind. Es gibt Ungerechtigkeiten an Kindern, an Frauen, an Migranten, an was auch immer. Dieses gehört nicht dazu. Es kann so empfunden werden, aber wenn irgendjemand keine anderen Probleme hat als dieses, dann ist er nicht dicht im Kopf.»

Ich bin erschrocken. So wütend habe ich Gottschalk noch nie erlebt. Er redet weiter.

«In einer Fernsehkritik wurde ich neulich dafür beschimpft, dass ich als alter Mann im Fernsehen nichts anderes tue, als Lieder von Status Quo zu singen, und man muss sich rechtzeitig in Sicherheit bringen. Das hat mich auch getroffen. Deswegen sieht der andere noch lange keinen Grund, sich bei mir zu entschuldigen. Ich bin ein alter weißer Mann, über den kann man alles sagen, und wenn er noch im Fernsehen auftritt, kann man erst recht alles sagen. So schauts doch aus, Herrschaftszeiten!»

Nach einer unangenehmen Pause macht Gottschalk weiter.

«Ich hätte ja auch zum Ober sagen können: *Bringen Sie mir ein Schnitzel mit einer Sauce ohne festen Wohnsitz*, wie es neulich meine Freundin Barbara Schöneberger auf so unnachahmliche Weise getan hat. Dann wäre was los gewesen. Dann hätte ich sofort einen Shitstorm an der Backe gehabt.»

Jetzt wirkt er nicht nur verstimmt, sondern bitter.

Ich bin froh, dass ein Mann an unserem Tisch erscheint und damit für eine Unterbrechung sorgt.

«Na, Sie wollen bestimmt ein Autogramm. Dann sagen Sie doch was. Ich beiße nicht!»

Der Mann hustet verlegen und tritt von einem Bein auf das andere. «Entschuldigung, ich wollte nur wissen, wo es hier zur Toilette geht.»

Der Mann verschwindet, und der Kellner erscheint mit dem Schnitzel.

Gottschalk legt die Hand auf seinen Arm: «Haben Sie noch einen Salzstreuer für mich? Oh, pardon, nicht, dass ich wieder etwas falsch mache. Heutzutage muss man wahrscheinlich sagen: Haben Sie einen Salzstreuer oder eine Salzstreuerin für mich. Oder man umgeht das und fragt nach einem *Gefäß mit unbestimmtem Geschlecht und durchlöchertem Deckel, aus dem Salz rieseln kann*.»

Er lacht und winkt unvermittelt den um uns herumsitzenden Gästen zu: «Danke! Danke! Habe die Ehre! Servus, Herrschaftszeiten!»

Er steht auf, verteilt kleine Tüten mit Gummibärchen an die Anwesenden und kehrt wieder zum Tisch zurück.

«Sorry, Verpflichtungen aus einem alten Werbevertrag ... Wo waren wir stehen geblieben? Ach ja, Meinungsfreiheit und der Umgang miteinander. Einer anderen Meinung zu sein, darf Widerspruch und meinetwegen auch Widerstand erzeugen. Aber keinen Hass!»

Er sieht mich vorwurfsvoll an.

Ich antworte, dass ich zwar anderer Meinung sei, aber keineswegs Hass empfinden würde.

Er unterbricht mich.

«Sehen Sie, jetzt wollen Sie mir wieder den Mund verbieten. Das ist eine ganz unheilvolle Entwicklung, die unsere Gesellschaft da nimmt. Ich behaupte weiterhin bockig, dass die *Sieben Zwerge* Schneewittchen das Leben gerettet haben und dass die Welt kein bisschen besser wird, wenn es dann doch *Sieben Kleinwüchsige* waren. Und werfen Sie mir nicht behindertenfeindlichen Ableismus vor. Für eine derartige Argumentation bin ich taub und blind, hahaha.»

Ich weiß nicht, was ich antworten soll, werde aber erneut vom Zufall gerettet. Ein Liebespaar tritt an unseren Tisch. Schüchtern deutet der Mann auf sein Handy.

«Das ist das harte Los des Promis», seufzt Gottschalk gespielt, springt auf, zwängt sich zwischen das Pärchen, legt die Arme um die beiden und schaltet wie auf Knopfdruck sein strahlendstes Gottschalk-Lächeln zum Selfie an.

Der Mann druckst herum: «Verzeihung, wir wollten nur fragen, ob Sie vielleicht ein Foto von uns machen können.»

Wortlos fotografiert Gottschalk das Paar und setzt sich wieder zurück an unseren Tisch.

«Ich weiß, dass ich vieles heute nicht mehr sagen könnte, was mir einst Lacher und Beifall beschert hat. Ich habe es damals ohne Arg gesagt und weiß, dass ich dabei öffentlich niemandem zu nahe treten, geschweige denn ihm wehtun wollte. Es ist in diesem Lande jede Diskursfähigkeit verloren gegangen. Das ist eine gewisse Tragik. Aber was ich da von mir gebe, ist eine Meinung, man kann anderer Meinung sein, und ich finde das völlig in Ordnung. Man konnte mal streiten, ohne sich zu beschimpfen. Das scheint mir verloren gegangen zu sein.»

Ich habe keine Ahnung, worauf er anspielt, habe aber keine Chance nachzufragen, denn Gottschalk ist längst nicht am Ende.

«Vor einiger Zeit habe ich auf Twitter mal geschrieben: *Hab meine DNA aufschlüsseln lassen. Afrika war ja klar. Aber über 50 Prozent Osteuropäer! Deswegen hab ich als Kind so geklaut.* Da ist mir ein Hass sondergleichen entgegengeschlagen. Ich würde rassistische Vorurteile gegenüber Menschen aus Osteuropa schüren, und der Witz sei xenophob. Musste ich erst mal im Fremdwörterbuch nachschlagen, was damit gemeint war ... Es geht mittlerweile immer um alles. Die Guten gegen die Bösen. Woke oder tot. Die Aufgewachten gegen die Entschlafenen. Dazwischen gibt es nichts. Ich vermisse diesen Freiraum. Im Graubereich zwischen Richtig und

Falsch durfte man ein Suchender sein, der zwar immer strebend sich bemüht, aber eben auch irrlichtert, blödelt und provoziert. Ich bin wahrscheinlich der größte Rassismusfeind auf dieser Erde. Ich habe mal auf einer Kostümparty aus grundtiefer Verehrung für Jimi Hendrix eine schwarze Perücke getragen und mir das Gesicht schwarz angemalt. Das war kein Rassismus, das war eine Huldigung! Außerdem gleich das Geständnis, ehe Sie es herausfinden: Ich bin nie dem falschen Geschlecht zugeordnet worden, ich habe mich beim Kinderfasching als Indianer verkleidet und meinen Hustensaft arglos in der Mohrenapotheke gekauft! Und wenn jemand daraus einen Shitstorm machen will, dann sage ich nur: *Bitteschön, meine Herrschaften, aber ohne mich!*»

Vorsichtig merke ich an, dass wir in einer Gesellschaft leben, in der sich Sprache und Bewusstsein wandeln würden und in der Diskussion und Kritik erlaubt sein müssten.

«Natürlich. Kritik ist immer berechtigt, auch an dem, was ich sage. Gegen Kritik ist nichts zu sagen, aber dieses Zusammenbrechen, dieses schmerzverzerrte Zusammenbrechen, das versteh ich nicht. *Mein Gott, der Gottschalk hat was gesagt, gemacht oder getan, was ich nicht gut fand.* Ja, mein Gott. Kommt klar damit! Bei einer Wette, bei der es um das Stapeln von Bierdosen ging, hab ich die Dosen-Türme mal als *Hartz-IV-Stelzen* bezeichnet. Da wollten auch wieder alle eine Entschuldigung haben, ich hätte Erwerbslose verhöhnt und indirekt als Säufer bezeichnet.»

«Und haben Sie sich entschuldigt?»

«Ja, in der *Bild*. Den Wortlaut habe ich noch im Kopf: *Na klar, ich entschuldige mich für den Witz – und ich rasiere mich, werfe den Hut weg. Es haben sich nämlich viel mehr Anrufer über mein Aussehen beschwert als über den Hartz-IV-Witz. Die meisten haben geschimpft, ich sähe aus wie ein Penner. Bei denen entschuldige ich mich auch gleich.*»

Ich würde gerne darauf eingehen, aber Gottschalk wendet sich an mich:

«Jetzt komme ich zu Ihnen. Mein Problem ist, dass ich jedem Menschen, der mich was fragt, eine Antwort gebe. Aber diese Antwort ist für diesen einen Menschen bestimmt. Und wenn du es zertrittst, wenn du es analysierst, wenn du es aus dem Zusammenhang reißt, dann ist es eben plötzlich was anderes als das, was ich sagen wollte. Ich habe den Sinn dieser Art von Gesprächen inzwischen begriffen, dass man die Wahrheit sagt, nur ist es in meinem Fall einfach problematisch, wie wir ja gerade wieder gemerkt haben. Da kriegen Sie ja immer wieder Schnappatmung, wenn ich Ihnen nicht exakt das sage, was Sie hören möchten.»

Ich fühle mich falsch verstanden und protestiere.

«Sehen Sie, Ihr Widerspruch bestätigt mich nur. Es gibt heute überall Maulkörbe, die relativ schnell auf einen niedersausen. Ich bin jetzt in einem Alter, in dem ich das für mich nicht will, also erst recht nicht will. Deswegen habe ich gut überlegt, ob ich mich für dieses Interview zur Verfügung stelle. Und unser Gespräch hat mich auf traurige Weise bestätigt: Du darfst nicht mehr sagen, was du denkst. Ich traue mich jedenfalls nicht mehr und breche das Gespräch daher an dieser Stelle ab.»

Ich bin schockiert und weiß nicht, was ich sagen soll.

Gottschalk ruft den Kellner und bezahlt. Verwirrt und ratlos begleite ich ihn zum Aufzug. Dort fängt uns ein älterer Mann ab.

«Entschuldigen Sie die Störung, aber meine Frau ist ein Riesen-Fan von Ihnen, und wir feiern bald unsere Goldene Hochzeit. Da wollte ich Sie fragen, ob Sie uns ein Autogramm geben können?»

«Natürlich, guter Mann! Ich freue mich ja, wenn ich meine ganzen alten Autogrammkarten verbrauchen kann. Danach fragt ja keiner mehr. Heutzutage wollen ja alle nur Selfies.»

Gottschalk holt eine Karte aus dem Jackett, auf der er deutlich jünger wirkt.

«Für wen darf ich schreiben?»

«Schreiben Sie bitte: *Für Rita, Dein André.*»

«Ist das Ihr Name?»

«Nein, das ist doch Ihr Name, Herr Rieu.»

Ich habe dann lieber den nächsten Aufzug genommen.

BIBI UND DAGI BEE

Unser Investigativressort hat in den letzten Jahren einige erschütternde Missstände aufgedeckt und ist dafür mehrfach mit Journalismuspreisen ausgezeichnet worden. Zu Recht, wie ich finde, denn die Kollegen und Kolleginnen leisten eine wunderbare und verdienstvolle Arbeit.

Bei ihren Enthüllungsgeschichten sind sie jedoch oft von Hinweisgebern abhängig, die ihnen Anstöße für ihre Ermittlungen liefern, Insider-Einblicke ermöglichen oder vertrauliches Beweismaterial zuspielen. Im Idealfall alles auf einmal. Diese «Whistleblower», so der einschlägige Fachbegriff, kommen meist aus dem inneren Zirkel eines Wirtschaftsunternehmens, einer Behörde oder einer sonstigen Institution und sind eingeweiht in interne Strukturen und Abläufe. Whistleblower riskieren einiges, wenn sie sich an Medien wenden. Sie riskieren ihren Arbeitsplatz, sie riskieren straf- und zivilrechtliche Verfolgung, und in manchen Fällen riskieren sie sogar ihr Leben.

Zum Schutz von Informanten bietet unsere Investigativ-Abteilung einen vertraulichen Zugang an: das «SecureDrop-System». Diese Software ermöglicht den Whistleblowern eine verschlüsselte Kommunikation über das Internet. Über SecureDrop werden brisante Dokumente, interne Papiere oder Verträge übertragen, ohne dass der Absender zurückverfolgt werden kann.

Ich bewundere die Kollegen und Kolleginnen, möchte aber nicht mit ihnen tauschen. Ihre Recherchen lesen sich wie packende Kriminalerzählungen oder Spionageromane. Dem gehen jedoch monate-, wenn nicht jahrelange Nachforschungen, trockenes Aktenstudium und unzählige Gespräche mit der Rechtsabteilung voraus. Ein guter Investigativjournalist zeichnet sich durch Beharrungsvermögen, Detailversessenheit und Verbissenheit aus.

Oliver ist ein solcher Journalist. Wie es der Zufall will, laufe ich ihm im Flur über den Weg. Wie üblich klagt Oliver über die Arbeitsüberlastung. Er sei an einer großen Sache dran, «einer richtig großen Sache», wie er betont.

Ich weiß, dass er die Diskretion in Person ist und mir eh nichts verraten würde. Deshalb frage ich nicht, worum es sich handelt, obwohl es mich brennend interessiert.

Wir haben uns schon verabschiedet, da ruft er mir etwas hinterher. Er hätte da was für mich.

«Steckt wahrscheinlich nichts dahinter, aber vielleicht trotzdem interessant für dich.»

Jemand habe sich per SecureDrop mit einer verschlüsselten Nachricht an ihn gewandt. Der Mann habe «brisantes Wissen» über Influencer, das er jedoch nur bei einer persönlichen Begegnung offenbaren würde. Vielleicht wolle ich den Fall ja übernehmen?

Allein aus Neugier sage ich: «Ja, warum nicht?»

Oliver nimmt mich mit in sein Büro und ruft am Bildschirm die bisherige Korrespondenz auf. Schnell wird klar, dass ich mich mit dem Mann treffen muss, wenn ich erfahren will, ob an seinen geheimnisvollen Andeutungen über «Dagi Bee», «Bibi» und weitere Influencer etwas dran ist.

Über die geschützten Kommunikationswege gibt mir der unbekannte Hinweisgeber, der sich nur «Adrian» nennt, exakte Anweisungen. Ich soll an einem bestimmten Tag im Örtchen Haldensleben nahe Magdeburg erscheinen.

Ich suche die angegebene Adresse im Netz und stelle fest, dass es sich um eines der größten Warenverteilzentren Deutschlands handelt: die Firma «Worldwide Beauty, Health & Nutrition Logistics».

«Treffpunkt gegenüber vom Haupteingang um 15:15 Uhr. Das Codewort lautet *Algorithmus*. Unbedingt merken, damit ich Sie erkenne. Gezeichnet, Adrian.»

Ich komme mir wie in einem Krimi für Kinder vor und muss schmunzeln, doch wenige Tage später wird es ernst. Mit dem Zug geht es zunächst nach Magdeburg und von dort mit dem Taxi ins etwa 30 Kilometer entfernte Haldensleben. Im Gewerbegebiet setzt mich der Fahrer pünktlich vor einer riesigen Halle ab.

Wie vereinbart halte ich mich auf der gegenüberliegenden Straßenseite bereit. Ein Mann erscheint. Ich räuspere mich und murmele: «Algorithmus».

Der Mann schaut mich irritiert an.

«Was meinen Sie?»

«Algorithmus», wiederhole ich.

«Sind Sie besoffen, oder was?», schnauzt er mich an und geht weiter.

Endlose Minuten vergehen, bis ein junger Mann erscheint. Er blickt mir ins Gesicht und fragt: «Algorithmus?»

«Algorithmus!», antworte ich und werde von ihm angezischt: «Einfach nur nicken!»

Meine Unerfahrenheit bei konspirativen Treffen ist mir unangenehm, und ich hoffe, dass sich mein Fauxpas nicht negativ auf die Recherche auswirkt.

Wir überqueren die Straße und betreten das Gebäude. Er raunt mir zu: «Sie nicken bei allem. Verstanden?»

Wir stehen vor dem Empfang.

«Frau Müller, ich bräuchte einen Besucherausweis. Wir haben hier einen Bewerber für die IT-Abteilung.»

Die Rezeptionistin fragt mich, wie es mir geht. Ich nicke. Sie schaut mich irritiert an und überreicht mir den Ausweis.

Adrian spricht mich an, blickt dabei jedoch immer wieder zu ihr.

«Bevor wir unser Bewerbungsgespräch starten, zeige ich Ihnen unser Distributionszentrum. Sie sollen ja wissen, was auf Sie zukommt. Folgen Sie mir!»

Ich frage mich, warum ein Codewort nötig war, wenn ich mich doch mit Realnamen registrieren musste, aber es wird schon einen Grund gehabt haben.

Mein Kontaktmann öffnet eine Tür und leitet mich auf eine Empore. Ich bin beeindruckt. Wir sind in Europas größtem Hochregallager, wie er stolz erklärt, dem größten Umschlagplatz für Gesundheitsprodukte, Nahrungsergänzungsmittel und Kosmetik. Hier würden mehr als 100 000 verschiedene Artikel lagern, neuerdings sogar Schmuck und Produkte aus dem Luxus-Segment, erklärt er mir.

Ich fühle mich wie in einem Science-Fiction-Film. An Kränen befestigte Roboterarme greifen in Regalfächer, befüllen Kisten und schwenken sie in führerlose Fahrzeuge.

«Alles computergesteuert und rund um die Uhr. Menschen sind hier weitgehend überflüssig!»

Adrian signalisiert mir, ihm zu folgen. Wir betreten einen Aufzug. Nachdem sich die Türen geschlossen haben, tippt er auf einer Tastatur einen Code ein.

«Jetzt können wir uns ungestört unterhalten. Was ich Ihnen bislang gezeigt habe, ist das, was alle sehen dürfen. Das Interessante spielt sich die fünf Stockwerke unter uns ab.»

Ich verstehe nicht. Von welchen fünf Stockwerken spricht er?

«Unter uns befindet sich ein Bunker aus der Nazi-Zeit. Er war für die NSDAP-Elite bestimmt und umfasste neben den Wohn- und Schlafräumen eine Nachrichtenzentrale, eine Krankenstation und eine Schule. Der Bunker erstreckt sich über fünf Stockwerke, wurde jedoch wegen Problemen mit der Belüftung nie fertiggestellt. Das übernahm Jahrzehnte später die DDR. In den Siebzigerjahren erneuerte man das Belüftungssystem und versah das Fundament mit Stickstoffdämpfern, um die Stoßwelle einer Atombombenexplosion abfangen zu können. Honecker und seine Genossen hatten Angst vor einem Dritten Weltkrieg und wollten sich hier im Bedarfsfall in Sicherheit bringen.»

Ich frage mich, worauf er mit seinem geschichtlichen Vortrag hinauswill.

«Nach der Wende übernahm das Amt für Wehrgeophysik die Bunkeranlage, eine Art Wetterberatungsdienst der Bundeswehr. Im Zuge einer Reform wurde der Standort überflüssig, und die Bundesanstalt für Immobilienaufgaben verkaufte den Bunker an einen Investor.»

Er macht eine Pause.

«Mich!»

Mit dieser Wendung habe ich nicht gerechnet.

«Wir fahren in das fünfte Untergeschoss. Dann erfahren Sie, warum Sie hier sind.»

Er tippt einen Zahlencode in ein Bedienfeld ein, und wir rauschen in die Tiefe.

Die Aufzugtür öffnet sich, und Adrian führt mich einen langen Gang entlang. Wir gehen an mehr als zwanzig garagengroßen Boxen vorbei. Die Räume sind grün ausgekleidet und leer, aber in jedem agiert eine Person, ausnahmslos Männer in hautenger schwarzer Unterwäsche. Alle tragen eine Art Helm, der die Augen abdeckt und den ich als Virtual-Reality-Brille identifiziere.

Über den Boxen hängen Schilder. Dort stehen Namen, die ich von Instagram und YouTube kenne: Leonie Hanne, Pamela Reif, Caro Daur, Novalanova, Julia Beautx, Mrs. Bella, Bibi, Dagi Bee und viele weitere.

Ich bin verwirrt.

Adrian deutet in eine Richtung: «Wir gehen in den Regieraum. Dann erkläre ich alles.»

Wir betreten eine Schaltzentrale mit unzähligen Mischpulten und Monitoren.

Er zeigt auf einen Bildschirm: «Das ist Leonie Hanne, eine der reichweitenstärksten Fashion-Influencerinnen überhaupt mit mehr als vier Millionen Followern auf Insta.»

Ich sehe eine wunderschöne junge Frau mit Modelmaßen. Sie trägt ein aufwendiges Kleid in Türkis, ein maßgeschneidertes Unikat. Im Hintergrund der Yachthafen von Cannes. Neckisch wirft sie den Kopf in den Nacken.

«So, und jetzt schalte ich um.»

Adrian drückt auf einen Knopf, und anstelle der Frau steht ein korpulenter Mann im grünen Studio, der seinen Kopf in den Nacken wirft und mit wippenden Hüftbewegungen durch den Raum schreitet.

Ich kann nicht glauben, was ich sehe. Adrian schaltet einige Male hin und her, bis ich begreife: Besagte Leonie wird durch den Mann im Studio gesteuert.

«Das ist nur die halbe Wahrheit. Nicht Leonie, sondern der Avatar Leonie wird von uns gesteuert.»

«Leonie ist kein Mensch?»

«Nein. Und das Setting kommt auch von mir.»

Adrian drückt ein paar Knöpfe, und der Hintergrund ändert sich. Mal steht «Leonie» in Beverly Hills, mal auf einem Kreuzfahrtschiff, mal in einer Hotellobby. Mal trägt sie einen Badeanzug, mal ein Designerkleid, mal ein elegantes Kostüm.

Ich bin unfähig, etwas zu sagen, und starre wie hypnotisiert auf den Bildschirm.

Adrian winkt mich zu sich. «Welche Handtasche soll Leonie tragen? Klicken Sie sich mal durch.»

Ich browse durch die Auswahl und sehe unzählige Handtaschen an mir vorbeisausen: Gucci, Chanel, Hermès, Saint Laurent, Valentino, Dolce & Gabbana, Fendi, Dior ...

«Die hier», sage ich und deute auf eine zufällige Auswahl.

«Oh, Sie haben einen guten Geschmack, das ist die *Hermès Open 24* aus Evergrain- und Togo-Kalbsleder mit Reißverschluss und Schulterriemen. Die kommt auf einen Listenpreis von 7050 Euro.»

Er greift sich ein Mikrofon: «Achtung, Igor, Handtaschenmodus.»

Auf dem Bildschirm sehe ich, wie der Mann ins Leere greift. Adrian schaltet den Monitor um und ich sehe Leonie Hanne mit besagter Handtasche.

Adrian gibt einen kurzen Text ein und drückt einen Knopf. «So, das Foto ist auf Insta. Schauen Sie nach!»

Mit zitternden Händen hole ich mein Handy aus der Tasche und rufe den Instagram-Kanal von Leonie Hanne auf, und tatsächlich: Soeben wurde das Bild von ihr mit der Handtasche gepostet. Der Begleittext lautet: «Bin hier in Cannes. Und ihr so?» Der Text wird ergänzt durch ein Herz und ein Kussmund-Emoji.

«Das heißt ... das heißt also ...», stammele ich hilflos.

«Ja, das heißt, dass wir hier die größten Influencer produzieren. Wollen Sie auch einmal in einen hineinschlüpfen?»

Ich nicke.

«Sie haben Glück. In Dubai hat sich Sami Slimani vorhin von seinen Followern verabschiedet und ist ins Bett gegangen. Den können wir kurz übernehmen.»

Wir verlassen den Kontrollraum, passieren etliche belegte Räume, bis wir an der Sami-Slimani-Box angelangt sind.

Ich brauche einige Zeit, um mich in einen hautengen schwarzen Anzug mit unzähligen Sensoren zu zwängen.

«Die Referenzpunkte werden von speziellen Kameras erfasst und mittels Motion Capturing live in die virtuelle Realität umgesetzt.»

Ich setze die Brille auf und kann es nicht fassen: Ich bin in Sami Slimanis Apartment in Dubai!

«Gehen Sie ein paar Schritte nach vorn. Da kommt ein Spiegel.»

Ich bewege mich nach vorne, schaue in den Spiegel und erschrecke mich. Statt meines Spiegelbilds steht dort ein glänzend aussehender junger Mann mit strahlend weißen Zähnen und gegelten Haaren.

«Heben Sie die Hand!»

Ich hebe die Hand, und gleichzeitig hebt Sami Slimani im Spiegel die Hand.

«Ich blende Ihnen jetzt einen Text in Ihre Brille ein. Lesen Sie ihn einfach laut vor.»

Vor meinen Augen erscheinen Schriftzeichen: «Hallo, ich bin Sami Slimani. Mein größtes Ziel ist es, meine Zuschauer zu inspirieren und das Beste aus sich rauszuholen. Abonniert meinen YouTube-Kanal und lasst ein Like da.»

Laut lese ich den Text vor, höre aber statt meiner Stimme die von Sami Slimani.

Mir bricht der Schweiß aus, und ich spüre Panik in mir aufkommen. Ich muss die Brille abnehmen. Während ich mich umziehe, erklärt mir Adrian die technischen Details. Er spricht von *Character Design*, *Speech Recognition*, *Head-up-Displays* und *Augmented Reality*.

Mir fehlt der technische Sachverstand, um ihm zu folgen, und ich bitte ihn, die Geschichte für einen Laien wie mich herunterzubrechen.

Was er erzählt, überfordert mich in anderer Weise. Adrian und ein mit ihm befreundeter Programmierer hätten in ihrer Freizeit virtuelle Drahtgittermodelle von Frauen in dreidimensionalen Umgebungen entworfen, denen sie die Namen «Bibi» und «Dagi Bee» gegeben hätten.

Zunächst hätten sie die Figuren selbst auf Instagram und YouTube bespielt. «Rein aus Spaß und ohne Gewinnerzielungsabsicht», wie er betont. Programmiertechnisch sei das einfach umzusetzen, denn Influencer würden intellektuell unterkomplex agieren.

Dann hätten sein Partner und er gemerkt, wie viel Geld man mit Produktempfehlungen verdienen kann, und seien ins Beauty-Business eingestiegen. Mit der wachsenden Beliebtheit ihrer virtuellen Charaktere seien auch die Werbe-Erlöse gestiegen. Irgendwann sei ihnen klar geworden, dass man noch mehr verdient, wenn man die beworbenen Produkte direkt verkauft.

«Das war der Punkt, an dem wir einen Kapitalgeber für unsere Expansion brauchten. Das dachten wir jedenfalls.»

Ein Konsortium habe einen dreistelligen Millionenbetrag in Studioräume und das Distributionszentrum investiert und Bedienpersonal für dreißig Influencer und Influencerinnen rekrutiert.

«Sie haben gezielt nach Menschen gesucht, die es gewohnt sind, schlechte Arbeitsbedingungen zu ertragen. Auf Autobahnraststätten haben sie osteuropäische Fernfahrer angesprochen. Später kamen Arbeitsmigranten aus Bangladesch dazu, die vorher in Katar die Fußballstadien für die Weltmeisterschaft gebaut haben. Die sind Leid gewohnt, billig und leicht handhabbar.»

«Aber die sprechen kein Deutsch, oder?»

«Nein, natürlich nicht. Also haben wir unsere Speech-Recognition-Einheit um ein Translation-Modul erweitert.»

Er drückt ein paar Knöpfe, und auf einem Bildschirm erscheint eine Mode-Influencerin.

«Das ist unser Avatar Caro Daur. Über die generieren wir Fashion-Umsätze im mittleren zweistelligen Millionenbereich. Caro wird abwechselnd von unserem bulgarischen Mitarbeiter Boris Petrow und seinem pakistanischen Kollegen Sadiq Sharif geführt. Oder nehmen Sie unseren Avatar Pamela Reif, den haben wir als Fitness-Figur angelegt. Der ist am personalintensivsten. Das liegt an den ständigen Work-outs, dem Cardio-Training und den anderen Fitness-Einheiten. Dafür haben wir bestimmt schon fünf Männer verschlissen.»

Er lacht. Ich lache mit, aber als Adrian mir von den Arbeitsbedingungen des Personals erzählt, bleibt mir das Lachen im Hals stecken. Wegen der strikten Geheimhaltung dürfe keiner der Männer den Bunker verlassen. Und wenn der Arbeitsvertrag erfüllt sei, seien die Mitarbeiter von einem Tag auf den anderen verschwunden.

Aus ihrem Hobbyprojekt sei ein knallhartes Business geworden: «Es ging nur noch darum, das Vertrauen der Followerschaft auszunutzen und ihnen unnützen Krempel anzudrehen.»

Sein Partner habe versucht, mit den Kapitalgebern über ihren Ausstieg zu verhandeln, was jedoch abgelehnt wurde.

«Aus Verzweiflung hat er ein Feuer im Rechenzentrum gelegt, aber das ist sofort gelöscht worden. Wir haben hier überall Security, und das Gebäude ist nach Militärstandards gesichert.»

Nun helfe nur noch der Gang an die Öffentlichkeit: «Alle müssen die Wahrheit erfahren. Nur so können wir den Albtraum beenden.»

Das ist der Moment, an dem ich die Initiative übernehme. Die nächsten Stunden bin ich damit beschäftigt, Beweise zu sichern, Fotos und Videos von der Anlage zu fertigen und Adrian zu interviewen. Es gelingt uns sogar, einen der «Bibi»-Darsteller zu einer Stellungnahme zu bewegen.

In der Redaktion sind alle aufgeregt, als ich mein Material

vorstelle. «Das wird die Enthüllung des Jahres, ach was, des Jahrzehnts!»

Mein Redaktionsleiter räumt mir die Titelseite und fünf Seiten im Innenteil frei, und eine Woche später gehen wir mit der doppelten Auflage an den Start. Die Aufmerksamkeit könnte nicht größer sein. Alle Medien berichten über meine Recherche. Die Geschichte findet sogar jenseits des Atlantiks Beachtung.

Leider kann ich mich über den Erfolg nicht freuen, denn als Autor der Enthüllungsrecherche stehe ich im Zentrum eines Shitstorms. Die Fans der erfundenen Figuren schicken mir hasserfüllte Nachrichten, ich werde als Teil der Lügenpresse beschimpft, ich sei nur neidisch und würde «alles kaputt machen wollen». Das werde mir jedoch nicht gelingen!

Auf Twitter dominiert mehrere Tage hintereinander der Hashtag «#wenjuckts». Hinzu kommt, dass wichtige Kunden sich von uns distanzieren und ihre Anzeigenaufträge zurückziehen.

Mein Redaktionsleiter lädt mich zu einem Personalgespräch vor. Ich hätte formal nichts falsch gemacht, aber dem Unternehmen geschadet – dies dürfe sich nicht wiederholen. Die nächsten zwei Wochen sei ich dem Ressort «Lokales» unterstellt.

KEVIN KÜHNERT

Kurz vor Feierabend bittet mich unser Redaktionsleiter in sein Büro. Er wolle mit mir die Liste meiner bisherigen Interviewpartner durchgehen.

Das kann nichts Gutes bedeuten, denke ich und überlege, was tatsächlich dahinterstecken mag. Vielleicht wird er mich darauf hinweisen, dass ich mit zu wenig Frauen gesprochen habe. Das ist mir bereits unangenehm aufgefallen, aber die meisten meiner Gesprächspartner wurden mir vorgegeben. Außerdem spiegelt es in gewisser Weise unsere Gesellschaft wider. Trotzdem habe ich ein schlechtes Gewissen deswegen.

Um Geschlechter-Ausgewogenheit geht es ihm jedoch nicht. Er bemängelt meine «thematische Einseitigkeit».

«Du sprichst schwerpunktmäßig mit Leuten aus der Kultur- und Medienszene. Das scheint deine persönliche Komfortzone zu sein. Das muss sich ändern. Unsere Leser und Leserinnen erwarten das volle Themenspektrum!»

Er bittet mich um Vorschläge.

Mir fällt auf die Schnelle nichts ein.

«Na gut, dann nenne ich mal drei Thematiken: Fußball, Wirtschaft und Politik! Mach dir dazu mal ein paar Gedanken!»

Fußball? Nicht sein Ernst, denke ich, lasse mir jedoch nichts anmerken und verlasse verunsichert und gedankenverloren sein Büro. Im Flur läuft mir unsere Redaktionsassistentin Sarah über den Weg.

«Was ist denn mit dir los? Du siehst ja ganz blass aus!»

Sie zieht mich in ihr Büro, bugsiert mich auf einen Stuhl und drückt mir ein Glas Wasser in die Hand.

«Und jetzt sag: Was ist los?»

Ich zögere, erzähle dann aber doch von dem Gespräch und den darin enthaltenen Vorwürfen.

Sarah legt mir die Hand auf die Schulter und beruhigt mich.

«Da oben sind alle völlig begeistert von deiner Arbeit. Nimm das bloß nicht persönlich und mach dir keine Gedanken deswegen.»

«Nun ja, das wird schlecht gehen, ich soll mir ja Gedanken machen, ich soll mein Themenfeld erweitern. Ich hab aber keine Fußballstars, Wirtschaftskapitäne oder prominente Politiker in meinem Adressbuch, die ich mal eben hervorzaubern kann.»

«Dann besorge ich dir halt jemanden. Das kann ja nicht so schwer sein.»

«Danke. Ich nehme jeden, nur bitte kein Fußball.»

«Keine Sorge!», sagt sie und schnippt mit dem Finger. «Mir ist gerade eine geniale Idee gekommen, und keine Sorge, es ist kein Fußballer: Kevin Kühnert.»

Das klingt interessant. Kühnert ist das große Talent der SPD und vertritt als Generalsekretär die politischen Standpunkte der Partei nach außen. Außerdem ist er ein «spannender Typ», wie wir Medienleute gerne floskelhaft sagen, wenn uns nichts Besseres über eine Person einfällt.

Sarah ist zuversichtlich, was die Anbahnung eines Gesprächstermins anbelangt. Sie kennt Kühnert privat und erzählt mir eine komplizierte Geschichte, wie die beiden sich kennengelernt haben.

«Soll ich euch connecten oder gleich einen Termin machen? Dann schreibe ich ihn an.»

Ich druckse etwas herum. Es ist mir unangenehm, anderen Arbeit zu machen, und mir fällt es schwer, Hilfe anzunehmen. Viel lieber bin ich derjenige, der anderen unter die Arme greift. Andererseits ist es eine gute Idee und ein tolles Angebot von ihr. Also sollte ich es auch annehmen.

Sarah lacht und erlöst mich von meiner Qual: «Lade mich irgendwann auf eine Kugel Eis ein, und wir sind quitt!»

Fast euphorisch fahre ich nach Hause, starte den Rechner und sammele alles an Informationen über Kevin Kühnert zusammen, was ich bekommen kann.

Kühnert trat bereits im Alter von 16 Jahren in die SPD ein, mit 23 Jahren wurde er Vorsitzender der Berliner Jungsozialisten, mit 28 Jahren Juso-Bundesvorsitzender und mit 32 Jahren Generalsekretär der SPD. Während seiner Zeit als Juso-Chef erlangte Kühnert eine enorme, in Teilen parteiübergreifende Popularität. Er pflegte einen neuen Politikstil, der von vielen als ungekünstelt und authentisch wahrgenommen wurde. Das zeigt sich schon in seinem Äußeren. Kühnert ist kein Anzugträger, sondern tritt in Jeans, Sweatshirt und Turnschuhen vor die Kamera, um dort frei und ohne Sprechzettel knackige Statements abzugeben.

Schnell erwarb sich Kühnert den Ruf des unbestechlichen Parteirebells, Erneuerers und diskurs- und konfliktfreudigen Fürsprechers für linke Positionen. Während seiner Zeit als Juso-Chef sprach er sich deutlich gegen die Große Koalition aus, die der SPD – aus seiner Sicht – zu viele mit den Parteigrundsätzen unvereinbare Kompromisse abverlangte. Als es später darum ging, für die Parteiführung eine Doppelspitze zu küren, positionierte er sich gegen das Partei-Establishment und engagierte sich für eine linke Führung. Das von ihm unterstützte und gecoachte Paar siegte schließlich bei der internen Parteiabstimmung gegen den für SPD-Verhältnisse konservativen Platzhirsch Olaf Scholz und dessen Mitstreiterin. Ein Triumph für den jungen Politiker, der spätestens an diesem Tag seine Strippenzieher- und Königsmacher-Fähigkeiten unter Beweis gestellt hatte.

Als es darum ging, wer in der SPD als Kanzlerkandidat antreten würde, machte jedoch, zum Leidwesen von Kühnert und seinen Jusos, eben jener Olaf Scholz das Rennen. Fortan musste sich Kühnert aus Gründen der Parteiräson im Wahlkampf für einen Kandidaten einsetzen, den er an der Parteispitze noch verhindert haben wollte. Dies trug ihm die spöttische Frage von Journalisten ein, ob er Scholz schlecht für die SPD, aber gut genug für Deutschland halte. Nachdem die SPD die Bundestagswahl gewonnen hatte und Olaf Scholz tatsächlich Kanzler wurde, trat etwas ein, was viele überraschte: Der Scholz bislang ablehnende, eher linke Kühnert übernahm ausgerechnet unter eben jenem Scholz das Amt des Generalsekretärs.

Nach dem Quellenstudium bin ich mehr denn je überzeugt, dass ich Kühnert kennenlernen will. Er könnte der kommende Mann der SPD werden, auf gewisse Weise ist er es jetzt schon.

Als mich Sarahs Nachricht erreicht, muss ich zweimal aufs Handy gucken. «Kevin», so steht dort, würde mich zu sich nach Hause zum Essen einladen. Es gebe Pasta mit Bolognese. Nachdem ich mich von dem Schreck erholt habe, sage ich zu.

Einige Tage später fahre ich an die angegebene Adresse in Berlin-Schöneberg. Kühnert wohnt, trotz Bundestagsmandat und Sekretärs-Salär, immer noch in seiner alten WG.

Ich quäle mich die knarzenden Altbautreppen hinauf und drücke auf die Klingel. Kühnert öffnet und bittet mich hinein. Ich frage, ob ich die Schuhe ausziehen soll, aber er verneint lachend. «Das macht hier keiner.» Ich ziehe sie trotzdem aus.

Er führt mich durch den Flur, und ich versuche, nicht zu neugierig in die Zimmer zu schauen.

Aus der Küche schallt laute Musik. Ich erkenne das Lied: Es ist die überarbeitete Version des französischen Chansons «Le temps est bon» von Kühnerts öffentlicher Spotify-Playlist.

Er dreht die Musik leiser und bietet mir einen Platz am Tisch an.

«Sie haben nichts dagegen, wenn ich hier noch weiter köchel, oder? Wobei, genau genommen, nicht ich, sondern die Sauce köchelt.»

Er wendet sich wieder dem Geschehen auf dem Herd zu.

Ich frage ihn, ob er eine «Sauce Bolognese» zubereitet.

«Fast getroffen. Das wird *Ragù alla Bolognese* nach dem Originalrezept.»

Er erklärt mir die umständliche Zubereitung, die sich über mehrere Stunden hinzieht.

«Das Rezept habe ich vom Chef der italienischen Sozialdemokraten bekommen. Es entspricht der Version, wie sie am 17. Oktober 1982 von der *Accademia Italiana della Cucina* bei der Handelskammer von Bologna hinterlegt wurde. Ich habe es jedoch für Vegetarier abgewandelt, weil ich nicht wusste, ob Sie Fleisch essen.»

Zu den kulinarischen Wohlgerüchen mischt sich aus dem Flur ein süßlicher Duft, den ich schon mal in einem holländischen Coffeeshop wahrgenommen habe.

Kühnert greift in eine Kiste.

«Auch ein Bier oder lieber etwas anderes?»

Ich entscheide mich für ein Wasser. Suchend schaue ich nach einem Flaschenöffner. Kühnert zaubert ein Feuerzeug aus der Hosentasche, und ehe ich's mich versehen habe, ist die Flasche geöffnet.

Kühnert rührt in einem weiteren Topf.

«Pasta ist gleich fertig. Natürlich essen wir keine Spaghetti Bolognese, wir sind doch keine Barbaren», sagt er schmunzelnd.

Das mache in Italien kein Mensch so. Zur Hackfleischsauce gebe es natürlich Tagliatelle. Er stellt zwei Teller mit Nudeln hin und gibt die Hackfleischsauce darüber.

Ich probiere und fühle mich wie im siebten Himmel. Ein derart exzellentes Nudelgericht habe ich bislang noch nicht gegessen, sage ich aus vollster Überzeugung.

«Danke! Sehen Sie, ich habe früh erkannt: Wenn man in der Küche was verändern will, braucht man am Ende Macht dafür, dann muss man selbst kochen. Macht ist in der Demokratie nichts Schlimmes, weil sie auf Zeit verliehen wird, und wenn man sie selber nicht haben will, bekommen sie andere Leute am Ende. Und wenn man glaubt, die würden damit nichts Vernünftiges brutzeln, dann sollte man tunlichst darüber nachdenken, ob man ein bisschen was von der Macht für ne begrenzte Zeit selber abhaben will.»

Das Essen ist der Auftakt eines der nettesten Abende, die ich je erlebt habe. Schnell sind wir beim Du angelangt und reden über Gott und die Welt, über Kühnerts Zeit als Handballer, seine Leidenschaft für Fußball, über den englischen Stürmer Kevin Keegan, nach dem er benannt wurde, und vieles, vieles mehr. Währenddessen zündet sich Kühnert eine Zigarette nach der anderen an und pustet genussvoll Ringe an die Küchendecke.

Irgendwann sind wir bei seinen politischen Positionen angelangt. Ich bin beeindruckt, wie konsequent Kühnert in seinem Einsatz für mehr Gerechtigkeit ist, wie radikal er für seine Positionen eintritt und welche unbequemen Forderungen er aufstellt. Ich bin begeistert, und mir fällt es zunehmend schwer, die journalistische Distanz zu wahren.

Mittlerweile ist es fast ein Uhr nachts, und Kevin, wie ich ja nun sagen darf, lädt mich für den folgenden Tag ein.

«Ich bin morgen beim Bundeskongress der Jusos hier in Berlin eingeladen. Komm einfach vorbei. Da können wir sicher ein offizielles Interview zwischenschieben.»

Wir verabschieden uns und ich fahre mit dem Taxi zurück ins Hotel.

Nach einer viel zu kurzen Nacht lasse ich mich am nächsten Tag von einem Taxi zum «Heimathafen Neukölln» chauffieren, einem Theatersaal, der aber auch für allerlei andere Zwecke genutzt wird. Dort findet der diesjährige Juso-Bundeskongress statt.

Als ich eintreffe, ist der Saal rappelvoll mit jungen Leuten. Auf der Bühne wendet sich der aktuelle Juso-Vorsitzende gerade an Kühnert, der als Zuhörer in der ersten Reihe sitzt:

«Kevin, wir wollen gemeinsame politische Erfolge mit unserer Mutterpartei. Dafür reißen wir uns Tag für Tag den Arsch auf, nur lassen wir uns eben nicht mehr mit billigen Durchhalteparolen, Beschwichtigungen und politischen Antworten von vorvorgestern abspeisen, die nachweislich uns und die ganze Gesellschaft in die Irre geführt haben.»

Der Saal applaudiert. Der Redner nimmt einen Schluck aus seinem Glas Wasser und fährt fort.

«Wo ist denn bitte der System Change? Wir haben es nicht geschafft, die Treibhausgasemissionen signifikant zu senken. Immer noch besitzt jeder zweite Deutsche ein Auto. Immer noch pumpen wir ein Irrsinnsgeld in den Straßenverkehr, obwohl wir um die Folgen wissen. Ticketpreise für Bus und Bahn müssen runter und Schienen- und Busanbindungen müssen her, auch für den ländlichen Raum. Der öffentliche Nahverkehr muss kostenlos werden. Wir müssen Anreize schaffen, dass die Leute ihre Karren freiwillig stehen lassen. Und gleichzeitig schaffen wir uns den ganzen Kontrollterror und die Fahrschein-Bürokratie vom Hals. Wisst ihr, wie viele Menschen wegen nicht bezahlter ÖPNV-Tickets jedes Jahr im Knast landen? Das ist doch irre!»

Er wird von Applaus unterbrochen.

«Nächstes Thema: Wir betreiben Raubbau an unserer Umwelt. Wir plündern unsere Wasserhaushalte, versauen unsere Böden und verpesten die Luft. Unsere Pro-Kopf-Rohstoff-Nutzung muss deutlich geringer werden. Wo ist die Windenergie, wo ist Solar, wo ist die Energiewende?»

Kühnert springt auf die Bühne und greift sich das Mikrofon:

«Zunächst mal vielen Dank für die Möglichkeit, hier sprechen zu dürfen. Ich könnte zig Beispiele nennen, was wir bereits geschafft haben. Aber es ist egal, was ich sage, denn von den Jusos kommt immer: Das reicht nicht! Ich sage, dass diese Debatte so für die SPD auf Dauer nicht geht. Und ich sage das deswegen, weil wir nach draußen wirken, als wären wir mit uns selbst nicht im Reinen. Meine Geduldsfäden sind gerade auf das Äußerste gespannt.»

Der Juso-Vorsitzende übernimmt das Mikro:

«Lieber Kevin, ich danke dir, dass du dich der Diskussion hier stellst. Ich schätze die Zusammenarbeit mit dir, die Diskussionskultur im Parteivorstand, ich kann was damit anfangen. Man merkt, wenn gelernte Jusos an der Arbeit sind, aber ich möchte dir auch klar sagen: Die Geduldsfäden sind auch von unserer Seite sehr gespannt, und irgendwann reißen sie tatsächlich auch. Und ich möchte gerne mit dir zusammen das auf die Reihe bekommen, aber wir haben nicht mehr ewig Zeit dafür, und dieser Verband und diese Partei erwarten Antworten auf die großen Fragen unserer Zeit. Sie erwarten, dass unsere Parteispitze bereit ist, sich mit den Großen, den Mächtigen, den Reichen in unserer Gesellschaft anzulegen. Das ist die Erwartung, an der wir dich und die anderen messen werden. Und die Bewältigung der Klimakrise ist da ein herausragendes, wenn nicht das herausragende Thema.»

Nun ist Kühnert wieder dran:

«Tja, Leute. Ich muss euch jetzt aber nicht ernsthaft Mehrheitsbildung in der Demokratie zwischen Demokratiepartnern erklären, oder? Gesetze, die Koalitionspartner auf den Weg bringen, entsprechen nicht unbedingt der Idealvorstellung jedes einzelnen

Koalitionspartners. Politik ist ein komplexes Gebilde und hat die Klimakrise in ihrer Gesamtheit zu betrachten. Oder anders ausgedrückt: Klimaschutz muss demokratiefest sein.»

Der Juso-Vorsitzende lässt das Argument nicht gelten.

«Ich bin nicht in eine linke Partei eingetreten, um sie so zu akzeptieren, wie sie ist, sondern ich möchte sie gerne verändern, und ich glaube, dass man Abstimmungen über das, was wir wollen, gewinnen kann, wenn man dafür argumentiert. Was wir Jusos von der SPD wünschen, ist eine Radikalität im Wortsinn. Radikal heißt, an die Wurzeln von Problemen heranzugehen, und ich glaube, das vermissen Menschen an unserer Partei in den letzten Jahren. Das haben die Menschen während der Groko vermisst, und das vermissen sie jetzt.»

Kühnert übernimmt das Mikrofon:

«Ich hab eine klare Position zu all dem, und daran hat sich auch nichts geändert, aber Politik ist kein *Wünsch dir was*. Ich wünsche, im Rahmen meiner Möglichkeiten, zu meinen Zielen zu kommen, und das ist die Strategie, die ich dafür anwende. Punkt! Und jedem, der das anders sieht, dem kann ich nur sagen: Tja, *Willkommen in der Politik!*»

Nach einer für alle unangenehmen Pause bittet der Juso-Vorsitzende um Applaus für den prominenten Gast und geleitet ihn von der Bühne.

Ich gerate ins Grübeln. Ich fühle mich wie in einem Déjà-vu. Große Teile des Wortwechsels klangen wie eine Jahre zurückliegende Auseinandersetzung zwischen der ehemaligen Parteivorsitzenden Andrea Nahles und dem damaligen Juso-Chef Kevin Kühnert, nur heute mit ihm als Vertreter der konservativen Linie der Altpartei. Ich bin verwirrt.

Es geht weiter mit der Tagesordnung. Anträge werden gestellt, es wird gestritten und diskutiert, abgelehnt und zugestimmt. Ich bin begeistert. Es geht um Wohnen und Mobilität, um Ausbildung und Arbeit, um Sozialstaat und Umwelt. Es geht um Antirassismus, Antifaschismus und Feminismus. Es geht um die kleinen, es geht um die großen Themen.

Die Zeit rauscht nur so an mir vorbei. Mittlerweile müssen Stunden vergangen sein.

Auf der Bühne hat sich der Vorstand versammelt. Sie wollen mit uns zum Abschluss das Kampflied der sozialistischen Arbeiterbewegung anstimmen: die «Internationale».

Alle stehen auf und singen:

Wacht auf, Verdammte dieser Erde,
die stets man noch zum Hungern zwingt!
Das Recht wie Glut im Kraterherde
nun mit Macht zum Durchbruch dringt.
Reinen Tisch macht mit dem Bedränger!
Heer der Sklaven, wache auf!
Ein Nichts zu sein, tragt es nicht länger
Alles zu werden, strömt zuhauf!

Völker, hört die Signale!
Auf zum letzten Gefecht!
Die Internationale
erkämpft das Menschenrecht.

Völker, hört die Signale!
Auf zum letzten Gefecht!
Die Internationale
erkämpft das Menschenrecht.

Beim Refrain heben alle die linke Faust. Das Lied hat insgesamt drei Strophen.

Mir ist Singen seit Jugendtagen peinlich, und ich beherrsche den Text nicht, aber ich merke, wie mich die Szene bewegt und ich zumindest den Refrain mitsumme.

Alle verlassen den Saal. Draußen ist Kühnert von ein paar jungen Leuten umringt. Als er mich entdeckt, winkt er mich heran und flüstert mir zu: «Meinetwegen kannst du gleich mitkommen. Dann schieben wir das Interview später irgendwo ein.»

Ich bedanke mich bei ihm, aber ich will lieber hierbleiben. Vielleicht kann ich den aktuellen Juso-Vorsitzenden für ein Gespräch gewinnen.

GIOVANNI DI LORENZO

Unser Chefredakteur bittet mich in sein Büro. In meinem Kopf überschlagen sich die negativen Szenarien. Gab es Beschwerden? Reichen die Klick-Raten? Werden Stellen abgebaut? Meine Befürchtungen erweisen sich als nicht zutreffend. Das Gegenteil ist der Fall. Die Verlagsspitze sei hochzufrieden mit mir.

Das kann nicht alles gewesen sein, denke ich und habe recht. Mein Redaktionschef räuspert sich:

«Die Verlagsleitung wünscht sich ein Gespräch mit Giovanni di Lorenzo. Wir haben dabei an dich gedacht!»

Erneut spüre ich die Panik in mir aufsteigen. Ich weiß, was ich kann, aber ich weiß auch, was ich nicht kann.

«Giovanni di Lorenzo ist die Lichtgestalt des deutschen Journalismus. Er hat jahrzehntelange Erfahrung und hat selbst unzählige Leute interviewt. Die Idee, dass ausgerechnet ich ...»

Mir fehlen die Worte. Alles in mir setzt sich zur Wehr. Es ist die pure Angst.

«Du kannst das», versucht mich unser Redaktionschef aufzubauen. «Außerdem ist es keine Bitte oder Frage. Es handelt sich um eine dienstliche Anweisung.»

Er schaut dabei todernst und lässt nicht die leiseste Spur von Ironie erkennen.

Kurz bin ich versucht zu widersprechen, befürchte aber, dass es in einer Eskalation enden würde, und willige ein. Trotzdem wundere ich mich. Normalerweise sieht man es bei uns nicht gerne, wenn einem direkten Wettbewerber kostenlos zu Aufmerksamkeit und Werbefläche verholfen wird.

Als Chefredakteur der Wochenzeitung *Die Zeit* und Mitherausgeber des Berliner *Tagesspiegels* fällt Giovanni di Lorenzo in diese Kategorie. Deshalb wäre ich niemals auf die Idee gekommen, ein derartiges Gespräch vorzuschlagen. Ich verdränge den Gedanken und mache das, was ich vor jedem meiner Interviews mache: Ich studiere die Vita meines Gesprächspartners.

Giovanni di Lorenzo hat deutsche und italienische Wurzeln. Seine ersten Lebensjahre verbrachte er in Schweden, Italien und Deutschland. Seine Gymnasialzeit absolvierte er in Hannover, sein Studium in München. Dabei hatte er stets die Medien im Blick. Seine Magisterarbeit trägt den Titel «Strategie und Aufstieg des Privatfernsehens in Italien am Beispiel der Networks von Silvio Berlusconi».

Ende der Siebzigerjahre begann seine journalistische, Mitte der Achtziger seine Fernsehkarriere. Di Lorenzo zeichnet sich durch Konstanz und Loyalität aus. Wenn er sich für etwas entschieden hat, dann bleibt er dabei, ob als Chef der *Zeit* oder als einer der Gastgeber der ältesten, bundesdeutschen Fernsehtalkshow *3 nach 9*.

Ich bastele an meinem Fragenkatalog: Wie schaut di Lorenzo als Deutsch-Italiener auf unser Land? Wie wurde er Mitorganisator der Lichterkette gegen Fremdenfeindlichkeit? Wie ordnet er in der

Rückschau das gemeinsame Buch mit dem ehemaligen Verteidigungsminister Karl-Theodor zu Guttenberg ein?

Die Vereinbarung eines Gesprächstermins mit di Lorenzo gestaltet sich unkompliziert. Ich möge einfach nach Hamburg kommen, Herr di Lorenzo freue sich auf mich.

Wenige Tage später treffe ich in der Hansestadt ein. Vom Hauptbahnhof bis in die nach dem *Zeit*-Verleger Gerd Bucerius benannte Straße sind es nur ein paar Gehminuten. Bucerius zählt neben Männern wie Henri Nannen, Rudolf Augstein, Alfred Neven DuMont, Hubert Burda und Axel Springer zu den prägenden Verlegerpersönlichkeiten Nachkriegsdeutschlands. Natürlich residiert die *Zeit* in der Buceriusstraße.

Ich nehme im Foyer Platz, und wenige Minuten später erscheint Giovanni di Lorenzo. Er trägt einen dunklen Anzug und ein helles Hemd. An seinem Handgelenk erkenne ich eine *Rolex GMT Master II 16710*. Mit dieser Uhr hatte ich ihn bei der Talkshow von Maybrit Illner im ZDF gesehen. Ein Klassiker, der mittlerweile zu Preisen von um die fünfzehntausend Euro im Netz gehandelt wird, wie ich in kindlicher Neugier herausgefunden habe.

Seine über sechzig Lebensjahre sieht man di Lorenzo nicht an. Er wirkt um viele Jahre jünger und ist von präsenter Wachheit. Seine langen Haare wippen, er reicht mir dynamisch die Hand.

«Willkommen in Hamburg! Haben Sie schon etwas gegessen? Ich kenne einen ausgezeichneten Italiener um die Ecke.»

Ich habe weder Hunger noch Appetit, aber nehme den Vorschlag dankbar an. Der gemeinsame Restaurantbesuch wird mir helfen, meine Nervosität abzubauen.

Nach einem kurzen Fußweg sind wir am *Ristorante Sine Tempore* angelangt.

«Das ist Italienisch und heißt *pünktlich zur angegebenen Zeit*. Ein Name, den ich, gestatten Sie mir die kleine Anmerkung, aus verschiedenen Gründen – und damit ist nicht das Offensichtliche gemeint – ganz hübsch finde. Wegen der Sprache spricht er den Italiener in mir an, wegen der Pünktlichkeit aber auch den *Tedesci*, den Deutschen.»

Wir nehmen an einem der zahlreichen Tische draußen Platz. Mich stört der Lärm der vorbeifahrenden Autos. Di Lorenzo lacht. Ihn erinnere der Ort an eine typisch italienische Straßenszenerie.

«In Italien spielt sich das ganze Leben in der Öffentlichkeit ab. Italiener nennen es *Ars Vivendi*.»

Er macht eine Pause.

«Ich nenne es die Kunst zu leben.»

Der Wirt erscheint und begrüßt uns wie Familienmitglieder. Man kennt sich und man schätzt sich. Ohne einen Blick in die Speisekarte zu werfen, gibt di Lorenzo seine Bestellung auf. «Als Vorspeise wie üblich *Battutina di Fassona con misticanza*.»

Ich spreche kein Italienisch und freue mich über seine Übersetzung:

«Das ist Tatar vom Piemontesischen Fassona-Rind, und dazu ein Mix aus Blatt- und Zichoriensalaten.»

Zwischendurch steuert ein Obdachloser den Tisch an und streckt uns ein Exemplar des Hamburger Straßenmagazins *Hinz & Kunzt* entgegen. Ich zücke meine Brieftasche, doch routiniert schiebt der Wirt den Straßenverkäufer zur Seite.

«Verschwinde!»

Nach der kleinen Unterbrechung setzt di Lorenzo seine Bestellung fort:

«Als Hauptspeise hätte ich gerne *Pesce Spada Ai Ferri Con Salmoriglio e Datterini Siciliani*. Das ist ein deliziöses Schwertfischfilet vom Grill mit einer Marinade aus Traubenkernöl, Zitrone und Kräutern und einem typisch sizilianischen Salat aus Datteltomaten. Dazu einen Weißwein, vielleicht einen *Poggio Argentato* aus der Maremma. Ein ungemein vollmundiger Wein mit einem langen, sehr nachhaltigen Abgang.»

Er macht eine Pause: «Sie sehen, man braucht nicht viel im Leben, um glücklich zu sein.»

Ich lasse mir die Speisekarte bringen, schlage sie aber schnell überfordert zu und bestelle mir nur ein Wasser.

Jetzt spricht di Lorenzo so leise zu mir, dass ich meine volle Konzentration aufwenden muss, um ihn zu verstehen.

«Sehen Sie, das gehört auch zur Meinungsfreiheit: Sie mögen kein italienisches Essen, und ich akzeptiere das, denn es ist Ihr gutes Recht. Ich würde meinem Gegenüber nie vorschreiben, was gut und was richtig oder böse ist. Nur die Vermischung von Meinung und Fakten ist eine, die mich manchmal zornig macht und ratlos zurücklässt. Ich glaube an die Macht der Recherche und an die Macht des Arguments. Und das würde ich mir von Ihnen auch wünschen und nicht diese unerbittliche Verhärtung, die nur zu Verletzungen auf allen Seiten führt.»

Ich fühle mich missverstanden und protestiere. Mir schmeckt italienisches Essen, ich habe nur keinen Appetit und bin satt.

Di Lorenzo hat die Stirn in Falten gelegt. Er rückt nah an mich heran und schaut mir direkt in die Augen:

«Das wäre ein Thema für unser Streit-Ressort: *Italien-Hass versus Italien-Liebe*. Wir versuchen in einer Zeit, in der der bestimmende Zeitgeist ja eher der ist, sich in der eigenen Blase zu verschließen, nach wie vor und gegen den Trend, den Leserinnen und Lesern die Zumutung unterschiedlicher Meinungen zu präsentieren. Und das durchaus mit Erfolg, wenn ich das an dieser Stelle und in der Demut des dafür nicht unwesentlich verantwortlichen Chefredakteurs anmerken darf.» Er macht eine Pause und ergänzt: «Die *Zeit* ist in Deutschland das meistgelesene Blatt nach der *Bild*-Zeitung.»

Mittlerweile hat der Wirt den Antipasti-Teller und die Getränke gebracht. Genussvoll spießt di Lorenzo eine der Köstlichkeiten auf.

Nur ein paar Meter von uns entfernt hört man lautes Autohupen. Automatisch drehen wir unsere Köpfe in die entsprechende Richtung. Leute schimpfen und schreien. Ein Fußgänger ist bei Rot über die Ampel gegangen und hat einen Autofahrer zur Vollbremsung genötigt.

«Komm, wir gehen da mal hin. Dieser Konflikt scheint mir ein Sinnbild für unsere Gesellschaft zu sein.»

Während ich noch darüber nachdenke, ob er mich eben geduzt hat, ist di Lorenzo bereits auf der Straße und klopft an die Fensterscheibe des Autofahrers:

«Dieses Hupen hat mit Streitkultur nichts zu tun, und ich sage es Ihnen ganz unumwunden: Das, was Sie da machen, ist nicht nur keine Streitkultur, sondern – ich sage es ganz frei heraus – das schiere Gegenteil von Streitkultur. Ich wünschte mir von Ihnen, und ich bitte Sie da um Ihr Verständnis, dass Sie auf das Argument des jeweils anderen eingehen, indem Sie sich einlassen auf die Konfrontation mit Argumenten, auch mit Standpunkten, die nicht die Ihrigen sind, aber die Sie respektvoll mit Ihrem Gegenüber austauschen, und dies in einer Weise, die Verständigung zulässt und nicht auf wechselseitige Verletzungen ausgerichtet ist. Alles andere, und mit diesem Vorwurf müssen Sie leben, weil Sie gewissermaßen die Ursache dafür gesetzt haben, ist die Simulation von Diskurs, und davon müssen wir irgendwann wieder weg, sonst, und ich weiß nicht, ob Sie das wollen, ob wir das wollen, ist diese ganze Gesellschaft irgendwann gänzlich vergiftet.»

Der Autofahrer antwortet:

«Diskurs, häh? Ich hatte Grün, und der ist bei Rot über die Ampel. Ich musste voll in die Eisen, um ihn nicht über den Haufen zu fahren!»

«Sehen Sie, Sie sprechen mit einer unerbittlichen Gewissheit, die keine Gegenrede zulässt. Wie und was wir wahrnehmen, ist immer noch von der Meinungsfreiheit gedeckt. Die Welt ist nicht nur schwarz-weiß! Das gilt auch und insbesondere für die Farben einer Ampel.»

Di Lorenzo spricht den Fußgänger an: «Sie hatten doch Grün, oder?»

«Nun ja ...», druckst dieser herum.

Vom Straßenrand ruft ein Passant: «Der Schalli ist bei Rot über die Straße gegangen!»

Di Lorenzo dreht sich zu mir:

«Was in dieser Gesellschaft wirklich los ist, ist etwas, was ich nicht beruhigend und auch nicht schön finde. Es ist die Zeit, in der vor allen Dingen der öffentliche Diskurs bestimmt wird von Menschen, die von den Rändern reinbrüllen. Getragen und motiviert vor allem durch eine Intention, einer Absicht, einem Bestreben, den anderen nach Möglichkeit misszuverstehen und ihm das denkbar Schlechteste zu unterstellen.»

Er richtet sich noch mal an den Fußgänger.

«Sind Sie sich Ihrer sicher? Hätte es nicht sein können, dass es Grün war, als Sie die Straße überquerten?»

«Ähh, nun ja ...»

Erneut spricht di Lorenzo den Autofahrer an:

«Sehen Sie, wir wissen nicht, bei welcher Farbe der Mann über die Straße gegangen ist. Wir vermuten es, aber wir wissen es nicht. Er weiß es selbst nicht. Es hätte auch Grün sein können. Und selbst wenn es Rot war: Vielleicht hatte er einen Grund dafür, sosehr Sie diesen, sosehr wir alle diesen auch kritisieren mögen. Vielleicht ist er die autoritäre Bevormundung satt? Vielleicht lehnt er das Rot-Grün-Diktat der Straßenverkehrsordnung ab. Vielleicht lehnt er das Konzept von Farben generell ab. Nicht, dass ich all das befürworten oder ähnlich denken würde, aber Sie haben ihn noch nicht mal danach gefragt, oder?»

Der Autofahrer schüttelt verwirrt den Kopf.

Di Lorenzo redet weiter:

«Wir müssen wieder lernen, das Argument des anderen wahrzunehmen, anzuhören, zu gewichten, es möglicherweise zu widerlegen, Widerspruch einzulegen, ohne gleich mit dem Stempel zu kommen: Du hast etwas falsch gemacht oder du hast etwas richtig gemacht, weil diese Stempel haben, so sie denn in der Absicht getätigt werden, als solche zu fungieren, und abgesehen davon, dass sie manchmal auch stimmen, aber wenn sie nicht stimmen, haben sie eine verdammt schädliche Funktion für den Diskurs, konnten Sie mir folgen?»

Ich fasse mir ein Herz und spreche Giovanni di Lorenzo auf die Vermischung von Meinung und Fakten an.

«Ist ein Diskurs bei klarer Faktenlage überhaupt notwendig? Müssen wir wirklich etwas infrage stellen, worauf sich Gesellschaft, Wissenschaft und Gesetzgebung bereits vor langer Zeit verständigt haben?»

Di Lorenzo legt seine Stirn in Falten:

«Ja, ich finde, die Vermischung von Meinung und Fakten ist ein Problem, übrigens auch in den Medien, ich nehme da niemanden aus, auch unser Blatt nicht, das, hatte ich es bereits erwähnt, unter meiner Ägide, und das sage ich hier in aller Demut, das meistgelesene Blatt nach der *Bild* ist. Die Voraussetzung für eine gute Meinungsbildung ist erstens die Kenntnis von Fakten zu einem Problem, und da muss man sagen, wir stehen ständig unter dem Zwang, uns immer wieder zu hinterfragen. Ja, ich könnte, obwohl ich mich ständig im Straßenverkehr bewege, ich könnte Ihnen nicht mehr runterbeten, wenn ich mich jetzt kritisch prüfe, bei welchen Ampelfarben man stehen bleiben und wann man seinen Weg fortsetzen darf, und so ist es in vielen Problemen: Wir müssen immer wieder daran erinnern, wie Probleme sich verhalten, wie sie begonnen haben, und das Zweite ist, ich glaube nach wie vor an die große Zumutung, dass Fußgänger und Fußgängerinnen, Autofahrer und Autofahrerinnen reif genug sind, sich mit unterschiedlichen Meinungen auseinanderzusetzen, damit sie sich eine eigene Meinung bilden können, und dass sie nicht andauernd die

Bestätigung der eigenen Meinung brauchen, nur weil der Staat uns eingetrichtert hat, bei Grün zu gehen und bei Rot stehen zu bleiben. Ich finde das übrigens auch stinklangweilig. Wer Probleme auf diese Weise angeht, erzeugt eine Form von verkehrstechnischer Scheingerechtigkeit, die immer wieder oder auch zunehmend als ungerecht empfunden wird.»

Wir blockieren jetzt schon eine Zeit lang die Straße, und immer mehr Autos hupen.

Di Lorenzo schaut mich triumphierend an:

«Sehen Sie, das, was jetzt entsteht, ist ein veritabler Shitstorm. Alle gegen einen. Das ist ein ganz typischer Verlauf, wie wir ihn auch bei unseren Freunden und Freundinnen in Amerika beobachten können. Es gibt irgendein Ereignis, hier war es das diskursive Aufeinandertreffen von Autofahrer und Fußgänger im freien Meinungsraum. Dann gibt es eine Reaktion darauf, das Hupen, und dann haben die, die Verantwortung für ihre eigene Entscheidung haben, plötzlich Angst vor ihrer eigenen Entscheidung und, das finde ich interessant, stehen nicht mehr dazu, und, das würde ich gerne ergänzen, sie stehen nicht nur nicht mehr dazu, sondern sind zu früh bereit, ihre Position, die sie bis jetzt hatten, aufzugeben, anstatt sich gar nicht zu rechtfertigen, sondern in den Diskurs überhaupt einzutreten.»

Langsam setzen sich die Autos in Bewegung und manövrieren bedrohlich dicht an uns vorbei.

Derweil ist di Lorenzo bei der Frage angelangt, inwieweit Ampeln als Instrumente der Verkehrslenkung überhaupt nötig seien. Er erkenne in ihnen ein Symbol der Bevormundung, das der Verständigung zwischen mündigen Bürgern entgegenstehe.

Aus dem Augenwinkel sehe ich, wie sich der obdachlose Straßenmagazinverkäufer durch den Straßenverkehr auf uns zubewegt und ein Exemplar seiner Zeitung schwenkt. Er wird von dem Wirt des Restaurants verfolgt, der ihn davon abhalten will, sich uns zu nähern. Dies führt dazu, dass der Zeitungsverkäufer ins Straucheln gerät, zu Boden stürzt und mit dem Kopf auf den Asphalt schlägt. Um ihn herum bildet sich eine Blutlache.

Für einen Moment scheint die Welt stillzustehen. Ein Autofahrer springt aus seinem Wagen und eilt zu Hilfe. Er weiß, was er tut, gibt mir kurze Anweisungen, lässt einen Umstehenden einen Krankenwagen anfordern und kümmert sich um die Erstversorgung des Unfallopfers.

Während ich auf dem Asphalt knie, höre ich im Hintergrund di Lorenzos Stimme. Er steht offensichtlich in Kontakt mit der Redaktion.

«Hallo Jochen. Ich hab hier einen schönen Fall fürs Streit-Ressort. Könnte man auch ein Pro und Contra draus machen. Hier die Story: Obdachloser mit geringer Lebenserwartung stürzt und zieht sich eine schwere Verletzung zu. Soll man ihm eine ärztliche Versorgung angedeihen oder ihn liegen lassen? Gibt ja für beides gute Argumente. Dafür sprechen Humanismus, Mitgefühl, Kirche, Trallala. Dagegen sprechen finanzieller Aufwand, geringer gesellschaftlicher Gegenwert und das chronisch überlastete Gesundheitswesen. Besorg für beide Positionen Experten. Bewährtes Muster: links ein Kasten, rechts ein Kasten, in der Mitte lasst ihr Platz für ein Foto. Das mach ich gleich. Darüber packen wir die Headline: *Rettungswagen holen, oder soll man es lassen?*»

Einige Sekunden vergehen, in denen er gespannt seinem Gegenüber zuhört.

«Ja, aber dem Shitstorm setzen wir uns aus. Auf dem Marktplatz der Meinungen müssen die Menschen in der Lage sein, so was auszuhalten und zweitens so was zu verhandeln. Und wir bilden ja nur die Positionen ab und beziehen weder für die eine oder andere Seite Stellung.»

Mittlerweile hat der Krankenwagen das Unfallopfer abgeholt, und der Verkehr fließt wie eh und je an dieser Stelle.

Wir sitzen an unserem Tisch. Langsam fällt die Spannung von uns ab. Ich nippe an meinem Wasser, di Lorenzo genießt seinen Schwertfisch vom Grill.

Unvermittelt greift er zu seinem Handy:

«Jochen, ich bin es noch mal. Ich hab bereits einen Autor für die Geschichte. Er ist Zeuge des Unfalls, und es ist ihm egal, ob er das Pro oder Contra übernimmt, oder?»

Er schaut mich an, und mit etwas Verzögerung begreife ich, dass er mich meint.

Verneinend schüttele ich hektisch den Kopf. Er beendet das Telefonat.

«Ich weiß nicht, ob Sie es schon erfahren haben, aber unsere Verlagshäuser kooperieren jetzt. Deshalb ist es keine Bitte oder Frage, ob Sie das übernehmen. Es handelt sich um eine dienstliche Anweisung.»

SCHLUSSWORT

Nun wollen Sie bestimmt wissen, wie es weitergegangen ist. Das kann ich Ihnen jedoch nicht sagen, weil ich es selbst nicht weiß.

Wie Sie sicher in den Medien erfahren haben, kam es zu einer Fusion meines Verlagshauses mit unserem größten Mitbewerber. Entgegen allen anfänglichen Beteuerungen führen derlei Zusammenschlüsse immer zu Personalabbau, so auch bei uns.

Meine Stelle sei nicht unmittelbar bedroht, teilte man mir mit, doch man wünsche sich ein «Perspektivgespräch». Die Frage sei, wie ich mir die Zukunft vorstellen würde, denn eines sei klar: So, wie es bislang gelaufen sei, könne es nicht weitergehen. Der Journalismus befände sich im Wandel, und wer stehen bleibe, falle unweigerlich zurück.

Das trifft nur zu, wenn die anderen die Zeit nutzen, um weiterzugehen, während man steht, aber vielleicht brauchen die anderen auch eine Pause, und dann fällt man nicht zurück, weil ja alle stehen, denke ich, traue mich aber nicht, irgendetwas zu sagen.

Vor dem Personalgespräch mit dem neuen Führungsteam flüstert mir mein Redaktionsleiter zu: «Bitte verstehe, wenn ich dich im beruflichen Umfeld nicht mehr duzen kann. Ich muss jeden Eindruck einer Bevorzugung vermeiden. Das ist letztendlich positiv für dich, also für Sie, wollte ich gemeint haben. Das ist positiv für Sie!»

Ich bin also nicht überrascht, als ich vor dem neuen fünfköpfigen Führungsgremium Platz nehme und mein bisheriger Vorgesetzter mich fast wie einen Fremden begrüßt.

«Willkommen zum Mitarbeitergespräch! Ihre Arbeit ist allen hier im Raum wohlbekannt. Sie haben viel für unser Haus geleistet, und wir sind uns einig, dass Sie viel können. Wir sind uns aber ebenso einig, dass Sie uns längst noch nicht alles gezeigt haben, was Sie können. Uns geht es darum, die Mitarbeiter auf eine Weise zu fördern, die es ihnen möglich macht, das meiste aus sich herauszuholen. Deshalb die Frage: Was können wir tun, damit Sie besser werden? Damit noch mehr Leser und Leserinnen Ihre Texte lesen, damit noch mehr Leute zum Kiosk gehen oder ein Abo abschließen. Das würden wir gerne von Ihnen wissen. Darüber wollen wir mit Ihnen sprechen.»

Ich schlucke und fühle mich in meine Schulzeit zurückversetzt. Noch heute träume ich gelegentlich von der mündlichen Abiturprüfung mitsamt der Angst zu versagen.

«Ich, ja also, ich …», druckse ich herum.

Ein Mann, der sich als CEO und Co-Founder der neu gegründeten Media Group vorstellt, unterbricht mich.

«Sie haben mit vielen inspirierenden Persönlichkeiten gesprochen, aber, und das soll keine Kritik sein, das kann jeder. Ich könnte auch meine 15-jährige Nichte Laura zu Madonna schicken und sie käme mit einem interessanten Interview zurück, denn der Star ist nicht die Nichte, sondern Madonna, verstehen Sie?»

Ich nicke. Natürlich verstehe ich. Nicht die Nichte, sondern Madonna ist der Star.

Der «Head of Communication and Public Success Management» hat eine Idee. Ein Pro- und Contra-Format wäre toll, aber nicht in der althergebrachten Weise.

«Wir sollten Experten einladen und sie zu Dingen befragen, die für die Leser relevant sind. Also keine theoretischen Diskussionen über abstrakte Problemstellungen, die keine Auswirkungen auf das Alltagsleben haben, sondern Streitgespräche über Themen, die in der Bevölkerung auf Widerhall treffen.»

Er habe konkrete Ideen:

«Man müsste zwei anerkannte Corona-Experten wie Christian Drosten und Hendrik Streeck für ein Pro und Contra gewinnen, in dem jeder dem anderen seinen Standpunkt klarmacht, aber nicht auf ihrem sonst üblichen Themenfeld, sondern zum Beispiel zur Frage, ob Nutella mit oder ohne Butter aufs Brot gehört. Oder man lässt den Dalai Lama und den Papst erklären, warum der eine seine Pommes mit dem Airfryer und der andere sie mit der Fritteuse zubereitet. Oder zwei Physik-Nobelpreisträger müssen in einem Pro und Contra begründen, warum der eine Schuhe mit Schnürsenkeln und der andere welche mit Klettverschluss bevorzugt. Das sind Themen, die die Menschen da draußen wirklich bewegen.»

Nun ist mein alter Redaktionsleiter an der Reihe, der sich als frischgebackener «Head of Content Strategy» vorstellt.

Wir würden unsere Gesprächspartner zu oft mit Fragen konfrontieren, die von diesen als aggressiv oder provokant empfunden werden oder in eine negative Richtung führen. Dieses Gefühl übertrage sich auf die Leser und Leserinnen.

«Warum nicht ein Gesprächsformat entwickeln, bei dem der oder die Befragte nur positiv reagieren und ausschließlich mit *Ja* antworten kann? Das wäre noch einen Schritt weiter als das, was die Fachleute als *Constructive Journalism* bezeichnen.»

Die nächste Idee kommt vom «Creative Development Director»:

«Sie müssen sich von herkömmlichen Gedankenmustern lösen. Warum immer nur Menschen interviewen? Das machen alle, das

Konzept hat sich totgelaufen. Dabei gibt es Tausende, was sage ich, Millionen von Tieren, die Interessantes erlebt haben. Wie hat sich der Affe gefühlt, nachdem ihm ein US-Gericht die Rechte an seinem selbstgeschossenen Selfie abgesprochen hat? Wie reagiert die Krake Paul auf die Vorwürfe einzelner Wissenschaftler, ihre WM-Vorhersagen seien manipuliert? Wie fühlen sich die Nachfahren von Klon-Schaf Dolly, und werden sie auf der Weide oft auf ihre berühmte Herkunft angesprochen? Diese Art von Gesprächen hätte zudem den Vorteil, dass Sie als Interviewer nicht immer so sklavisch dicht am Original-Wortlaut bleiben müssen wie bei Ihren bisherigen Gesprächen.»

Er macht eine bedeutungsvolle Pause und ergänzt: «Tiere haben keine Anwälte.»

Beifallheischend blickt er in die Runde. Alle nicken.

Er ist weiter im Ideenrausch. Ob wir jemals ein Interview mit einem Gegenstand gelesen haben und warum nicht?

Alle schweigen.

«Da tun sich doch hoch spannende Themenfelder auf. Wie war es für die Tür, als Martin Luther seine Thesen an sie nagelte? Was dachte die Zange, als sie bei Albert Einsteins Geburt mithalf? Was fühlt ein Geldschein, wenn er in einem Moment für einen Blumenstrauß und im nächsten Moment für Drogen ausgegeben wird? Warum erfahren wir darüber so wenig? Was will man uns verschweigen?»

Der CEO und Co-Founder der Media Group lobt die Anwesenden für die bisherigen Vorschläge, ist aber nicht zufrieden.

«Wir müssen out of the box denken, und wir müssen die Leute dort abholen, wo sie sind. Wie mir meine Nichte Laura verraten hat, ist man heutzutage bei TikTok. Ich hab mir das mal zeigen lassen. Das ist die Zukunft. Da müssen wir auch hin!»

Alle nicken.

«Warum nicht einen Newsroom auf TikTok gründen und Sie

führen Ihre Interviews dort? Warten Sie, wir holen uns das Mädchen mal eben per *Zoom* ins Meeting.»

Er drückt ein paar Knöpfe, und auf einem großen Flachbildschirm ist uns Laura zugeschaltet, ein 15-jähriges kaugummikauendes Mädchen mit Zahnspange.

«Hallo, Laura! Du hast mir doch neulich von TikTok erzählt. Wir haben da diesen Mann, mit dem wir vielleicht den ersten europäischen Newsroom für TikTok aufbauen werden. Er soll da die Interviews übernehmen. Magst du ihn dir mal anschauen?»

Er winkt mich zu sich hinter das Notebook. Ich winke unbeholfen in die Kamera.

Laura druckst herum. Sie finde mich lame.

«Sorry, aber den swipen die Leute sofort weg. Habt ihr nicht jemanden mit einer weirden Narbe, einer Augenklappe, einem crazy Gesichts-Tattoo, einem witzigen Hut oder so? Und das Outfit ist viel zu business, geht ja gar nicht. Der muss nen Rock tragen, einen Onesie oder Schwimmflossen und ne Tauchermaske. Auf jeden Fall etwas, was auffällt, was die Leute catcht. Kann er tanzen?»

Der CEO schaut mich fragend an. Ich schüttele den Kopf.

«Really? Das ist shit. Wenn das viral gehen soll, muss er die Interviews tanzen und seine Talkgäste am besten auch. Und die Videos nicht länger als eine Minute und mindestens 20 Zwischenschnitte, sonst wird das zu öde, ja?»

Unser CEO verabschiedet sich von seiner Nichte, und ich nehme wieder auf meinem Stuhl Platz.

Alle schauen mich an.

Mir wird heiß und kalt, und ich höre ein Summen in meinem Kopf. Ich huste nervös.

Mein Redaktionsleiter fragt mich, ob damit alles geklärt sei.

«Noch nicht so richtig im Detail ...», antworte ich, aber eigentlich bin ich vollkommen ratlos, was von mir erwartet wird. Mir ist das alles zu viel, und ich wünsche mir die alten Zeiten zurück.

«Ich habe neulich einen Mitarbeiter von der Haustechnik getroffen. Den würde ich gerne für ein paar Monate bei seiner täglichen Arbeit begleiten. Streikende Aufzüge, defekte Klimaanlagen, zickende Rauchmelder … Ich finde das total spannend und würde gerne in seine Rolle schlüpfen.»

Schnell schiebe ich hinterher: «Das könnte der Auftakt einer neuen Serie von Sozialreportagen sein.»

Nun meldet sich noch mal der CEO:

«Sie als Hausmeister, also entschuldigen Sie. Das ist doch wirklich abwegig. Das meinen Sie nicht im Ernst.»

Leise murmele ich «Haustechniker», aber er hört mir nicht zu.

«Sehen Sie, wir haben Ihnen ein frisch gesatteltes Pferd hingestellt, aber aufsitzen und es reiten müssen Sie schon selbst. Das können wir Ihnen nicht auch noch abnehmen. Ich erwarte Ihren Entwurf der neuen Stellenbeschreibung bis zum nächsten Dienstag. Begeistern Sie uns und erklären Sie, warum es für Sie hier weitergehen soll! Aber jetzt heißt es erst mal *Auf Wiedersehen,* und wenn Sie draußen sind, sagen Sie bitte dem Nächsten Bescheid, dass er reinkommen kann.»

INHALT